위대한 게임의 시작 :
게임 시나리오 작법

지은이 **이진희** normgamestory@gmail.com
초등학생 때부터 게임 기획자를 꿈꿨다. 꿈을 이루고자 게임학과에 진학했으나 프로그래밍 위주의 커리큘럼에 크게 실망했다. 대학에서는 게임 기획을 배우기가 어렵다고 판단하여 평소 관심이 있던 시나리오 작법과 영상을 공부하기 위해 영화 연출 전공으로 방향을 틀었다. 일을 시작한 이후 엔씨소프트를 비롯한 여러 회사를 거치면서 〈블레이드 앤 소울〉, 〈열혈강호 2〉, 〈아이언리그〉, 〈테일드 데몬 슬레이어: 라이즈〉, 〈광전사 키우기〉 등 다양한 프로젝트에 참여했다. 영화 이론을 게임에 적용하는 독창적인 작업을 통해 스토리텔링의 방법론을 확립했고, 이를 게임 개발자 콘퍼런스에 적극 공유해왔다. 현재는 국내 최초 게임 시나리오 컨설팅 회사인 '놈게임스토리'를 창업하여 게임 시나리오 컨설턴트로 활동 중이다. 저서로는 『게임 시나리오 기획자의 생각법』과 『그 게임, 내가 만들었어요』가 있다.

위대한 게임의 시작: 게임 시나리오 작법

플레이어를 몰입시키는 스토리텔링 기술부터 RPG, AOS, VR/AR 게임 기획까지

초판 1쇄 발행 2018년 12월 1일
초판 2쇄 발행 2021년 3월 24일
개정판 1쇄 발행 2024년 9월 23일

지은이 이진희 / **펴낸이** 전태호
펴낸곳 한빛미디어(주) / **주소** 서울시 서대문구 연희로2길 62 한빛미디어(주) IT출판2부
전화 02-325-5544 / **팩스** 02-336-7124
등록 1999년 6월 24일 제25100-2017-000058호 / **ISBN** 979-11-6921-291-5 93000

총괄 송경석 / **책임편집** 홍성신 / **기획 · 편집** 김수민
디자인 박정우 / **전산편집** 다인
영업 김형진, 장경환, 조유미 / **마케팅** 박상용, 한종진, 이행은, 김선아, 고광일, 성화정, 김한솔 / **제작** 박성우, 김정우

• 이 책은 『이론과 실전으로 배우는 게임 시나리오』의 개정판입니다.

이 책에 대한 의견이나 오탈자 및 잘못된 내용은 출판사 홈페이지나 아래 이메일로 알려주십시오.
파본은 구매처에서 교환하실 수 있습니다. 책값은 뒤표지에 표시되어 있습니다.

한빛미디어 홈페이지 www.hanbit.co.kr / 이메일 ask@hanbit.co.kr

Published by Hanbit Media, Inc. Printed in Korea
Copyright © 2024 이진희 & Hanbit Media, Inc.

지금 하지 않으면 할 수 없는 일이 있습니다.
책으로 펴내고 싶은 아이디어나 원고를 메일(**writer@hanbit.co.kr**)로 보내주세요.
한빛미디어(주)는 여러분의 소중한 경험과 지식을 기다리고 있습니다.

위대한 게임의 시작 :
게임 시나리오 작법

플레이어를 몰입시키는 스토리텔링 기술부터
RPG, AOS, VR/AR 게임 기획까지

이진희 지음

한빛미디어
Hanbit Media, Inc.

⇥ 게임 시나리오에 대한 잘못된 인식

게임에서 시나리오가 중요하다는 사실은 누구나 알고 있다. 그래서 게임 시나리오는 게임 웹진의 포럼에서 끊임없이 논쟁의 주제가 되지만, 의견을 내는 이들의 상당수는 사실 게임 시나리오를 제대로 알지 못한다. 심지어 일부는 게임에 시나리오가 전혀 필요하지 않다고 주장하기도 한다. 이는 시나리오를 단순히 '텍스트'라는 좁은 개념으로만 해석하는 데서 비롯된다. 문제는 게임 개발자들조차 이러한 잘못된 생각을 가지고 게임을 만들어서 스토리텔링에 성공하지 못한 게임이 많이 제작되었다는 점이다.

물론 모바일 게임에서 시나리오의 비중이 줄어든 것은 어쩔 수 없는 일이고, 게임을 플레이할 때 텍스트가 제대로 읽히지 않는 것도 사실이다. 더불어 현세대 사람들은 책과 신문 등의 텍스트를 읽는 것보다 유튜브 같은 영상에 더 익숙하다. 그러나 애초에 게임이라는 매체에서 텍스트는 전부가 아닌 일부에 불과했다. 게임에서 텍스트가 차지하는 비중은 생각 이상으로 낮다. 텍스트는 게임의 문법이 아니다.

반면 일부에서는 게임에서 시나리오의 비중을 지나치게 크게 생각하며 심지어 퍼즐 게임에도 시나리오가 필요하다고 주장하기도 한다. 하지만 〈테트리스〉와 같은 대표적인 퍼즐 게임에 시나리오가 필요하다고 보기는 어렵다. 퍼즐 게임에 속하지만 캐릭터가 존재하는 〈애니팡〉 또한 시나리오에 의존하지 않는다. 〈테트리스〉의 여러 도형과 〈애니팡〉의 동물들은 퍼즐의 메커니즘을 형상화한 오브젝트에 불과할 뿐이다. 즉, 〈애니팡〉의 동물 캐릭터가 터지는 이유를 설명하는 스토리를 제공한다고 해서 플레이 경험이 달라지지는 않는다는 뜻이다. **게임 시나리오는 게임 플레이 경험을 극대화하기 위한 하나의 도구에 불과하다.** 게임에서 무엇보다 중요한 것은 '플레이 경험'이며, 이는 가장 우선시되어야 한다. 따라서 모든 유형의 게임에 시나리오가 무조건 중요하다고 단정 짓는 것은 위험하다.

모든 퍼즐 게임에 시나리오가 필요 없는 것은 아니다. 〈레이튼 교수와 이상한 마을〉은 스테이지 클리어 형식의 퍼즐 게임이다. 플레이는 주어진 문제를 해결하는 것이 핵심이지만, 이 게임은 퍼즐에 어울리는 스토리를 추가하여 기존의 퍼즐 게임과는 차별화된 게임성을 갖추었다. 이는 순전히 시나리오의 힘이다. 이처럼 동일한 장르의 게임이더라도 시나리오가 중요한 경우도 있고 전혀 그렇지 않은 경우도 있다. 게임에 따라 차이가 있기 때문에 **게임 시나리오는 게임 자체를 제대로 이해하는 것에서부터 시작**해야 한다.

⊹ 게임 시나리오 학습의 어려움

게임 기획자를 꿈꾼다면 게임 시나리오에도 관심이 있을 것이다. 게임 시나리오에 대한 전문적인 지식을 쌓기 위해서는 이론과 실무를 모두 익히는 것이 중요한데, 이를 제대로 습득할 수 있는 자료나 도서가 부족하다. 대부분의 게임 시나리오 관련 도서는 실무와 동떨어진 형식적인 내용만 담고 있거나 자신의 경험만을 체계 없이 나열하기 때문에 질적으로 도움이 되는 책을 찾기란 쉽지 않다.

아무래도 게임이라는 매체의 역사가 짧아 충분한 연구가 이루어지지 않았다는 점이 가장 큰 이유일 것이다. 또 다른 이유는 게임의 형식이 매우 다양하기 때문이다. 영화는 장르가 달라도 시나리오 작성 방법론이 거의 유사하다. 반면 게임은 서로 같은 장르일지라도 플랫폼이나 게임 시스템에 따라 방법론이 달라지기도 한다. 따라서 게임 시나리오를 체계화하는 작업 자체가 쉽지 않은 일이다. MMORPG와 VR/AR 게임 스토리텔링의 대응이 어려운 이유도 새로운 형식을 체계화하거나 이론화하지 못하기 때문이다. 이제 기존의 게임 시나리오 작법 틀에서 벗어난 새로운 시각이 필요하다.

✛ 게임을 모르는 게임 시나리오 작가

게임 시나리오 작가의 경력은 저마다 다른데, 게임과 전혀 무관한 분야에서 일하다가 게임 업계로 진출한 경우가 많다. 이러한 배경 때문에 많은 게임 시나리오가 소설과 유사한 스타일을 띠고 있다. 실제로 게임 회사들이 시나리오 작가를 채용할 때 소설 작가 경력을 가진 사람을 선호하는 경우도 흔히 볼 수 있다.

그러나 게임의 문법은 소설의 문법과는 절대 같지 않다. 그럼에도 이 차이를 제대로 인식하지 못한 채 작업하는 작가들이 많고, 심지어 자신이 만드는 게임을 직접 플레이하지 않는 경우도 있다. 유명한 소설가나 작가와 협업했음에도 불구하고 큰 성과를 거두지 못하는 이유가 여기에 있다. 게임 시나리오 작가가 게임을 잘 모른다는 사실은 매우 역설적이다. 게임 시나리오 작가라면 게임에 대해 깊이 이해해야 한다.

〔 이 책에 대하여 〕

이 책은 **게임의 시스템으로 게임 스토리를 전달하는 방법**을 다룬다. 다르게 말하면 **플레이를 통해 스토리를 전달하는 법**에 관한 내용이다. 이 책을 통해 스토리텔링의 개념을 이해하면 실무에 큰 도움이 될 것이다.

이상적인 게임은 스토리와 게임 시스템이 유기적으로 맞물린다. 게임에 텍스트가 없어도 플레이어가 자연스럽게 게임의 스토리나 세계관을 이해할 수 있어야 한다. 그러나 많은 게임이 스토리텔링에 대한 깊은 고민 없이, 텍스트라는 가장 쉬운 방법에 의존하고 있다.

이 책은 처음부터 끝까지 텍스트 위주의 스토리텔링에 대해 비판적일 것이다. 그렇다고 게임 시나리오에 텍스트가 필요 없다는 뜻은 아니다. 텍스트보다 '게임 시스템을 활용한 스토리텔링'이 게임에 더 적합하다는 의미다. 여러분이 이런 인식을 가지게 된다면 이 책은 제 역할을 충분히 다했다고 볼 수 있다.

또한 이 책은 **게임의 스토리 구조를 이해**하는 데에도 도움을 줄 것이다. 게임 시나리오 작업이 어려운 이유는 플랫폼이나 장르가 다른 게임에 따라 시나리오 또한 달라져야 하기 때문이다. MMORPG와 VR/AR 게임 스토리텔링의 특별함 역시 스토리 구조의 차이에서 비롯된다. 그 차이에 대응하려면 '스토리 구조를 정확히 아는 것'이 무엇보다 중요하다. 그래야만 새로운 형식의 게임에 대한 답을 찾을 수 있다. 이 책이 초보자뿐만 아니라 실무자에게도 큰 도움이 될 수 있는 이유가 바로 여기에 있다.

╍┿ 개정판에서 달라진 점

이 책은 내가 게임 시나리오 컨설턴트로 활동하게 된 시작점이었다. 덕분에 다양한 프로젝트에 참여하며 성장할 수 있었고, 작업이나 강의를 위해 책을 참고할 때면 보완해야 할 점들을 발견하고 기록하곤 했다. 개정판에서 달라진 점은 크게 세 가지다.

첫째, 생성형 AI에 대한 내용을 추가했다. 현재 게임 개발의 패러다임에 가장 큰 영향을 끼치는 건 생성형 AI라 할 수 있다. 아트 작업의 상당한 영역이 AI로 빠르게 대체되고 있으며 게임 시나리오도 이 흐름을 피해갈 순 없다. 다행히 게임 시나리오 영역에서 생성형 AI는 작업에 도움이 되는 '유용한 도구'의 포지션이다. 생성형 AI를 활용하여 작업 시간을 줄이고 결과물의 완성도를 높이는 방법을 제시한다.

둘째, 게임 시나리오 컨설팅 사례를 담았다. 게임 시나리오는 플랫폼, 장르, 게임마다 차이가 커서 정형화하기 어렵다. 그러나 기획의 관점으로 접근하면 다양한 상황에 유연하게 대응할 수 있는데, 이와 관련된 방법과 인사이트를 공유한다.

셋째, 기획에 대한 콘텐츠를 강화했다. 게임 시나리오 작업 시 기획에 대한 이해는 매우 중요하다. 캐릭터 설계에 도움이 되는 트라우마와 딜레마, 네이밍 등 추가로 알아두면 좋은 내용을 보강했다.

이 책의 구성

10개의 장으로 구성했다. 1장부터 7장까지는 게임의 스토리텔링에 관한 내용에 해당한다. 8장은 대사와 보이스, 9장은 게임 시나리오 실무에 도움이 되는 작업 노하우, 10장은 게임 시나리오 컨설팅 사례를 다룬다.

1장···스토리 작법의 법칙과 이론

게임 시나리오를 정확하게 정의하고 게임 시나리오 작업에 도움이 되는 이론을 살펴본다.

2장···게임 스토리텔링을 위한 필수 요소

게임의 스토리텔링을 위해 반드시 알아야 할 개념을 살펴본다. 훅과 캐릭터에 대한 개념, 게임 시나리오 작업에 필요한 게임 시스템의 맥락을 이해한다.

3장···몰입을 이끄는 세계관 설계의 비밀

거창한 설정으로만 존재하는 세계관이 아닌, 실제 게임에 적용할 수 있는 세계관을 알아본다. 또한 지역과 종족을 설정하는 구체적인 방법을 익힌다.

4장···영원히 기억될 캐릭터 창조법

캐릭터는 우리가 생각하는 것 이상으로 의미 있다. 게이머가 스토리에 몰입할 수 있는 것도 캐릭터라는 매개체가 있기 때문이다. 매력적인 캐릭터를 설계하는 방법을 안내한다.

5장···3인칭 관점 - RPG와 AOS의 스토리텔링

우리가 지금까지 알고 있던 모든 게임 스토리는 3인칭 관점에 해당한다. 3인칭 관점을 이해하고 스토리 중심, 캐릭터 중심의 스토리텔링 방법을 살펴본다.

6장···중간적 관점 - MMORPG의 스토리텔링

MMORPG의 실패 원인은 대부분 스토리 구조에 대한 이해 없이 퀘스트를 만든 데 있다. 중간적 관점을 통해 MMORPG의 스토리 구조를 이해하고 퀘스트 스토리텔링에 대해 알아본다.

7장 · · · 1인칭 관점 - VR/AR 게임의 스토리텔링

VR/AR 게임이 1인칭 관점 게임에 해당한다. 새로운 형태의 게임이지만 개념 자체는 쉬운 편이다. 〈포켓몬 고〉를 통해 1인칭 관점의 특성을 이해하고 어떤 방향성을 가진 VR/AR 게임을 만들어야 할지 살펴본다.

8장 · · · 캐릭터에 생명을 불어넣는 대사와 보이스

대사의 기능과 역할, 대사를 바탕으로 만들어지는 보이스에 관해 설명한다. 대사는 철저하게 이성적이고 기능적인 역할에 충실하게 작업해야 한다. 보이스 역시 스토리텔링에서 중요한 부분이므로 대사와 함께 설명한다.

9장 · · · 완성도와 디테일을 높이는 작업의 기술

게임 시나리오 작업에 도움이 되는 종합적인 테크닉과 네이밍 원칙, 영상 연출, 생성형 AI 활용 방법에 대해 안내한다.

10장 · · · 컨설팅 사례로 살펴보는 시나리오 대응 전략

오픈월드 게임, 방치형 RPG, 메타버스 콘텐츠, 서브컬처 게임 등 게임 시나리오 컨설턴트로서 경험한 다양한 사례를 안내한다. 장르별로 다른 방법론이 적용되어야 하는 게임 시나리오 작업의 어려움을 극복하는 데 많은 도움이 될 것이다.

내가 게임을 처음 접한 곳은 오락실이었다. 지금은 게임 센터라 불리는 오락실의 당시 게임 한 판 가격은 50원이었다. 그때부터 게임을 좋아했는데, 특히 콘솔 게임에 관심이 많았다. 패미컴, 슈퍼 패미컴, 플레이스테이션, 닌텐도 64와 같이 이제는 아는 사람만 아는 게임기의 게임을 즐겼다. 잠깐이었지만 SNK의 네오지오와 금성(LG의 옛 이름)에서 출시한 3DO 얼라이브까지 보유했을 만큼 콘솔 게임 덕후였다. 그렇다고 PC 게임을 게을리(?)하지도 않았다. 부모님께서 처음 사주신 PC는 지금은 상상하기 어려운 흑백의 XT 컴퓨터였다. 당시 컴퓨터의 저장 매체는 5.25인치 플로피 디스크였는데, 디스크를 여러 번 교체하면서 게임을 플레이했던 기억이 난다. 당시 존재했던 거의 모든 게임 플랫폼의 게임을 해봤고 덕분에 명작이라 불리는 수많은 게임을 접할 수 있었다. 그중 가장 좋아했던 장르의 게임은 JRPG라 불리는 일본식 RPG였다.

한글 게임 자체가 극소수에 불과했던 시기였다. RPG는 텍스트가 거의 없는 것이나 마찬가지여서 철저히 공략본에 의지해야만 했다. RPG로 한정한다면 게임을 구매하는 첫 번째 기준이 공략본의 유무일 정도였다. 공략본에 오류가 있으면 게임이 중간에 막혀버리기도 했다. 지금 생각해보면 말도 안 되는 방식이지만 그때는 당연한 플레이 형태였다. 원래의 스토리를 완전히 이해하지 못하는 것은 당연했다. 그러나 공략본으로 스토리의 전체적인 흐름을 대강 파악할 수 있었고, 부족한 내용은 상상으로 채우면서 플레이했기에 게임을 즐기는 데 큰 문제는 없었다. RPG였지만 생각만큼 텍스트가 중요하지는 않았다. RPG보다 텍스트의 비중이 높은 어드벤처 장르의 게임도 마찬가지였다. 이때 스토리텔링에서 무엇보다 중요한 것이 '게임 시스템'이라는 사실을 막연하게나마 깨달았던 듯하다. 어릴 때는 몰랐지만 당시의 플레이 경험이 현재 스토리텔링을 만드는 방향성이 되었다.

게임 기획자가 되겠다는 꿈을 꾼 건 초등학교 때였다. 이후로도 그 생각은 변하지 않아 결국 게임학과에 진학했다. 원하던 학과였지만 생각했던 것과 현실은 매우 달랐다. 프로그래밍 위주의 커리큘럼이었고 게임 기획에 전문성을 가진 교수님도 찾기 어려웠다. 결국 대학에서는 게임 기획을 제대로 배울 수 없다는 판단하에 영화 연출로 진로를 변경했다. 당시 감명 깊게 플레이한 〈메탈 기어 솔리드〉를 만든 디렉터가 영화감독 지망생이었다는 사실이 가장 큰 이유였다. 시나리오에 관심이 있기는 했지만 다소 즉흥적인 선택인 것만은 분명했다. 지금 생각해보면 팬심이 크게 작용했던 것 같다. 그렇게 영화를 전공하면서 스토리텔링에 대한 고민도 함께 시작되었다. 다행히도 영화만큼 게임과 유사한 매체가 없다는 점에서 나는 운이 좋았다. 큰 맥락에서 보면 제작 과정도 유사한 점이 많다. 게임 때문에 영화 전공을 선택했지만, 현재의 일에 큰 도움이 되고 있다.

게임 업계에서 일을 시작하며 처음 맡은 업무는 콘텐츠 기획이었다. 오래전부터 게임 시나리오에 욕심이 있었고 역량을 키우고 싶었지만 당시에는 마땅한 방법이 없었다. 특히 어려웠던 점은 실무에 도움이 될 만한 책이 없다는 사실이었다. 결국 선임자를 잘 만나는 것만이 유일한 방법이었다. 나에게는 그런 행운이 없었기에 독학으로 공부를 시작했다. 영화나 소설의 스토리 작법 책을 다수 탐독했지만 작법서만으로 이해되지 않는 내용이 많았다. 이때 큰 도움이 되었던 것은 학원에서 수강한 상업 영화 시나리오 작법 수업이었다. 이 수업을 통해 막연하게 알고 있던 영화 시나리오의 개념을 정리할 수 있었다. 그러면서 스토리 작법에 도움이 될 만한 강연을 전부 쫓아다녔다. 게임, 영화, 소설, 웹툰

등 장르를 가리지 않았다. 이 과정에서 매체가 달라도 스토리텔링의 기본 원리는 같다는 점을 깨달았다.

이후 그렇게 알게 된 이론을 실무에 적용하는 작업에 착수했다. 그러나 스토리텔링은 생각보다 어려운 개념이었다. 많이 쓰여 익숙할 뿐, 실무에서 제대로 활용하는 것은 또 다른 문제였다. 자전거 타는 법을 이론적으로 잘 알고 있다고 한들 직접 타면서 몸으로 익히지 않으면 절대 배울 수 없다. 스토리텔링을 이해하는 것도 마찬가지였다. 직접 콘텐츠를 만들고 그것이 사용자들에게 어떻게 받아들여지는지에 대한 경험이 필수였고, 나는 〈블레이드 앤 소울〉의 퀘스트 기획자로 일하면서 그 경험을 쌓을 수 있었다.

〈블레이드 앤 소울〉은 오픈 초기에 동시 접속자 수가 25만 명에 달할 정도로 인기가 굉장했기에 퀘스트에 대한 게이머들의 피드백을 얻기가 쉬웠다. 게이머들이 좋아하는 퀘스트는 흔히 말하는 닥사[1]에서 벗어난 플레이 위주의 퀘스트였다. 생각보다 퀘스트의 '스토리'를 즐기는 게이머가 많았으며, 그들이 게임을 기억하는 방식에 스토리가 분명히 존재한다는 사실도 알게 되었다. 그런 과정을 거치고 나서야 스토리텔링에 대한 나름의 정의를 내릴 수 있었다. 일을 시작한 지 약 6년이 지난 후였다. 대학까지 포함한다면 10여 년의 세월이 걸린 셈이다. 길다면 길고, 짧다면 짧은 시간이다. 그즈음부터 게임 개발자 콘퍼런스에서 강연을 하기 시작했다.

국내에서는 게임에 대한 전문 지식의 공유가 활발하지 않은 편이다. 자신이 어렵게 깨우친 지식을 타인과 공유한다는 것은 사실 어려운 일이다. 그 때문인지

---

1 '닥치고 사냥'의 준말이다. '닥사 퀘스트'는 사냥 위주의 퀘스트를 비하하는 의미로 사용한다.

기존 게임 개발자 콘퍼런스의 강연은 깊이가 없고 단순 홍보에 그친다는 비판이 많았다. 특히 게임 시나리오나 스토리텔링 강연의 상당수는 자신의 경험을 얘기하는 정도에 그쳤다. 내가 자주 수강했던 영화, 소설, 드라마, 웹툰 등의 다른 매체 스토리 작법 강연보다 수준이 크게 떨어졌다. 무엇보다 '스토리 구조에 대한 고민이 없다'는 점이 아쉬웠다. 그 아쉬움이 나처럼 게임 시나리오에 관해 고민하는 사람들에게 조금이나마 도움을 줄 수 있는 강연을 하고 싶다는 생각으로 이어졌다. 지식 공유 차원에서 시작한 강연이었지만, 다른 관점에서 본다면 자기계발의 일환이기도 했다. 강연을 준비하면서 다소 막연했던 개념들을 정리할 수 있다는 점이 좋았다. 이 책 역시 이와 같은 맥락으로 집필했다.

지금까지 일을 하면서 순수하게 게임 시나리오 작업만 맡은 적은 없다. 기본적으로 기획자의 업무를 담당했다. 어떤 시스템으로 어떻게 구현할지를 고민하면서 스토리를 만들었고, 필요한 시스템이 있다면 직접 기획했다. 게임 시나리오는 게임의 스토리텔링을 위한 작업이며 그 범위는 상상 이상으로 넓다. 당연히 게임의 기획적인 부분까지 고려해야 한다. 이런 이유로 책에도 기획에 관한 내용이 많이 포함되어 있다.

만약 지금까지 게임 시나리오를 대사 위주의 텍스트 작업이라고 생각했다면 이 책의 내용이 다소 생소하게 느껴질 수도 있을 것이다. **게임 시나리오는 텍스트가 아니다.** 이 책을 통해 게임 시나리오를 완전히 새로운 관점으로 생각해보는 계기를 마련하길 바란다.

2024년 9월

이진희

스토리 작법의
법칙과 이론

처음 영화를 공부하면서 가장 충격적이었던 것은 영화 시나리오 작법서의 소개란에 적힌 'The Tools of Screenwriting'이라는 문구였다. '영화 시나리오 작법의 도구'라는 뜻인데, 영화 시나리오 작법서를 하나의 도구로 인식하는 것 자체가 놀라웠다.

그때까지 스토리란 작가가 어떤 영감을 얻어서 한 번에 써 내려가는 것이라고 생각했다. 그러나 스토리 작법을 주제로 하는 책에서는 공통적으로 스토리의 문법에 대해 말한다. 스토리를 만들어내는 법칙이 존재하며 누구나 이 법칙, 즉 문법만 알면 일정 수준 이상의 스토리를 만들 수 있다는 것이다. 문법에 맞게 만들어진 스토리는 100점은 아닐 수 있지만 적어도 90점은 받을 수 있다. 이것이 가능한 이유는 스토리를 만드는 것이 기술의 영역에 속하기 때문이다.

스토리 작법이 기술의 영역이라는 주장에 대해 '그렇다면 스토리 작법을 전문적으로 공부하지 않은 사람들의 뛰어난 작품은 어떻게 설명할 수 있는가?'라는 반문이 나올 수 있다. 그런 사람들은 자신도 모르게 스토리를 만드는 문법을 알고 있는 특수한 경우다. 말 그대로 '신이 주신 재능' 같은 것이다. 이런 재능이 없더라도 누구나 스토리를 만들 수 있다는 것은 스토리 창작자를 희망하는 이들에게는 다행스러운 일이다.

스토리 작법은 그 자체가 이론이다. 여기서 이론이란 '체계화되고 도식화된 틀'이라는 뜻이다. 많은 사람에게 공감을 얻는 스토리에는 유사한 패턴이 있으며 성공 공식이 존재한다. 우리가 스토리 작법을 공부하는 이유도 이처럼 검증된 구조를 갖춘 스토리를 만들기 위함이다. 특히 게임 시나리오를 작업할 때 이론을 제대로 이해하고 있는 것이 무엇보다 중요하다. 그 이유는 다음과 같다.

첫째, 게임 시나리오 작업은 난도가 높다. 제약이 많으면 그만큼 작업이 어렵다. 소설에서는 몇 문장만으로 전달할 수 있는 사건을 게임에서 표현하려면 영상으로 보여줘야 할 수 있다. 그러나 영상 제작에는 많은 비용이 들기 때문에 큰 회사에서도 쉽게 제작할 엄두를 내지 못하는 것이 현실이다. 비용이 높다는 것은 현실적으로 제작이 불가능하다는 의미다. 따라서 게임 시나리오 작가의 상상력은 지극히 제한된 범위 내에서만 허용된다.

영화에 '영상'이라는 영화만의 문법이 있는 것처럼 게임에는 '게임 시스템'이라는 게임만의 문법이 있다. 게임의 모든 스토리는 이 시스템을 통해 전달된다. 그러나 현실적으로 스토리를 위한 게임 시스템의 구현은 제한적일 수밖에 없으며,[1] 한정된 게임 시스템으로 스토리텔링을 해야 한다. 같은 장르의 게임이어도 게임마다 시스템이 상이하므로 각각의 게임에 맞는 대응이 필요하다. 그렇지만 그 안에서도 공통적인 요소는 분명히 존재하며 이론을 통해 설명할 수 있다. 이를 통해 절대적으로 변하지 않는 기준과 방향성을 제시할 수 있다.

둘째, 게임 시나리오는 그 자체가 목적이 아닌 게임 제작에 필요한 사전 작업이다. 이 과정에서 누군가를 설득해야 하는데, 이때 논리를 제공하는 것이 이론이다. 게임 시나리오 작가는 작업한 스토리에 관한 모든 것과 왜 그런 스토리가 되어야 하는지 설명할 수 있어야 한다. 그래야 협업을 통해 작가가 의도한 방향으로 결과물을 끌어낼 수 있다. 스토리는 개인 취향에 영향을 많이 받기 때문에 좋은 스토리에 대한 의견이 다양할 수 있다. 이때 이론은 스토리의 좋고 나쁨을 설명할 수 있는 근거가 된다.

---

1 대부분의 게임이 텍스트 위주의 스토리텔링을 하는 이유도 여기에 있다.

셋째, 자신만의 작업에 빠지지 않기 위함이다. 실제로 게임 시나리오 작업에서 그 목적을 잊어버리는 작업자들이 있다. 그들은 스토리 자체를 하나의 작품, 특히 자신만의 작품으로 생각한다. 작가라면 충분히 욕심낼 수 있는 부분이지만, 이런 유혹에 빠지면 게임의 스토리는 객관성을 유지하기 어렵다. 따라서 작업 중에는 자체 검증이 필요하며, 이때 이론이 검증의 기준이 된다.

1장은 게임 시나리오의 기본이 되는 스토리 관련 이론을 다룬다. 이 과정에서 소설이나 영화와 같은 다른 매체의 이론을 주로 설명하는데, 매체마다 그 특성이 다를 수는 있어도 스토리 작법의 기본 원리는 유사하기 때문이다. 매체의 특성에 따라 조금씩 다른 형태로 나타날 뿐이다. 같은 스토리라도 매체에 따라서 표현하는 방법이 달라지기 때문에 그 차이를 아는 것이 중요하다.

지금부터 게임 시나리오 작업에 꼭 필요한 이론을 살펴보자. 당장 이해되지 않더라도 스토리텔링과 스토리의 기본 구조에 대한 개념 자체를 인지하고 있다면 시간이 지나면서 자연스럽게 이해하게 될 것이다.

1.1 스토리텔링의 이해

1.1.1 스토리텔링의 개념

이 책의 첫 장부터 스토리텔링이 등장한 것은 그만큼 중요하다는 의미다. 과장을 조금 보태서 이 개념만 제대로 알면 스토리와 관련된 어떤 작업도 할 수 있다.

많은 사람이 스토리텔링의 개념을 잘 알고 있다고 생각한다. 하지만 익숙하다고 해서 잘 아는 것은 아니다. 지금 당장 자신에게 물어보자. 스토리텔링이란 무엇인가?

영화와 드라마의 차이를 설명할 수 있다면 스토리텔링을 제대로 이해하고 있는 것이다. 하지만 이를 구체적으로 설명하기는 생각보다 어렵다. 영화와 드라마는 어떻게 다를까?

스토리텔링의 사전적인 의미부터 찾아보자. 스토리[story]와 텔링[telling]의 합성어인 스토리텔링[storytelling]은 '이야기하다'라는 의미를 지니며 상대방에게 알리고자 하는 바를 재미있고 생생한 이야기로 설득력 있게 전달하는 행위를 뜻한다. 조금 더 쉽게 풀어보자.

그림 1-1 스토리텔링의 의미

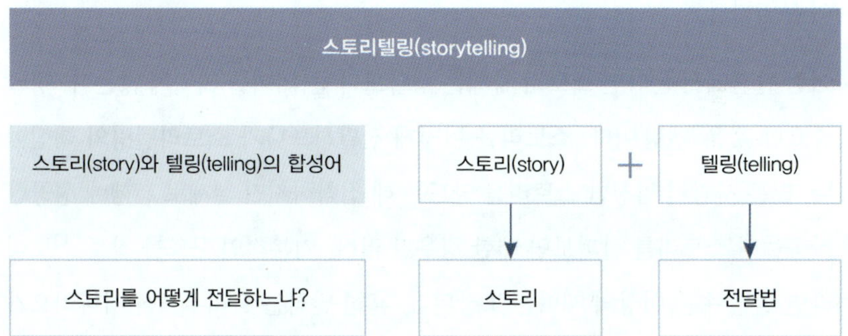

스토리는 이야기 그 자체다. 예를 들어 '용자가 용을 물리치고 공주를 구하는 스토리'가 있다고 하자. 이를 전달하는 방법은 매체에 따라 달라진다. 영화라면 영상으로 전달할 것이고, 소설이라면 텍스트로 전달할 것이다. 전달 방식의 차이는 매체에만 국한되지 않는다. 하나의 스토리로 여러 명이 각각 영화를 제작한다고 가정해보자. 같은 배우가 출연하더라도 연출자에 따라 전혀 다른 영화로 만들어질 것이다. 이 역시 전달하는 방법의 차이에서 비롯된다. 스토리를 어떻게 전달하느냐? 이것이 스토리텔링의 의미다.

많은 사람이 '스토리'와 '스토리텔링'을 혼동하는데, 이 둘은 분명히 다르다. 스토리텔링은 단순한 스토리 외에 그 전달법까지 포함하므로 스토리보다 넓은 범위의 개념이다. 스토리텔링을 이해하지 못하는 이유는 스토리텔링이라는 단어를 하나의 묶음으로 보기 때문이다. 합성어지만 스토리와 텔링을 분리해서 이해할 필요가 있다.

지금까지 중요하다고 생각했던 부분은 아마 '스토리' 쪽일 것이다. 필자도 오랫동안 스토리에 집착했고, 대단한 스토리를 만들기 위해 고민했다. 하지만 흥행한 작품들 중에서 스토리 자체가 특별한 경우는 그리 많지 않다. 주인공이 누군가에게 복수하는 스토리는 과거부터 존재했다. 아마도 복수를 테마로 하는 스토리는 인류가 멸망할 때까지 쓰일 것이다. '원수 집안인 두 남녀의 사랑 이야기'는 어떨까? 이 역시 스토리 기반 콘텐츠를 제작한다면 영원한 테마가 될 것이 분명하다.

이런 관점에서 본다면 스토리 자체는 생각보다 큰 의미를 지니지 않는다. 정말 중요한 것은 '텔링'이다. **스토리를 어떻게 전달하느냐가 스토리텔링의 핵심이**다. 많은 사람이 엄청난 스토리를 만드는 데 집착하지만 실제로 흥행에 성공한 작품들의 스토리를 살펴보면 뻔한 경우가 많다. 기본적인 구조를 갖춘 스토리라면 일정 수준 이상의 재미는 보장된다. 흔히 말하는 할리우드식 시나리오가 대표적인 예다. 일종의 공식이라 할 수 있는데, 이 공식에 맞는 스토리라면 최소한 욕은 먹지 않는다. 중요한 것은 그 **뻔한 스토리를 얼마나 창의적으로 전달하느냐**다.

애니메이션 〈겨울왕국〉의 초반에는 주인공 엘사가 장갑을 끼고 있다. 이는 모든 걸 얼릴 수 있는 자신의 능력을 통제하려는 의지를 보여주는 것으로, 엘사의 내면 심리를 장갑이라는 물건을 통해 드러냈다고 할 수 있다. 이후 자신의 모습을 있는 그대로 받아들이자 엘사는 더 이상 장갑을 착용하지 않는다. 〈겨울왕국〉의 스토리는 엘사의 트라우마 극복기로 요약할 수 있는데, 작가는 이 스토리를 보여주는 도구로 장갑을 활용했다. 엘사의 변화를 보여줄 수 있는 여러 방법 중 작가는 우리가 아는 방법을 선택했고, 결과는 아주 효과적이었다. 이때 작가가 어떤 선택을 하느냐가 곧 '텔링'이며, 이는 스토리의 몰입도를 결정한다.

그림 1-2 장갑을 스토리텔링의 도구로 활용한 〈겨울왕국〉의 한 장면

1.1.2 스토리 기반 콘텐츠의 스토리텔링

스토리 기반 콘텐츠란 우리가 잘 알고 있는 소설, 연극, 영화, 게임 등을 말한다. 가장 이상적인 형태는 각 매체가 가진 고유의 특성에 맞는 스토리텔링을 하는 것이다. 이는 일종의 문법을 의미하며 해당 매체만의 고유한 언어이자 방법론을 뜻한다. 예를 들어 소설은 텍스트로 스토리를 전달하는 매체다. 연극은 대사, 드라마는 대사와 영상, 영화는 영상, 게임은 플레이(경험)라 할 수 있다. 이처럼 각 매체가 가지는 '텔링'의 형태는 서로 다르다. 스토리를 기반으로 하는 콘텐츠의 텔링 방식은 다음과 같다.

- 소설: 텍스트
- 연극: 대사와 배우
- 드라마: 대사와 영상
- 영화: 영상
- 게임: 플레이(경험)

1) 영화와 드라마의 스토리텔링

카메라로 영상을 촬영하고 그것을 편집해 콘텐츠를 만든다는 점에서 드라마와 영화는 얼핏 비슷해 보인다. 하지만 이 둘은 분명히 다르다.

우선 화면 크기에서 차이가 있다. 영화는 기본적으로 극장에서 상영하기 위한 콘텐츠다. 그렇기 때문에 숏 자체의 크기가 다르다. 극장의 큰 화면에 어울리는 숏은 풀숏Full Shot[2]이다. 풀숏이 사용되면 그만큼의 화면을 꾸며야 하기 때문에 미장센Mise-en-Scène[3]에도 영향을 준다. 반면 드라마는 출력되는 TV 화면 크기가 작기 때문에 풀숏을 사용해도 효과가 크지 않다. 그래서 실제 드라마를 보면 인물 중심으로 숏이 구성될 확률이 높다. 드라마가 인물 중심인 또 다른 이유는 대사를 통해 스토리를 전달하기 때문이다. 드라마는 영상으로 보이는 매체이지만, 대사를 통해 실질적인 스토리를 전달한다. TV의 실제 몰입도는 상대적으로 낮은 편이다. 물론 TV에만 집중할 때도 있지만, 다른 일을 하면서 시청하는 경우가 많다. 특정 부분을 이해하지 못하거나 놓치면 스토리의 흐름 또한 놓칠 수 있다. 그렇다 보니 대사를 통해 직접적으로 설명하고 같은 이야기를 반복해서 들려준다. 결국 드라마는 대사의 비중이 높을 수밖에 없다.

드라마를 평가하는 주요 기준은 시청률이다. 시청자들이 채널을 돌리지 않도록 일정 주기마다 의도적으로 자극적인 설정을 추가하기도 한다. 반면 극장은 영화 관람만을 위한 공간이라 몰입도가 높다. 거기다 영화의 러닝타임은 보통 120분 이상이므로 많은 내용을 전달하려면 영상을 통해 축약해야 한다.

2　숏 크기를 구분하는 용어로 인물 전체를 찍는 경우 풀숏이라 한다. 참고로 드라마에서 많이 사용되는 미디움숏(medium shot)은 인물의 무릎이나 허리 위를 찍는 숏이다.

3　미장센은 화면을 구성하는 조형적 요소를 뜻한다. '무대에 배치하다'라는 뜻의 연극에서 비롯된 전문용어다. 쉽게 '화면 구성'으로 이해하면 된다.

그림 1-3 영화와 드라마의 차이

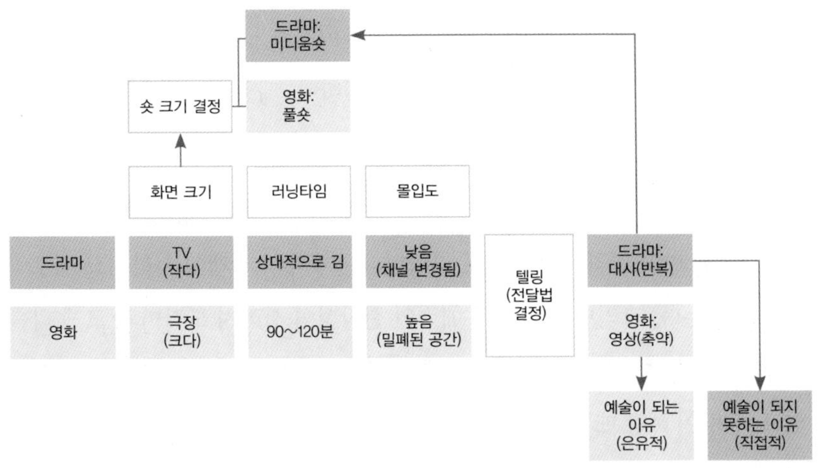

영화는 예술이 되지만 드라마가 예술이 되지 못하는 이유도 여기에 있다. 은유는 예술으로 분류하는 기준 중 하나다. 우리가 예술이라 부르는 것들은 대체로 직접 말하지 않고 어떤 의미나 생각을 숨겨놓는다. 드라마에서는 어떤 인물을 소개할 때 대사를 통해 '누가 어떻다'고 직접적으로 설명하는 경우가 많다. 반면 영화에서는 캐릭터를 직접 설명하기보다 사건을 통해 보여주려고 노력한다. '영화스럽지 않다'는 말은 스토리 전달에 대사를 많이 활용할 때 나온다. 간혹 드라마를 보고 '영화 같다'고 말하는 경우도 있는데, 그 이유를 명확히 설명하진 못해도 우리 모두 '영화적'인 감각을 인지하고 있기 때문에 가능한 것이다. 이것이 곧 영화와 드라마에서 '텔링'의 차이다.

2) 소설과 연극의 스토리텔링

소설의 텔링은 텍스트다. 문장 자체로 스토리를 전달하며 문장의 미묘한 차이에 따라 독자의 반응도 달라진다. 결국 텍스트가 소설의 전부라 할 수 있다. 예를 들어 소설에서 '과거-현재-미래'와 같은 시제를 표현할 때 문장의 끝에 '했다'라고 적기만 하면 그 자체가 과거가 된다. 엄청나게 효율적이다. 그러나 영화와 드라마는 '몇 년 전'과 같은 자막이나 흑백 화면 등의 보조 수단으로 과거라는 사실을 알려야 한다. 이는 소설이 다른 매체와 구분되는 특성이라 할 수 있는데, 스토리를 전달하는 비용이 가장 저렴하다. 게임 시나리오 작업을 텍스트 위주로 하는 이유도 경제성 때문이라 할 수 있다.

연극도 드라마처럼 대사 위주다. 연극의 요소로는 배우, 무대, 관객, 희곡을 꼽을 수 있다. 만약 연극을 영상으로 촬영한다면 무대와 관객이 사라지고 배우와 희곡만 남는다. 그러면 연극만의 매력인 현장성이 사라져 드라마와 크게 다를 바 없게 된다. 중요한 점은 각 매체에는 매체를 전달하는 고유한 텔링 방식이 있고, 텔링이 해당 매체의 본질이라는 것이다.

3) 게임의 스토리텔링

마지막으로 게임이다. 게임이 다른 매체와 구분되는 가장 큰 특징은 상호작용이다. 게임 플레이gameplay란 플레이어가 게임을 하면서 상호과정을 경험하는 것으로, 플레이어는 이 과정에서 재미를 느낀다. 게임의 본질을 '재미'라고 하는 이들이 많은데, 상호작용을 통해 추구하는 것이 재미인 것은 분명하다. 그러나 재미를 추구하는 것이 게임만의 특성은 아니므로 게임의 본질을 곧 재미라고 보는 것은 잘못된 해석이다. 우리는 게임의 본질인 '상호작용'에 집중할 필요가 있다. 게임 시나리오 역시 '경험(상호작용)'에 집중해야 한다.

게임 스토리가 재미없다면 그 이유는 아주 간단하다. 게임스럽지 않은 스토리텔링을 하기 때문이다. 게임을 만들면서 자주 하는 실수 중 하나가 스토리를 전달할 때 텍스트와 영상을 지나치게 많이 활용하는 것이다. 물론 어쩔 수 없이 사용해야 할 때도 있다. 하지만 '스토리에 신경 쓴 게임=영상이 많은 게임'으로 일반화하는 것이 문제다. 대부분의 회사는 '우리 게임은 스토리에 투자를 많이 했기 때문에 제작 영상이 많다'는 식으로 홍보하곤 한다. 하지만 영상은 영화의 텔링 방식이다. 예를 들어 어떤 캐릭터가 나쁘다는 사실을 전달해야 한다면 왜 나쁜지를 영상으로 보여주기보다는 적으로 등장시켜 싸우게 하는 편이 방법론적인 측면에서는 맞다. 영상이 불필요하다는 게 아니라, **게임이라면 플레이를 통해서 스토리를 전달해야 한다**는 의미다.

게임은 영상과 더불어 텍스트도 많이 사용한다. 그래서 '스토리=텍스트'의 모습을 보이기도 하지만, 텍스트는 소설에 가까운 텔링 방식이지 게임에는 정답이 아니다. 게임의 텍스트는 적을수록 좋다. 게이머들이 텍스트가 많은 게임을 싫어하는 이유는 게임의 목적이 텍스트를 읽는 데 있지 않기 때문이다. **플레이를 하면서 자연스럽게 게임의 스토리를 알게 되는 것, 그것이 가장 이상적인 형태다.** 우리가 게임을 하는 이유를 생각해본다면 게임이 어떤 스토리텔링을 추구해야 할지가 명확해진다.

1.2 게임과 스토리텔링

1.2.1 게임 시나리오의 영역

게임 시나리오의 범위는 사람마다 생각하는 기준이 다를 수 있다. 보통 게임 시나리오 작가라고 하면 텍스트와 이벤트 연출 업무가 주가 되는 경우가 많다. 그렇게 본다면 게임 시나리오의 범위는 생각보다 좁다. 텍스트는 소설, 이벤트 연출은 영화에 가깝다. 하지만 게임적인 요소는 빠져 있다. 가장 중요한 게임의 플레이에 대해서는 생각하지 않는다는 점이 문제다.

게임 시나리오는 게임의 스토리텔링을 위한 것이다. 그 게임만의 세계를 보여줄 수 있는 모든 것이 게임 시나리오의 영역에 속하는데, 흔히 '세계관'이라 불리는 게임 속 세계에 대한 규칙이나 법칙이 그것이다. 따라서 게임의 웬만한 요소들은 스토리텔링의 범주에 속한다. 아주 사소해 보이는 아이템이나 스킬의 네이밍조차도 게임 세계를 구성하는 요소다. 텍스트를 스토리텔링의 도구로 잘 활용한 예가 〈클래시 로얄〉의 캐릭터 설명이다. 만약 '캐릭터 설명'이라는 기능적인 역할에만 충실했다면 〈클래시 로얄〉만의 아기자기한 느낌을 제대로 살리지 못했을 것이다.

그림 1-4 〈클래시 로얄〉의 캐릭터 설명 텍스트

[그림 1-5]는 스토리 설정과 중요 게임 요소와의 관계를 도식화한 것이다. 그림에서 알 수 있듯이 스토리 설정은 게임 전반에 영향을 준다. 특히 스토리의 비중이 높은 RPG를 기본으로 앞에서 언급한 내용을 구체적으로 설명하겠다.

그림 1-5 RPG의 시나리오 범위

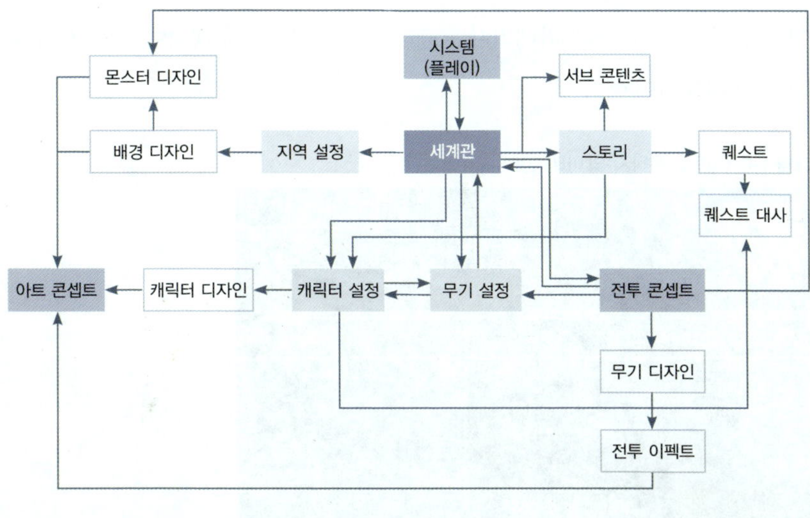

1) 시스템(플레이)

게임의 본질은 플레이다. 이 플레이를 가능케 하는 것이 게임 시스템이므로 분리해서 생각하기 어렵다. 스토리는 플레이의 몰입도를 높이기 위한 도구 중 하나다. 아무리 뛰어난 스토리라도 게임 플레이의 핵심 콘셉트와 맞지 않거나 겉돈다면 의미가 없다. 게임 스토리 자체보다는 스토리와 플레이의 연계가 무엇보다 중요하다. 이 연계성이 게임의 완성도를 직접적으로 높여준다. 따라서 스토리를 플레이로 전달하는 방법을 고민해야 한다. 이는 사실상 '텔링'에 해당하는 내용이다. 스토리텔링에 실패한 게임은 스토리와 플레이의 연계가 약할 확률이 높다. 쉽게 말해 '스토리와 플레이가 따로 노는' 게임이다.

만약 게임 시스템에서 중요하게 쓰이는 재화가 있다면 그것을 스토리에도 등장시켜야 한다. 게임에서 흔히 사용하는 '룬'은 일반화되어 있는 설정이다. 캐릭터의 능력치를 강화하는 아이템의 개념인데, 이러한 룬은 별도 설명이 없어도 게임에 자주 등장하기 때문에 게이머들은 동일한 맥락에서 이해한다. 그렇지만 이왕이면 세계관에 포함시켜 게임 내 중요하게 설정하는 것이 좋다. 〈파이널 판타지〉 시리즈의 마테리아, 〈블레이드 앤 소울〉의 영석이 룬을 게임에 잘 녹인 대표적인 예다.

그림 1-6 〈파이널 판타지〉의 마테리아

그림 1-7 〈블레이드 앤 소울〉의 영석

2) 퀘스트와 서브 콘텐츠

스토리를 활용한 대표적인 콘텐츠가 퀘스트다. 퀘스트 자체가 콘텐츠가 된다. 그래서 MMORPG의 퀘스트가 부족하면 콘텐츠가 없다는 말을 하기도 한다. 퀘스트를 제외한 서브 콘텐츠도 기능적인 역할이 중요하지만, 스토리와 연관되어야 몰입도가 높아진다. 동일한 결투장이라도 스토리와 관련 있는 설정이 추가되면 더 흥미롭게 다가온다.

그림 1-8 〈월드 오브 워크래프트〉 퀘스트 수행 장면

3) 지역 설정

지역 설정이 중요한 이유는 지역을 바탕으로 다양한 기후와 식생이 만들어지기 때문이다. 배경은 실제 플레이가 이루어지는 공간이라 할 수 있으며, 플레이어의 경험을 결정한다. 이왕이면 다양한 지역이 등장하면 좋은데, 지역마다 테마의 색을 구분해서 활용하는 것도 좋은 방법이다. 배치 몬스터 역시 기후와 식생의 영향을 받는데, 설원 지역일 경우 설인이 등장하는 것이 일반적이다.

4) 캐릭터 설정

게임 캐릭터의 외형 작업은 전적으로 아트 파트의 작업이지만, 외형에 대한 가이드는 시나리오 작업자의 역할이다. 이때 스토리에 캐릭터가 가지는 기능적인 역할이 반영되어야 한다. 전투를 하는 캐릭터라면 전투 콘셉트까지 고려하면 좋다.

5) 무기 설정

무기 설정은 세계관에 어울리는 무기에 대한 가이드다. 세계관의 시대와 맞지 않는 무기가 등장하면 당연히 플레이어의 몰입도를 해친다. 원시시대가 배경이라면 등장할 수 있는 무기도 정해져 있다. 그러나 세계관 설정에 따라 〈호라이즌 제로 던〉처럼 원시시대를 테마로 하면서 기계 무기를 등장시키는 것도 가능하다.

• 게릴라 게임스

6) 전투 콘셉트

전투 콘셉트는 RPG에서 무엇보다 중요한 요소다. 전투 콘셉트는 그 자체로 캐릭터의 성격을 드러내며, 캐릭터 설정에도 큰 영향을 끼친다. 그래서 전투 콘셉트를 반영해서 캐릭터를 설정한다면 캐릭터에 대한 몰입도를 높일 수 있다. 캐릭터 중심 게임이라면 특히 신경을 써야 하는 부분이다.

전투 콘셉트는 스토리에 영향을 줄 뿐만 아니라 전투 콘셉트를 어떻게 활용하느냐에 따라 캐릭터성이 달라진다는 점에서 의미가 있다. 〈리그 오브 레전드〉의 개발 초기에는 스토리가 빈약한 캐릭터가 많았지만, 지속적으로 보강하여 완성도를 높였다. 변경된 스토리에 맞춰 캐릭터의 전투 디자인[4]까지 변경하기도 했다.

---

4 이때 말하는 전투 디자인을 '전투 기획'으로 생각하면 이해하기 쉽다. 디자인이라는 용어는 어떤 오브젝트나 시스템을 만들 때 폭넓게 사용되는 경향이 있어서 단순히 '기획'의 뜻으로만 해석되지는 않는다. 이 책에서 '디자인'이라는 용어가 등장한다면 '설계'라는 뜻으로 이해하면 된다.

1.2.2 국내 게임 시나리오 작업의 현실

앞서 설명한 것처럼 게임 시나리오 영역의 범위는 생각보다 넓다. 그러나 실무에서는 대부분 텍스트와 이벤트 연출에 머무를 가능성이 높다. 실제로 게임 시나리오 관련 작업자를 구인할 때도 보통은 스토리 작성에 능한 사람을 찾는다. 그리고 소설이나 대사를 잘 쓰는 사람을 게임 시나리오 작가와 동일시한다. 하지만 게임 시나리오는 텍스트가 아니다. 굳이 따진다면 게임 기획의 영역에 더 가깝다. 국내 게임들의 스토리가 지적받는 이유도 여기에 있다.

많은 사람이 '게임 시나리오=텍스트'라고 인식하고 있다. 비극은 여기에서 시작된다. 텍스트는 게임에서 가장 싼 리소스다. 특별한 경우가 아니라면 언제든지 수정할 수 있다. 문제가 있더라도 게임에 미치는 영향이 크지 않기 때문에 게임 시나리오 작업은 시스템이 어느 정도 구현된 이후에 시작하는 경우가 많다. 그 시점에 시나리오와 맞지 않는 캐릭터가 제작되어 있으면 이미 투입한 비용 때문에 캐릭터를 사용해야 한다. 캐릭터 하나를 제작하는 데에는 원화, 모델링(3D 게임), 애니메이션, 효과(이펙트) 등의 많은 리소스와 그에 상응하는 비용이 쓰인다. 따라서 어쩔 수 없이 세계관과 어울리지 않는 캐릭터들을 등장시키게 되는 것이다.

그림 1-11 게임 시나리오의 완성도가 떨어지는 이유

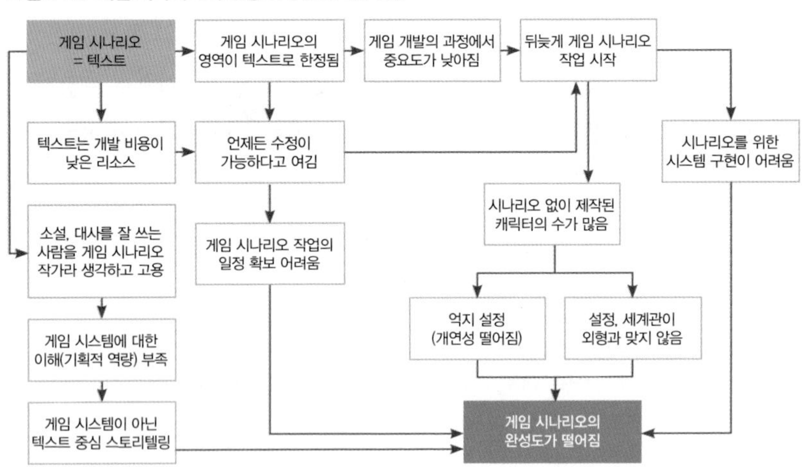

시나리오를 반영하기 위한 시스템이 필요하더라도 그 시점에는 일정상 구현하기가 어렵다. 시나리오의 완성도는 시간에 비례한다. 단순히 말해 고치면 고칠수록 좋아진다는 뜻이다. 그러니 일정이 짧을수록 수정할 시간이 줄어들기 때문에 개연성이 떨어질 수밖에 없다. 물론 모든 게임이 그렇지는 않지만, 상당수의 게임이 이러한 방법으로 제작되고 있다.

우리가 대작이라 부르는 게임 중에 게임 시나리오를 문제점으로 지적받는 게임은 많지 않다. 오히려 게임 시나리오에 힘입어 대작 반열에 오른다. 〈오버워치〉가 대표적이다. 〈오버워치〉만의 세계관과 캐릭터들의 스토리는 다른 게임과는 차별화된 캐릭터성을 만들어주었다. 이런 이유로 대작을 목표로 할 때는 게임 시나리오에 많은 공을 들인다. 하나의 세일즈 포인트가 되기 때문이다. 그러나 이런 방향성을 가진 게임도 스토리와 관련 기능 구현의 우선순위는 낮을 확률이 높다. 시스템 구현의 기준이 범용성[5]인 국내 개발 환경에서는 더욱 그렇다.

게임 시나리오에 신경을 쓰는 대작 게임도 이런 상황이다 보니 규모가 작은 게임에서 스토리텔링을 위한 시스템을 구현할 확률은 더욱 낮아진다. 텍스트로만 스토리텔링을 하는 게임의 스토리가 좋은 평가를 받지 못하는 것은 당연하다. 스토리를 게임 시스템으로 전달하지 않는다면 그 스토리가 아무리 뛰어나다고 한들 게이머는 절대 알 수 없다. 이런 현실을 온전히 게임을 만드는 회사만의 문제라고 보기는 어렵다.

게임을 만드는 가장 중요한 목적은 개발한 게임을 통한 이익 창출이며, 결국엔 게이머들이 원하는 방향으로 게임을 만든다. 실제로 MMORPG 퀘스트의 텍스트를 전부 읽으면서 즐기는 플레이어의 비율은 아주 낮은 편이다. 플레이가

---

5 범용성은 원래 광범위하게 사용된다는 뜻이지만, 게임 개발 과정에서는 활용 가치가 높다는 뜻으로 사용된다. 구현 비용을 고려해서 일회성일 확률이 높은 스토리나 연출 관련 시스템보다는 플레이와 관련된 시스템의 구현 우선순위가 높다.

생략된 모바일 RPG에서 게임 시나리오의 비중은 더욱 낮아졌다. 국내의 많은 게이머가 국내 게임의 스토리를 문제 삼는 것처럼 보이지만 사실은 일부에 불과하다. 게임의 스토리까지 신경 쓰는 게이머는 아무래도 소수의 마니아일 가능성이 높다. 불만이 있는 사람이 적극적으로 자신의 의견을 표출할 확률이 높기 때문이다.

이런 이유로 게임 회사 입장에서 시나리오에 비용 투자를 꺼리는 것은 당연한 선택이다. 아직 게임 시나리오가 수익에 어떤 영향을 주는지에 대한 정확한 데이터도 없다. 그러나 게임 시나리오가 콘텐츠 생산을 위한 기반 작업이라는 사실에는 변함이 없다. 게임 시나리오 작업이 되어 있다면 설정에 필요한 시간을 줄여주므로 그만큼 개발 기간이 단축된다. 북유럽이나 삼국지 같은 유명 세계관을 바탕으로 게임을 만드는 것도 결국 개발 비용을 줄이기 위함이다. 크게 보면 수익과도 연결되는 셈이다.

게임의 완성도와 몰입도가 높다면 수익 역시 늘어나기 마련인데, 게임 시나리오는 그 목적을 달성하기 위한 가장 쉬운 방법이다. 역량 있는 게임 시나리오 작가 한 명만 고용하더라도 그 효과는 확실하다. [그림 1-5]에서 살펴본 것처럼 게임 시나리오가 게임에 영향을 미칠 수 있는 범위는 생각하는 것 이상으로 넓다. 최근 들어 서브컬처 게임이나 싱글 플레이 게임 제작이 활발해지면서 게임 시나리오의 중요성이 부각되고 있다. 과거에 비하면 게임 시나리오의 위상이 높아진 셈인데, 한동안은 이 흐름이 유지될 것으로 보인다.

1.2.3 게임다운 스토리텔링의 의미

> "게임 스토리는 포르노의 스토리와 같다.
> 있으면 좋겠지만, 중요하지는 않다."
>
> — 존 카맥John D. Carmack

게임 스토리에 관한 논쟁에서 빠지지 않는 문구 중 하나다. 스토리가 필요 없는 게임도 존재한다. 하지만 게임의 몰입도를 높이기 위해 스토리를 활용하는 것이 일반적이므로 이 말은 반은 맞고 반은 틀렸다고 할 수 있다.

존 카맥의 말과는 달리, 〈둠〉은 스토리가 없는 게임이 아니다. 해병대원인 주인공이 지옥에서 온 악마에 맞선다는 세계관을 바탕으로 캐릭터, 몬스터, 무기, 배경 등이 만들어졌다. 아마도 존 카맥은 '스토리=텍스트'라고 생각했을 가능성이 높다. 그가 위대한 게임 개발자인 것은 분명하지만, 그 당시 존 카맥이 게임 스토리에 대해 가졌던 인식은 평범한 게이머 수준을 벗어나진 못했다.

존 카맥의 주장과 관련해서 '게임에서 스토리의 필요성'이라는 다소 원론적인 주제에 대해 영화를 통해 이야기해볼까 한다. 세계 최초 영화인 〈열차의 도착〉은 열차가 역에 도착하는 것을 찍은 50초짜리 단순 기록물이다. 편집 없이 어떤 대상을 찍은 영상이 영화의 시작이었다. 찾아보면 정말로 열차가 도착하는 장면을 찍은 영상이어서 아무런 감흥이 없을 것이다. 만약 영화가 그 상태에만 머물렀다면 지금은 사라진 매체가 되었을지도 모른다. 그러나 이후에 영화는 스토리와 결합하면서 지금의 영화와 같은 힘을 가지게 되었다. 흔히 말하는 '영화적 서사'가 완성되면서 초기 영화와는 완전히 다른 몰입도를 만들어낸 것이다.

스토리는 일종의 수단이자 도구다. 게임에서 스토리가 활용되는 이유도 영화와 같다. 게임에 몰입하도록 만들기 위한 아주 당연한 선택이라고 봐야 한다. 게임을 만드는 입장에서 스토리라는 강력한 도구를 굳이 활용하지 않을 이유가 없다.

그림 1-14 세계 최초의 영화 〈열차의 도착〉

'게임다운 스토리텔링'은 게임이라면 그 매체의 특성에 맞는 스토리텔링을 해야 한다는 의미다. 영화는 대사가 아닌 영상으로 시각화해서 보여주는 것을 지향한다. 게임이라면 텍스트나 영상이 아닌 시각화된 플레이 형태로 스토리가 전달되어야 한다. 이런 관점에서 본다면 비주얼 노벨[6]은 게임답지 않다. 게임으로 분류하기도 하지만, 플레이의 비중이 적다는 점에서 게임이라고 하기에 애매한 측면이 있다. 플레이어의 경험적인 측면에서 봐도 소설에 더욱 가깝다.

게임의 본질은 플레이를 통해 얻게 되는 경험이다. 플레이는 게임 시스템에 따라 달라지므로 게임 시나리오에서 게임 시스템의 역할은 중요하다. MMO

---

6 텍스트의 비중이 높은 게임 장르를 총칭하는 명칭으로, 이미지와 사운드를 더해 스토리의 몰입도를 높이는 형태다. 이미지와 사운드도 스토리에 약간 관여할 수 있다.

RPG를 예로 든다면 스토리 전달의 도구인 '퀘스트'가 대표적인 게임 시스템이라 할 수 있다. 퀘스트 스토리텔링에서 중요한 것은 '스토리를 어떤 플레이 타입으로 전달할 것인가?'이다. 같은 스토리라도 플레이 타입에 따라서 몰입도가 달라진다. 특히 전투 유무에서 오는 경험의 차이는 크다. 이른바 '텔링'의 차이이자, 게임 시나리오 작업에서 우선적으로 고려해야 하는 부분이다.

스토리텔링에 대한 설명에서 빠질 수 없는 게임이 〈이코〉다. 〈이코〉는 '소녀를 지키는 소년'이라는 아주 단순한 스토리를 가지고 있다. 이 스토리의 텔링을 위해 게임 패드의 진동을 활용했다. 게임에서 소녀의 손을 잡으면 진동을 통해 그 감정을 전달받을 수 있다. 대사의 사용도 제한적이다. 게임적인 스토리텔링을 설명할 수 있는 가장 적절한 게임이다.

그림 1-15 〈이코〉의 한 장면

1.2.4 게임 스토리의 분류

게임 시나리오 작업이 어려운 이유는 게임마다 적용되는 스토리텔링의 방법론이 다르기 때문이다. 각 게임에 맞는 방법론을 적용해야 하지만, 아직까지 그

부분에 대한 제대로 된 고민은 찾아보기 어렵다. 지금까지의 게임 시나리오 작법은 소설이나 영화의 스토리 작법을 빌려와 설명하는 것에 그쳤다. 즉, 어떤 게임을 어떤 방법론으로 작업해야 할지에 대한 고민이 부족했다. 그러나 게임은 영화나 소설과는 분명 다른 매체다. 무엇보다 MMORPG로 대표되는 온라인 게임에서 요구되는 스토리텔링에 대한 제대로 된 방향성을 제시하지 못했다. 그렇다 보니 작업자의 역량에 의존해서 작업하는 경우가 대부분이었다.

게임의 특성을 제대로 분류할 수 있다면 그 자체로 하나의 방향성이 될 수 있다. 게임 스토리의 분류 기준이라고 하면 '장르'를 먼저 떠올릴 수 있겠지만, 결론부터 말한다면 **장르는 게임 스토리의 분류 기준이 될 수 없다.** 예를 들어 싱글 RPG와 MMORPG를 스토리텔링의 측면에서 본다면 완전히 다른 게임이다. 물론 장르로 따진다면 같은 RPG라고 할 수 있지만, 플랫폼이나 게임이 추구하는 방향성이 다르다 보니 서로 다른 스토리텔링이 적용된다. 그래서 필자는 '장르'라는 불완전한 분류 기준이 아닌, 새로운 기준에 대해 고민하게 되었다.

MMORPG의 퀘스트를 만들면서 고전적인 스토리 작법을 적용하여 스토리 중심의 스토리텔링을 하기 위해 노력했다. 그러나 실제로 작업해 공개한 퀘스트의 피드백을 살펴봤을 때 막상 플레이어들이 반응한 것은 캐릭터였다. 캐릭터를 통해 스토리에 몰입했고, 해당 스토리에는 플레이어에게 각인된 캐릭터가 항상 존재했다. 그때부터 게임에서 캐릭터의 역할이 생각했던 것보다 중요하다는 사실을 깨달았다. 그렇다고 스토리가 중요하지 않다는 의미는 아니며 방법론적인 측면에서 어디에 조금 더 중점을 둘 것인가에 대한 문제다. 게임뿐만 아니라 다른 스토리 기반 콘텐츠에서도 캐릭터가 중요하다고들 말한다. 그러나 게임의 캐릭터가 특별한 이유는 스토리의 주인공이라는 역할에서 한발 더 나아가 플레이어가 게임의 세계를 간접 경험하게 해주는 '매개체'의 역할까지 담당하기 때문이다.

MMORPG 이후 AOS(MOBA) 게임 제작에 참여하면서 게임 캐릭터의 의미를 다시 한번 고민하게 되었다. AOS 장르는 대전 액션 게임과 더불어 다른 어떤 장르보다도 캐릭터가 중요한 게임이다. 그 과정에서 스토리 중심 게임과 캐릭터 중심 게임이라는 분류가 게임 시나리오 작법의 기준이 될 것이라고 생각했다. 분명 의미 있는 분류이지만, 역시나 가장 큰 문제는 MORPG와 MMORPG의 스토리텔링을 제대로 설명하기 힘들다는 점이었다.

조금 더 생각이 발전한 계기는 AR 게임을 만들면서였다. 〈포켓몬 고〉처럼 플레이어가 게임 캐릭터가 되어서 현실 공간을 돌아다녀야 하는 게임이었는데, 어떤 면에선 VR 게임에 가까웠다. 이때 '플레이어와 캐릭터 간의 거리'라는 개념을 생각하게 되었다. VR 게임에서 플레이어는 캐릭터 자체가 되므로 플레이어의 행동이 게임 세계에 직접적인 영향을 미친다. 지금까지의 게임에서 경험하기 어려웠던 직접 경험의 형태다. 반면 기존 게임은 캐릭터를 조작해서 게임 세계를 경험하는 간접 경험의 형태다. 이 차이는 '플레이어가 게임 세계에 개입하는 정도'였다.

소설의 시점을 떠올리면 이해가 쉬울 것이다. 소설에선 화자가 작품 안에 있다면 1인칭, 작품 밖에 있다면 3인칭으로 구분한다. 같은 맥락에서 플레이어가 게임의 캐릭터라면 1인칭, 플레이가 게임의 캐릭터가 아니라면 3인칭에 해당한다. 그러나 MMORPG는 1인칭과 3인칭 어디에도 속하지 않는다. 이를 정리한 것이 [표 1-1]이다.

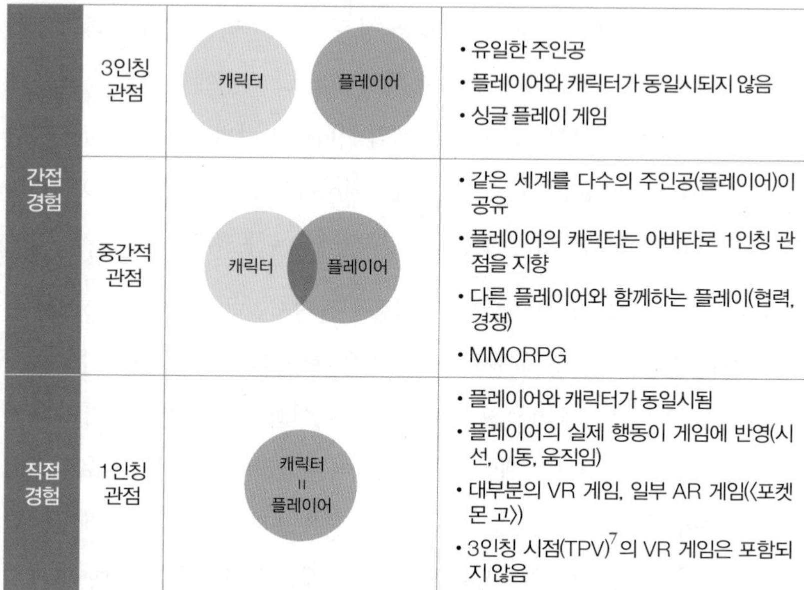

3인칭 관점을 싱글 플레이 게임^{Single-Play Game}[8]이라고 생각하면 이해가 쉬울 것이다. 우리가 잘 아는 소설, 웹툰, 드라마, 영화와 같은 스토리 기반 콘텐츠는 모두 3인칭 관점이다. 구분이 필요한 이유는 기존의 스토리 구조와는 다른 스토리 구조를 가진 게임이 만들어졌기 때문이다.

새로운 게임을 만드는 과정에서 탄생한 것이 MMORPG와 VR/AR 게임이다. 이들 게임의 특징은 고전적인 스토리 구조와 다르다는 점이다. 3인칭 관점은 고전적인 스토리 작법을 그대로 적용할 수 있다는 점에서 상대적으로 스토리텔링이 쉬운 편이다. 스토리가 뛰어나다는 평가를 받는 게임 대부분이 3인칭 관점에 속한다. 흔히 말하는 '고전 명작'은 모두 여기에 해당한다.

---

7 3인칭 시점(Third Person View, TPV): 게임 캐릭터의 등을 보는 시점(관찰자 시점)에서 게임이 진행되는 경우를 말한다.

8 온라인이 아닌 오프라인 상태에서도 진행 가능한 게임을 말한다. NPC나 AI를 상대로 혼자 진행할 수 있다. '패키지 게임'이나 '콘솔 게임'이라 부르기도 한다. 온라인 게임과 구분하기 위한 개념이다.

중간적 관점은 MMORPG를 설명하기 위한 분류다. MMORPG에서 플레이어는 게임 세계를 간접 경험한다. 캐릭터를 매개체로 하지만 그 캐릭터는 아바타[Avata][9]다. 아바타는 플레이어의 대리인이자 분신이어서 캐릭터가 아닌 하나의 인격체로 인식된다. 3인칭 관점의 게임 캐릭터와는 분명한 차이가 있다. 사실상 1인칭 관점의 직접 경험을 지향한다. [표1-1] 중간적 관점의 도식처럼 플레이어와 캐릭터의 거리가 중간 정도에 위치한다.

MMORPG의 멀티 플레이를 지향한다는 점에서 모든 플레이어는 같은 공간에 모일 수 있어야 한다. 게임에서 플레이어는 스토리의 주인공이라는 점에서 **같은 세계에 다수의 주인공이 존재**한다고 볼 수 있다. 반면 3인칭 관점의 고전적인 스토리 구조에서 주인공은 유일한 존재다. 이때 유일하다는 개념은 그 세계에 한 명뿐이라는 '존재'의 의미로 '수'를 뜻하는 것은 아니다. 영화 〈오션스 일레븐〉의 주인공은 열 명이 넘지만 모두 다른 존재로 인식된다는 점에서 유일한 주인공이라 할 수 있다. 모두가 각기 다른 역할을 부여받는다. 그러나 MMORPG에서는 모든 플레이어가 주인공이며 주인공의 역할도 같다. 사실상 클론에 가까운 형태가 된다는 점에서 3인칭 관점과 구분된다. '같은 세계를 공유하는 다수의 주인공'이라는 중간적 관점의 스토리 구조는 고전적인 스토리 작법을 완전히 적용하기 힘들다는 점에서 스토리텔링에 어려움이 있다.

플레이어와 캐릭터가 일치하는 대부분의 VR 게임과 일부 AR 게임이 1인칭 관점에 속한다. 이때 플레이어는 직접 게임 세계의 캐릭터가 되어 플레이한다는 점에서 일종의 '역할 놀이'라 할 수 있다. 〈포켓몬 고〉는 플레이어가 현실 세계에서 포켓몬 트레이너가 되는 역할 놀이를 하는 1인칭 관점의 대표적인 게임이다. 게임의 공간이 되는 세계가 현실이라는 점에서 VR과 차이가 있지만, 기

---

9   플레이어의 분신이자 대리인을 뜻한다. 이 책에서 말하는 아바타의 개념은 온라인상에서 완전한 인격체로 인식되는 경우를 말한다. 다른 플레이어와의 관계가 있을 때에만 존재의 의미가 있다. 그래서 온라인이 아닌 패키지 게임의 캐릭터는 아바타가 아닌 것으로 간주한다.

본적인 방향성은 같다. 그러나 AR의 이미지 겹침과 같은 부분적 연출만 활용하는 게임은 1인칭 관점에 속하지 않는다. 플레이어 자체가 게임의 캐릭터가되지 못하기 때문이다.

같은 이유로 3인칭 시점(TPV)의 VR 게임은 1인칭 관점에 속하지 못한다. 게임 내용이 완전히 같다고 하더라도 게임의 시점이 3인칭이 되는 순간 플레이어와 캐릭터 간의 거리가 생긴다. 1인칭 시점(FPV)[10]이 플레이어를 게임 안에 존재하게 한다면, 3인칭 시점(TPV)은 플레이어를 게임 밖에 존재하게 한다. 3인칭 시점(TPV)의 VR 게임에서 플레이어는 게임 캐릭터가 되지 못한다. 1인칭 시점(FPV)의 VR 게임에 비해 플레이 경험이 떨어지는 것은 당연하다. 사소해 보이는 카메라 시점의 차이는 게임의 몰입감과 게임 방향성의 차이로 이어진다. 1인칭 관점은 '플레이어의 행동이 게임 세계에 직접 영향을 끼치는가?'를 기준으로 분류하면 된다. VR 게임에서 '어떤 대상을 볼 것인가?'는 게임에 영향을 미칠 수 있다. 〈포켓몬 고〉에서 포켓몬을 잡기 위해 실제 장소로 이동하고, VR 게임에서 모션 컨트롤러를 사용하는 것도 여기에 해당한다. 현실의 행동이 그대로 게임에 반영된다.

지금까지 설명한 세 가지 관점의 개념은 확실하게 알고 있어야 한다. 이 같은 분류는 기존과 다른 스토리 구조로 인해 작업에 어려움이 있었던 MMORPG와 VR/AR 게임을 구조적으로 설명할 수 있다는 측면에서 의미가 있다. 이 책의 5장부터 7장까지 각각 3인칭 관점, 중간적 관점, 1인칭 관점에 속하는 게임의 스토리텔링에 대해 구체적으로 설명할 예정이다. 이번 장에서는 분류 기준이 무엇인지 정도만 알면 충분하다. 1인칭 관점에 대한 설명이 조금 부족하다고 느낀다면 매체의 특성과 깊은 연관이 있기 때문이다. 7장에서 VR/AR 매체의 특징에 대해서도 설명할 것이므로 그때 완전히 이해할 수 있을 것이다.

---

10 1인칭 시점(First Person View, FPV): 게임 캐릭터의 시점으로 게임이 진행되는 경우를 말한다.

1.3 스토리의 기본 구조

1.3.1 플롯의 개념

'플롯'이라는 단어가 흔하게 쓰임에도 불구하고 많은 사람이 이 개념을 이해하는 데 어려움을 겪는다. 플롯에 대한 정의가 사람마다 다르기 때문이다. 이와 관련해서 아리스토텔레스의 설명으로 예를 들고자 한다. 그는 플롯을 스토리 내에서 행해진 '사건의 결합'이라고 정의했다. 사건이 어떻게 결합되는지에 따라 '스토리 구조'가 달라진다. 플롯의 사전적인 의미를 찾아봐도 대부분 '스토리 구조'라고 한다. 하지만 플롯에 대해 바로 이해하기 어려운 이유는 '구조'에 대한 해석이 사람마다 다르기 때문이다. 여기서는 크게 두 가지 맥락으로 설명한 다음, 앞의 두 가지를 포괄하는 개념으로 다시 설명하겠다.

첫 번째는 **내용적인 측면**에서의 플롯 개념이다. 예를 들어 '복수의 플롯'이 있다고 할 때 다음과 같은 구조를 가진다.

- 어떤 인물이 누군가에게 피해를 입는다. 피해자는 자신일 수도 있고 주변 인물일 수도 있다.
- 피해를 준 인물에게 복수하기 위해 노력한다.
- 복수에 성공하거나 실패한다.

일반적으로 주인공은 복수하는 대상이지만, 누군가에게 복수를 당하는 대상이 될 수도 있다. 무협지의 상당수가 복수와 관련된 내용이라는 점에서 아주 흔하지만 끊임없이 반복되는 패턴 중 하나다. 이러한 패턴 자체를 스토리의 구조라 볼 수 있다. 로날드 B. 토비아스는 플롯을 20가지로 구분했으며, 조르주 폴티는 36가지, 루드야드 키플링은 69개로 보기도 했다.

[표 1-2]는 조르주 폴티와 로날드 B. 토비아스의 플롯을 비교한 것이다. 살펴보면 겹치는 부분도 있지만 정의한 사람이 누구냐에 따라서 다르다는 것을 알

수 있다. 정답은 없다. 중요한 것은 이러한 일반화된 스토리의 패턴 자체를 플롯이라고 한다는 것이다. 이런 이유로 스토리와 플롯을 동일시하기도 하지만 정확히 따진다면 다른 개념이다.

표 1-2 조르주 폴티와 로날드 B. 토비아스의 플롯 비교

No.	조르주 폴티의 36가지 플롯	로날드 B. 토비아스의 20가지 플롯
1	간청	추구
2	구출/탈출	모험
3	복수를 부르는 범죄	추적
4	혈연을 위한, 다른 혈연에 대한 복수	구출
5	도망/추적	탈출
6	재앙	복수
7	희생자	수수께끼
8	반란	라이벌
9	대담한 시도	희생자
10	납치	유혹
11	수수께끼	변신
12	획득	변모
13	혈연 간의 증오	성숙
14	혈연 간의 경쟁	사랑
15	살인을 부르는 간통	금지된 사랑
16	광기	희생
17	치명적인 경솔함	발견
18	본의 아닌 사랑의 죄악	지독한 행위
19	알지 못하는 가족이나 친구의 살해	상승
20	이상을 위한 자기희생	몰락
21	혈연을 위한 자기희생	-
22	사랑을 위한 모든 것의 희생	-
23	가족이나 친구의 희생	-
24	우월자와 열등자의 경쟁	-

No.	조르주 폴티의 36가지 플롯	로날드 B. 토비아스의 20가지 플롯
25	간통	-
26	사랑의 죄악	-
27	사랑하는 사람의 수치의 발견	-
28	사랑의 장애	-
29	적에 대한 사랑	-
30	야망	-
31	신과의 싸움	-
32	빗나간 질투	-
33	오판	-
34	후회	-
35	잃어버린 것을 되찾기	-
36	가족이나 친구의 죽음	-

두 번째는 **형식적인 측면**에서의 플롯 개념이다. 스토리 내에서 시간이 재배치되면서 스토리 구조가 달라지는 경우에 해당한다. 스토리는 순차적인 시간의 흐름을 가진다. 처음(1), 중간(2), 끝(3)이라는 시간의 순서대로 진행되는 스토리가 있다고 가정하자. 그 스토리가 끝(3), 중간(2), 처음(1)이 된다면 그것은 스토리가 아닌 플롯의 개념이다. 이 차이를 확실히 구분해서 이해하자.

극적인 효과를 위해 시간의 흐름을 달리 할 경우 스토리 구조가 달라진다. 이러한 구성을 통해 스토리의 몰입도를 높일 수도 있다. 영화에 많이 사용되는 '플래시백'이 이에 해당한다. 이러한 플롯을 제대로 활용한 예가 영화 〈메멘토〉다. 〈메멘토〉는 시간이 순차적으로 흐르지 않는다. 결과를 미리 알려주고 어떻게 된 일인지 예상하게 하는 것은 그 자체로 엄청난 몰입도를 만들어낼 수 있다. 〈펄프 픽션〉 역시 독특한 플롯으로 주목받았다.

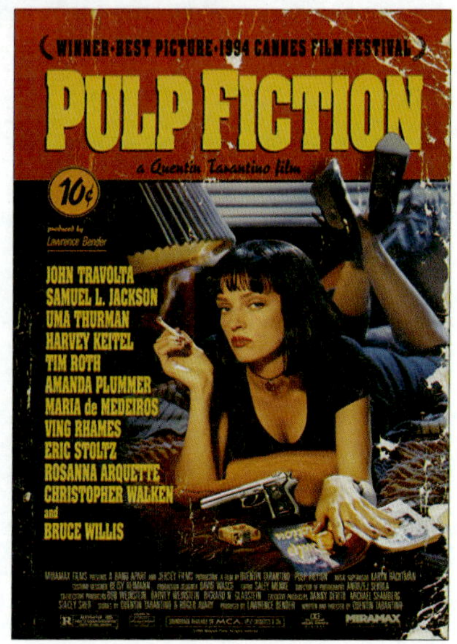

- (좌) 메멘토 제작사: Newmarket Capital Group LLC, Team Todd
- (우) 펄프 픽션 제작사: A Band Apart, Jersey Films, Miramax Films

소설에서 흔히 이야기하는 액자식 구성, 즉 '스토리 안의 또 다른 스토리' 역시 플롯의 개념으로 이해할 수 있다. 예를 들어 주인공이 소설가인 스토리가 있다고 가정해보자. 그 스토리에서 소설가가 쓴 소설을 보여준다면 액자식 구성에 해당한다. '구성'이라는 용어 자체를 플롯과 같은 맥락으로 해석할 수 있다.

플롯을 '사건의 연결'이라는 개념으로 이해하자. 이는 앞서 설명한 내용적인 측면과 형식적인 측면 모두를 설명할 수 있는 개념이다. '복수의 플롯'을 다시 한 번 떠올려보자. '주인공이 피해를 입는다'와 '주인공이 복수를 한다'라는 두 사건이 연결되어서 복수의 플롯이 완성된다. 둘 중 하나만 있다면 플롯이라 할 수 없다. 두 사건을 '주인공이 복수를 한다'와 '주인공이 피해를 입는다'의 순서로 시간의 흐름을 바꾸는 것도 가능하다. 이 연결은 순차적인 시간의 흐름은 아니지만, 사건의 연결인 것은 맞다. 이렇게 하는 것이 더 효과적이라면 시간의 순서를 바꾸면 된다.

그림 1-17 〈메멘토〉와 〈펄프 픽션〉의 서사 구조

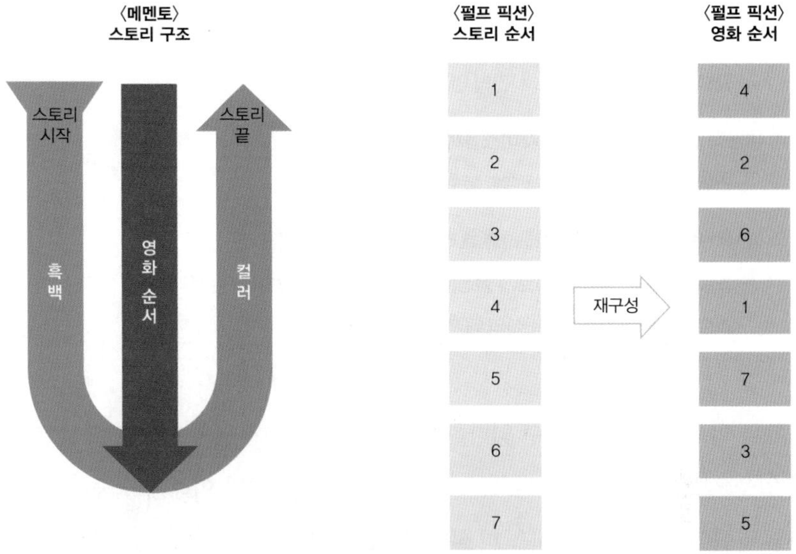

결국 플롯은 '사건의 연결'로 정의할 수 있다. 사건의 연결 자체가 스토리의 구조다. 그러나 처음부터 '사건의 연결'이라는 개념으로 설명했다면 이해하기 더 어려웠을 것이다.

플롯의 개념은 스토리와 관련된 작업을 한다면 당연히 알고 있어야 한다. 하지만 플롯에 얽매일 필요는 없다. 내용적인 측면에서 '어떤 스토리가 재미있을지'를 고민하고, 형식적인 측면에서 '어떻게 하면 효과적으로 전달할 수 있을지'를 고민하면 된다. 그 과정에서 스토리 구조는 자연스럽게 만들어진다. 플롯의 개념이 중요한 이유는 작업할 때보다는 다른 콘텐츠를 분석할 때 도움이 되기 때문이다. 앞으로 다양한 콘텐츠 작업 현장에서 플롯이라는 단어를 듣게 될 것이므로 개념은 이해하고 가자. 헷갈릴 수 있으니 마지막으로 정리해보자.

플롯은 이보다 더 복잡할 수 있다. 플롯에 대해서만 한 권의 책으로도 설명할 수 있을 정도다. 게임 시나리오를 작업할 때는 이 정도만 이해해도 충분하니, 추후 관심이 생기면 다른 책을 더 살펴보기를 추천한다.

1.3.2 『시학』의 3막 구조

『시학』에 대해서는 여기저기서 들어본 사람이 많으리라 생각한다. 저자는 그 유명한 아리스토텔레스다. 국내에도 잘 알려진 움베르토 에코$^{Umberto\ Eco}$의 소설『장미의 이름』에도『시학』이 등장한다.

『시학』은 분량이 많지 않지만 읽기 어려운 책이다. 고대 그리스 비극에 관한 내용이라 모두 알 필요는 없고 중요한 부분만 기억하면 된다. 『시학』에서 아리스토텔레스는 '모든 이야기에는 시작이 있고, 중간이 있고, 끝이 있다'고 주장한다. 처음, 중간,

그림 1-18 영화 〈장미의 이름〉

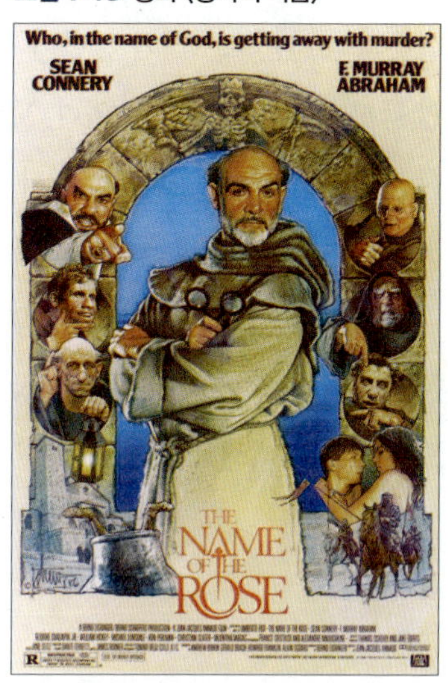

• 제작사: Cristaldifilm, France 3 Cinema, Les Films Ariane, Neue Constantin Film

끝은 스토리라면 당연히 가지는 구조다. 이른바 3막 구조로 일부에서는 3장 구조라 부르기도 한다. 할리우드 시나리오의 기본이 되는 것이 바로 3막 구조다. 최근에는 1막은 점점 짧아지고 전체 러닝타임은 늘어나는 추세다. 그래서 일부 책에서 설명하는 것처럼 시간으로 막을 구분하는 방법을 참고할 수는 있겠지만 기준으로 삼기는 어렵다. 그보다는 철저하게 기능적인 역할에 의해 구분해야 한다. 간단하게 살펴보면 다음과 같이 정리할 수 있다.

표 1-3 아리스토텔레스의 3막 구조

1막(처음)	• 세계관, 주인공, 주인공의 갈등을 소개함 • 스토리 안 세계의 균형이 깨지면서 갈등이 시작됨
2막(중간)	• 본격적인 스토리가 진행되며 주인공이 갈등을 해결하는 과정을 보여줌
3막(끝)	• 갈등이 어떻게 해결되었는지를 보여줌 • 스토리 안 세계가 1막이 시작했을 때와 같은 균형을 찾음

쉽게 설명해서 '1막-2막-3막'은 '균형-불균형-균형'이라고 보면 된다. 균형을 찾기 위한 주인공의 노력이 스토리의 전체 맥락이다. 이러한 구성은 극적인 재미를 주기 때문에 대부분의 스토리 기반 콘텐츠가 이와 같은 구조를 따른다. 수천 년 이상 끊임없이 반복되어온 스토리 구조다. 뒤에서 더 자세하게 다룰 예정이므로 여기서는 각각의 막마다 고유한 기능이 있다는 정도만 알고 넘어가자.

1.3.3 할리우드의 3막 구조

흔히 말하는 할리우드의 시나리오 공식은 3막 구조를 기반으로 한다. 3막 구조가 중요한 이유는 『시학』 이전이나 이후에도 무수히 많은 스토리에서 반복되는 가장 기본적인 구조이기 때문이다. 물론 모든 스토리가 이 구조를 따르는 것은 아니다. 그렇지만 이러한 구조를 벗어나면 재미없다고 느끼는 경우가 일반적이다. 2천 년 전 『시학』에서 말했던 스토리 구조는 지금도 유효하다. 『시학』이

전의 스토리라 할 수 있는 신화 역시 이 구조와 크게 다르지 않다.

처음, 중간, 끝을 구조라고 하기에는 너무 뻔해 보일 수 있다. 그러나 기본에 충실하기가 가장 어려운 법이다. 할리우드에서는 『시학』의 3막 구조에 조금 더 정교한 개념을 포함시켰다. 바로 구성점Plot Point이라는 개념이다. 할리우드 시나리오 작법의 교과서라 불리는 시드 필드Syd Field의 『시나리오란 무엇인가』(민음사, 1998)를 보면 '패러다임 구성표'가 있다. 여기서 구성점이란 스토리가 획기적으로 전환되는 시점을 이야기한다.

그림 1-19 시드 필드의 3막 구조(패러다임 구성표)

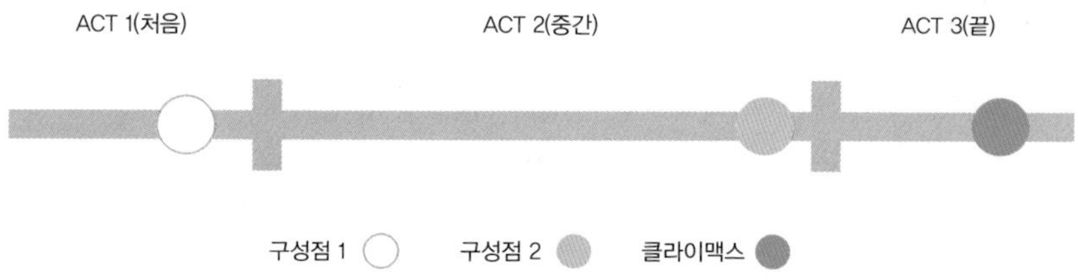

구성점 1은 본격적으로 스토리가 전개되는 지점이다. 이때 갈등이 촉발된다. 주인공이 용자인 스토리라면 모험을 떠나는 계기가 되는 사건이 여기에 해당한다. 용자로 선택되었을 수도 있고, 적대자에게 소중한 사람을 잃었을 수도 있다. 구성점 1은 스토리가 재미있어지는 지점이라고도 할 수 있다. 구성점 2는 문제 해결을 위한 결정적인 정보나 주인공의 행동을 크게 변화시킬 수 있는 사건에 해당한다. 용자가 제거하려고 했던 적대자가 자신의 친아버지일 수도 있고, 적대자의 유일한 약점을 알게 될 수도 있다. 구성점 2에 해당하는 사건은 클라이맥스를 보다 극적으로 만드는 과정에서 자연스럽게 만들어진다. 그렇기에 구성점 2의 중요도는 높지 않다. 플롯과 마찬가지로 다른 콘텐츠를 분석할 때에나 의미가 있는 개념이어서 의식해서 작업한다면 오히려 혼란만 가중될 수 있으니 잊어버려도 괜찮다.

3막 구조에 속하는 각 막의 기능에 대해 시드 필드는 다음과 같이 설명한다.

표 1-4 시드 필드의 3막 구조에 대한 설명

1막(처음)	• 스토리가 펼쳐지는 세계, 주요 등장인물, 주요 갈등을 설정한다.
2막(중간)	• 주인공이 추구하는 목표를 가로막는 장애물들이 상세하고 첨예하게 부각된다. • 그 결과 주인공이 변화하거나 최소한 변화하도록 압력을 받는다. • 동시에 서브 플롯이 폭넓게 발전한다.
3막(끝)	• 메인 스토리와 서브 플롯이 제각기 다른 방식으로 모두 해결된다.

1.3.4 게임의 3막 구조

원래 시드 필드의 3막 구조에서 클라이맥스는 3막에 위치한다. 그러나 스토리에서 가장 극적인 사건이 3막에 위치한다면 '균형–불균형–균형'이나 '일상–비일상–일상'과 같은 스토리 구조와 맞지 않는다. 따라서 기존 구성점 2의 위치를 클라이맥스로 설정해 2막에서 모든 갈등을 해결하도록 하는 것이 구조적으로 매끄럽다. 다음 [그림 1–20]은 기존의 3막 구조를 필자가 수정한 것이다.

그림 1-20 수정된 3막 구조

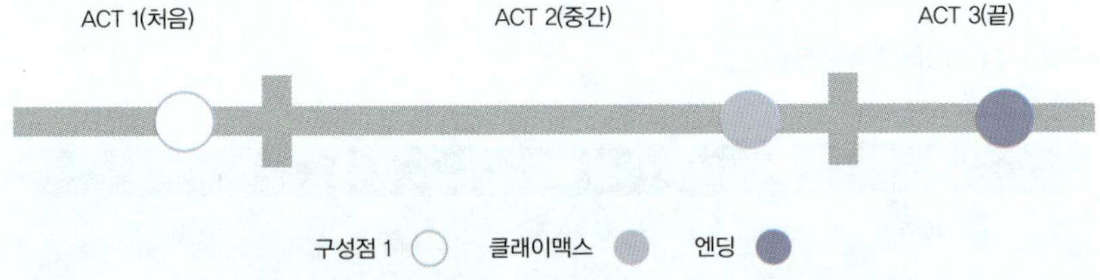

1막의 구성점 1과 2막의 클라이맥스에 해당하는 사건 두 개만 있으면 기본적인 스토리의 흐름이 만들어진다. 3막에선 클라이맥스의 결과로 인한 변화를 보여주는 사건(엔딩)을 더한다. 구성점 1, 클라이맥스, 엔딩에 해당하는 세 가지 사건을 만들면 3막 구조가 적용된 가장 짧은 스토리가 완성된다. 필요에 따라 구성점 2에 해당하는 사건을 더해서 확장하면 된다. 할리우드의 3막 구조에서 엔딩의 비중은 높지 않다. 하지만 엔딩은 주인공의 행동으로 인한 변화, 정확히는 성장을 보여준다는 점에서 매우 중요하다. 찰스 디킨스의 소설 〈크리스마스 캐롤〉의 백미는 엔딩이다. 2막에서 스크루지는 유령들과 자신의 과거, 현재, 미래를 보게 된다. 이 과정에서 깨달음을 얻고 달라진 모습을 3막의 엔딩에서 보여준다. 게임에서 요구되는 성장 플롯의 전형적인 형태다. 주인공의 행동으로 인한 변화를 제대로 보여주었기에 이 스토리는 완벽해졌다. 이는 MMORPG의 퀘스트에서도 이 구조가 적용된다는 사실을 확인할 수 있다.

- **퀘스트 수락(갈등 제시) – 퀘스트 진행(갈등 해결) – 퀘스트 완료(갈등 해결의 결과)**

엔딩은 스토리 소비자에 대한 정서적 보상이라 할 수 있다. 상업적인 성격이 강한 웹소설에서 해피엔딩이 많은 건 이 때문이다. 정말 특별한 이유가 없다면 새드 엔딩을 만들어선 안 된다.

앞의 설명이 단편에만 해당한다고 생각할 수 있으나 장편의 스토리 구조도 동일하다. 가장 중요한 세 가지 사건을 구상한 다음, 다른 사건을 추가하다 보면 장편이 된다.

[그림 1-21]은 지금까지 설명한 내용을 도식화한 것이다.

그림 1-21 게임의 3막 구조

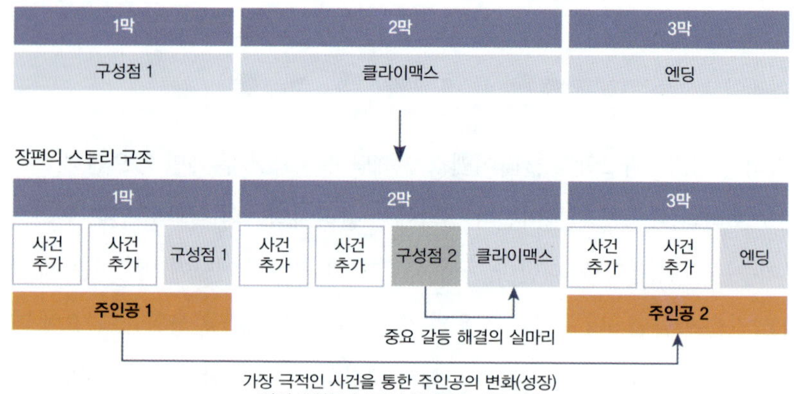

3막 구조를 제대로 활용하기 위해선 스토리와 함께 캐릭터의 성장까지 생각해야 한다. 1막의 주인공이 2막의 클라이맥스를 거쳐 성장한다면 3막의 주인공은 사실상 다른 캐릭터라 할 수 있다. 이런 변화를 캐릭터 아크Character Arc라 부르는데, 부정적인 변화도 포함하는 개념이다. 게임의 주인공은 대부분 성장하는 편이므로 초반에 비해 얼마나 성장했는지에 초점을 맞춰도 된다. 상업적인 콘텐츠의 스토리와 캐릭터 대부분은 여기에서 벗어나지 않는다. 가장 보편적인 스토리 구조이니 적극 활용하자.

스토리에서 클라이맥스가 중요하다고 생각할 수 있지만 그보다 중요한 것은 1막과 구성점 1에 해당하는 사건이다. 1막에서 스토리의 모든 것이 결정된다고 볼 수 있다. 1막의 기본적인 기능에 충실하고 구성점 1의 사건이 극적으로 구성되어 있다면 2막과 3막이 허술하더라도 사람들은 관심을 가진다. 용두사미의 드라마가 시청률이 잘 나오는 이유도 여기에 있다. 1막에 해당하는 드라마의 1, 2화에서 시청자의 궁금증을 유발한다면 그것만으로도 충성심 높은 시청자들을 확보할 수 있다.

국내 게임 스토리에서 가장 취약한 부분은 1막이다. 조금 과장하자면 1막을 제대로 구성하지 못하기 때문에 게임 스토리의 완성도가 낮다고도 할 수 있다. 1막은 스토리에 대한 동기부여를 하는 중요한 역할을 한다. 하지만 플레이어가 상대할 적대자가 누구인지조차 파악하기 어려운 게임을 흔하게 볼 수 있다. 특히 방치형 RPG의 제작사는 해당 장르의 게이머들이 스토리에 관심이 없다는 논리를 펼친다. 그러나 〈마리오〉 시리즈는 액션 게임이지만 40년이 넘도록 1막에 충실했다. 덕분에 우리는 '쿠파에게 납치된 공주를 마리오가 구한다'라는 스토리를 알고 있다. 기본에 충실할 필요가 있다.

1.3.5 그레마스의 행위자 모델

3막 구조보다 덜 알려져 있지만 중요한 개념 중 하나가 '그레마스의 행위자 모델'이다. 행위소 모델이라고도 한다. 원래 행위자 모델은 러시아의 민담 연구가인 블라디미르 프로프[Vladimir. Propp]가 러시아의 민담 구조를 31가지의 최소 단위로 정리한 것에서 시작되었다. 그레마스[A.J. Greimas]는 스토리에서 행위자의 역할이나 기능을 체계적으로 연계시키면서 스토리가 지향하는 중심적 행위나 역할을 설명한다. 기호학적, 구조주의적 문학 연구자들 사이에 널리 알려져 있으며 작품 분석에도 많이 사용된다. 우선 기능을 간단하게 살펴보자.

표 1-5 그레마스 행위자 모델의 기능적 역할

주체자	주인공, 가치가 있는 대상이나 욕망을 추구하는 존재
대상	주체자가 추구하는 존재, 이루고자 하는 목표
반대자	주인공이 대상을 추구하는 것을 반대하는 존재
조력자	주인공에게 도움을 주는 자
발신자	대상의 가치를 부여하는 것으로 대상에 대해 알려줌(의뢰자 같은 개념)
수신자	주인공이 목표를 이루었을 때 혜택을 보는 자(사람이 아닐 수 있음)

이 내용을 도식화하면 다음과 같다.

그림 1-22 그레마스의 행위자 모델

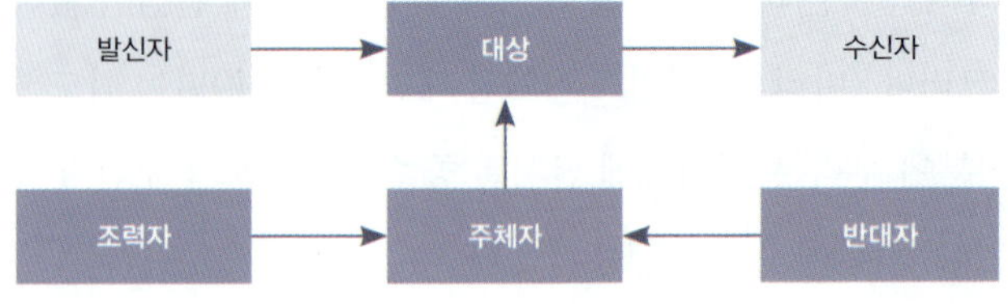

용어 자체가 개념을 헷갈리게 하는 측면이 있다. 특히 '발신자-대상-수신자'의 관계가 그렇다. 의미상 명확한 부분은 [그림 1-22]에서 박스의 색이 진한 항목이다. 주체자가 추구하는 목표가 있고 그것을 방해하는 반대자가 있다. 주체자를 돕는 조력자도 있다. 이 정도로만 알고 있으면 된다. 아주 전형적인 스토리를 통해 이해해보자.

나쁜 마법사가 공주를 납치해서 왕국의 평화를 위협한다. 이에 왕은 왕자에게 나쁜 마법사를 물리치고 공주를 구해준다면 공주와 왕국을 주겠다고 한다. 왕자가 나쁜 마법사를 물리치는 것을 착한 마법사가 돕는다.

그림 1-23 행위자 모델의 적용

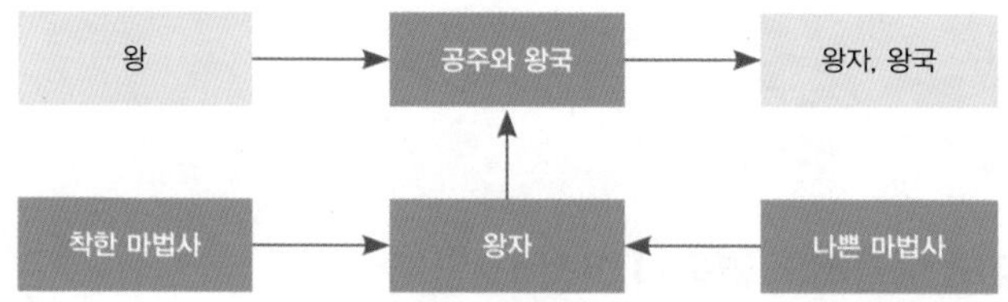

역시나 발신자와 수신자가 문제다. 대부분의 스토리에서 발신자와 수신자는 주인공일 확률이 높아서 굳이 구분할 필요가 없다. 여기에 더해 혼란을 줄 수 있는 발신자와 수신자를 없애고, 용어를 이해하기 쉽게 수정해서 [그림 1-24]와 같이 도식화했다.

그림 1-24 수정된 행위자 모델

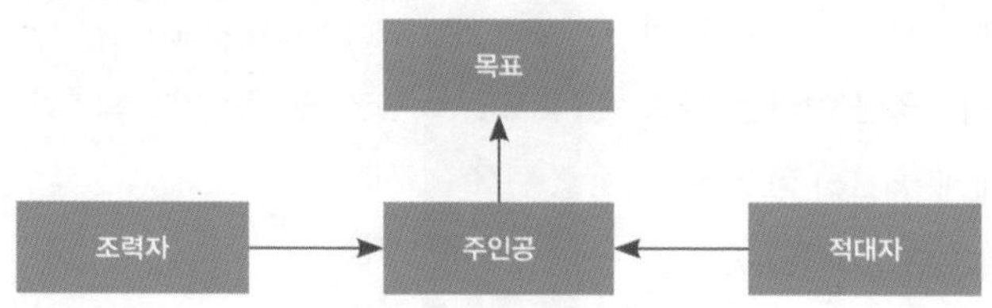

이제 처음보다 훨씬 이해하기 쉬워졌을 것이다.

표 1-6 수정된 행위자 모델의 기능적 역할

주인공	스토리의 중심이 되는 인물
목표	주인공이 스토리상에서 이루고자 하는 것
적대자	주인공이 하는 일을 방해하는 존재
조력자	주인공이 하는 일을 돕는 존재

그레마스 행위자 모델의 핵심은 각 캐릭터가 가지는 기능적인 역할이다. 민담에서 시작된 이론이지만, 캐릭터가 있는 스토리 기반 콘텐츠라면 어디에도 적용할 수도 있다. 스토리를 도식화하기에는 최적의 모델이다. 특히 MMORPG의 퀘스트를 설명하기에 좋다. 자세한 내용은 6장에서 퀘스트에 관한 내용을 다룰 때 설명하겠다.

1.3.6 크리스토퍼 보글러의 영웅의 여정 12단계

크리스토퍼 보글러^{Christopher Vogler}의 '영웅의 여정 12단계'는 할리우드에서도 활용된다. 디즈니의 애니메이션인 〈라이온 킹〉이나 〈쿵푸 팬더〉도 이 구조를 바탕으로 만들어졌다. 앞서 설명한 할리우드의 3막 구조에서 더 세분화된 형태라고 생각하면 된다. '영웅'이라는 다소 신화적인 주인공에게 초점이 맞춰져 있을 뿐이다. 우리가 알고 있는 영웅에 관한 스토리 구조라는 점에서 게임과 잘 어울린다. 거의 모든 RPG는 영웅이 세상을 구하는 신화에 가까운 스토리다.

표 1-7 영웅의 여정 12단계

	일상 세계
	모험에의 소명
제1막	소명의 거부
	정신적 스승과의 만남
	첫 관문의 통과
	시험, 협력자, 적대자
제2막	동굴 가장 깊은 곳으로의 진입
	시련
	보상
	귀환의 길
제3막	부활
	영약(靈藥)을 가지고 귀환

크리스토퍼 보글러는 신화학자였던 조지프 캠벨[Joseph Campbell]의 저서인『천의 얼굴을 가진 영웅』(민음사, 2018)의 내용에 기반을 두고 영웅 신화를 재구성했다. 사실상 거의 같은 내용이지만 크리스토퍼 보글러가 정리한 내용이 이해하기 쉬운 편이므로 [표 1-7]의 영웅의 여정 12단계만 알아도 충분하다. 여기서 알 수 있듯이 기본적으로 3막 구조에서 벗어나지 않는다. 단계별로 그 내용을 설명하면 다음과 같다.

1) 일상 세계

영웅의 일정은 일상 세계에서 시작된다. 〈반지의 제왕〉 도입부의 프로도는 마을에서 일상을 즐기는 어린 호빗에 지나지 않는다. 〈스타워즈〉의 영웅인 스카이 워커 역시 농장에서의 일상적인 모습을 보여준다. 이때의 평화로운 일상은 곧 진입할 미지(모험)의 세계와 완벽하게 대비된다. 즉, 일상은 위기가 없는 평화로운 세계라고 생각하면 된다. 전부라고 할 수는 없지만 대부분의 스토리는 '일상-비일상-일상'의 흐름에서 크게 벗어나지 않는다. 그리고 일상이 파괴되는 순간 본격적인 스토리가 시작된다.

2) 모험에의 소명

일상에 위기가 생기면서 변화의 조짐이 보이기 시작한다. 영웅은 자신이 속한 세계에 어떤 문제가 있다는 사실을 인지하게 된다. 〈반지의 제왕〉에서 프로도는 간달프와 빌보 삼촌에게 반지의 존재를 듣는다. 〈스타워즈〉에서 루크는 레아 공주의 홀로그램을 보고 그녀가 위기에 빠졌다는 사실을 알고 모험의 소명을 깨닫는다. 이 단계에서 해당 세계가 처한 위기와 그 위기를 극복하기 위해 영웅이 해야 할 일을 알려준다.

3) 소명의 거부

영웅은 소명을 바로 받아들이지 못하고 거부하는 우유부단한 모습을 보인다. 자신의 힘으로는 세계를 구할 수 없을 것이라 생각한다. 소명을 거부하면서 극적 긴장감이 고조된다. 이때 영웅이 소명을 받아들일 수 있는 자극이 필요하다. 즉, 소명을 거부할 수 없게 하는 무언가가 필요한 것이다. 〈스타워즈〉에서 루크는 자신의 삼촌 내외가 제국군에게 죽음을 당하는 광경을 목격하고 소명을 거부할 수 없게 된다.

4) 정신적 스승과의 만남

영웅의 정신적 스승이 등장해 영웅을 성장시킨다. 스승은 영웅이 모험을 시작하기에 앞서 필요한 것들을 제공한다. 〈스타워즈〉에서 오비완 케노비는 루크의 스승이 되어 그를 단련시킬 뿐만 아니라 루크의 아버지가 사용하던 광선검을 주기도 한다. 이 단계에서 영웅은 스승과 함께 모험을 위한 준비를 한다고 보면 된다. 정신적 스승은 조력자지만 영웅과 동행하지는 않는다. 그러나 영웅이 모험을 중단하려 할 때마다 등장해서 영웅이 모험을 계속하도록 격려한다. 〈반지의 제왕〉에서 간달프는 위기에 빠진 프로도를 구해준다.

5) 첫 관문의 통과

영웅은 첫 번째 관문을 통과함으로써 미지의 세계에 완전히 진입한다. 이때 영웅은 관문 수호자를 만난다. 관문 수호자는 영웅 스스로 해결해야 하는 과제라 할 수 있다. 그러나 관문 수호자를 적대자라 생각해서는 안 된다. 영웅을 시험하는 것이 관문 수호자의 가장 중요한 역할이기 때문에 조력자가 관문 수호자가 될 수도 있다. 무협물의 흔한 클리셰 중 하나가 복면을 한 사부와의 결투에서 승리하는 것이다.

6) 시험, 협력자, 적대자

모험이 시작되면서 영웅에게 새로운 도전과 시험이 끊이질 않는다. 그 과정에서 협력자와 적대자를 만난다. 이 단계는 영웅이 성장해가는 과정이라고 생각하면 된다. 〈스타워즈〉에서 루크는 한 솔로와 협력하지만 자바 헛과는 적대 관계가 되며, 루크는 제국군에 대항하기 위해 포스를 받아들인다. 영웅에 대한 시험은 한두 가지로 그치는 것이 아니라 계속되어야 한다.

7) 동굴 가장 깊은 곳으로의 진입

영웅은 가장 위험한 장소이자 여정의 핵심인 동굴 가장 깊은 곳으로 진입한다. 영웅은 이때 두 번째 주요 관문을 통과해야 한다. 〈스타워즈〉에서 루크가 데스 스타로 끌려가는 것이 동굴 가장 깊은 곳으로 진입하는 것이라 할 수 있다.

8) 시련

영웅은 죽을 위험에 처하기도 하고 적대 세력과의 전투에서 절체절명의 위기에 빠지기도 한다. 〈스타워즈〉에서 루크가 거대한 쓰레기 처리장에서 분쇄될 위기에 빠지는 순간이 여기에 해당한다. 그곳에 사는 촉수 괴물에 붙잡혀 물속으로 끌려 들어가면 루크의 생사를 확인하기 어려워진다. 시련의 단계에서 영웅은 죽거나 죽은 것처럼 보여야만 살아날 수 있다. 즉 '죽음과 부활의 단계'다. 이는 영웅에게 신비로움을 부여하는 원천이 된다. 영웅은 당연히 특별한 존재인데 그것을 시련의 단계에서 보여주는 것이다. 영웅의 모험에서는 이처럼 목숨을 건 위험이 따라야 한다.

9) 보상

시련을 이겨낸 영웅은 보상을 얻는다. 보상은 스토리에 따라 검, 보물, 영약과 같은 다양한 형태로 제공된다. 〈스타워즈〉에서 루크는 레아 공주를 구해내고, 다스 베이더를 패배시키는 데 열쇠가 되는 데스 스타의 계획 전모를 알게 된다. 이처럼 보상이 무조건 물질적인 것은 아닐 수 있다.

10) 귀환의 길

영웅은 아직 시련을 완전히 극복하지 못한 상태다. 이 단계에서 영웅의 적대자는 영웅의 귀환을 방해한다. 〈스타워즈〉에서는 루크와 레아 공주가 데스 스타에서 도망쳐 나오지만 다스 베이더의 추격을 받는다. 실제로는 상당 부분 생략되거나 간소화되는 단계이기도 하다.

11) 부활

영웅은 일상 세계로 귀환하기 전에 최후의 시련을 맞이한다. 목숨을 담보한 대결에서 죽음을 맞이하는 것이다. 그러나 다시 부활한다. 시련 단계에서의 '죽음과 부활'의 반복이다. 이 단계를 통해 영웅은 새로운 통찰력을 지닌 존재로 거듭나야만 일상 세계로 돌아갈 수 있다. 〈스타워즈〉에서 루크는 거듭된 시련을 통해 포스에 대한 새로운 지식과 통제력을 확보하면서 강해진다. 그래야만 최후의 시련을 극복할 수 있는 진정한 영웅이 될 수 있다.

12) 영약을 가지고 귀환

영웅은 일상 세계로 귀환한다. 이때 미지의 세계에서 영약, 보물, 교훈을 습득한 상태로 돌아온다. 〈스타워즈〉에서는 루크가 다스 베이더를 패배시키면서 은하계의 평화와 질서를 회복한다. 영약은 영웅의 모험으로 인한 보상이라고 생각하면 된다. 이 단계는 다시 일상으로 돌아오는 시기다. 그러나 처음 모험을 떠나기 전의 일상과 완전히 같은 일상은 아니며 어떤 변화가 있다. 영약은 영웅의 모험의 결과로 얻게 되는 보상이다. 보상은 뭐가 되었든 일상에 영향을 미친다. 〈스타워즈〉에서의 영약은 은하계의 평화와 루크의 성장이다. 영웅으로 인해 세계가 평화로워지고, 그 과정에서 영웅이 성장하는 것은 영웅이 등장하는 스토리의 가장 일반적인 결말이다.

지금까지 설명한 영웅의 여정 12단계를 요약해서 정리하면 다음과 같다.[11]

- **1단계** 영웅은 **일상 세계**에서 소개되고
- **2단계** 그곳에서 **모험의 소명**을 받는다.
- **3단계** 영웅은 처음에 결단을 내리지 못한 채 **주저하거나 소명을 거부**한다.
- **4단계** 그러나 **정신적 스승**의 격려와 도움을 받아
- **5단계 첫 관문을 통과**하고 특별한 세계로 진입한다.
- **6단계** 그곳에서 영웅은 **시험**에 들고, **협력자와 적대자**를 만든다.
- **7단계** 영웅은 **동굴 가장 깊은 곳으로 진입**하여 두 번째 관문을 통과하는데
- **8단계** 그곳에서 영웅은 **시련**을 이겨낸다.
- **9단계** 영웅은 대가로 **보상**을 받고
- **10단계** 자신이 떠나왔던 일상 세계로 **귀환의 길**에 오른다.
- **11단계** 영웅은 세 번째 관문을 통과해 **부활**을 경험하고, 이를 통해 인격체로 변모한다.
- **12단계** 영웅은 일상 세계에 이로움을 줄 은혜로운 혜택과 보물인 **영약을 가지고 귀환**한다.

앞서 사례로 들었던 〈라이온 킹〉과 〈쿵푸 팬더〉를 영웅의 여정 12단계에 맞춰 분석해보면 확실히 이해할 수 있을 것이다. 영웅의 여정 12단계가 검증된 스토리 구조인 것은 맞지만 항상 정답이라고 생각해서는 안 된다. 억지로 구조에 맞추기보다는 스토리에 맞게 단계를 건너뛰거나 다르게 수정하는 편이 더 나은 스토리가 될 수 있다. 중요한 것은 각각의 단계가 가진 기능적인 역할을 이해하는 것이다.

---

11 크리스토퍼 보글러의 『신화, 영웅 그리고 시나리오 쓰기』(비즈앤비즈, 2013)를 그대로 인용했다.

게임 스토리텔링을 위한
필수 요소

게임 시나리오 작법은 영화나 소설의 작법을 많이 참고한다. 하지만 게임은 다른 매체와 달리 기존의 스토리 작법만으로는 설명이 어렵다. 장르에 따라, 같은 장르 내에서도 게임에 따라 개별적인 차이가 있다. 큰 예외 없이 같은 작법이 동일하게 적용되는 다른 매체와는 분명 차이가 있다. 이러한 게임 시나리오만의 특수성을 고려하더라도 큰 맥락에서 일괄적으로 적용될 수 있는 방법이 필요하다. 그것이 바로 '스토리텔링'이다.

소설과 게임 시나리오는 분명 다르다. 스토리를 어떻게 전달할지에 대한 고민이 없는 게임 시나리오는 소설에 가깝다. 게임 시나리오는 게임을 만들기 위해서 존재하며, 우리는 그 목적에 충실해야 한다. 게임 시나리오 작가라면 텍스트보다는 게임 시스템으로 스토리를 전달하는 방법을 고민하는 것이 맞다.

그러려면 먼저 게임 플레이를 이해해야 한다. 게임 플레이는 게임의 본질인 상호작용의 다른 표현이라 할 수 있는데, 이때 플레이를 정의하는 것이 바로 게임의 시스템이다. 하지만 게임 시스템에 대한 이해도가 높은 게임 시나리오 작가는 생각보다 많지 않다. 실제로 스토리 작법에 있어서는 최고로 평가받던 작가(주로 소설가)들이 몇몇 게임 시나리오 작업에 참여했음에도 기대만큼 성과를 내지 못한 이유도 여기에 있다.

스토리에는 매체에 따른 제약이 존재한다. 소설의 경우 형식적인 제약이 거의 없지만, 그 스토리가 소설이 아닌 다른 매체에 적용된다면 이야기가 달라진다. 소설에서 한 문장으로 전달이 가능한 내용도 영화에서는 사건으로 보여주어야 하므로 더 많은 고민이 필요하다. 현실적인 제작 비용도 무시할 수 없으므로 각색하는 과정에서 어쩔 수 없이 소설과 많이 달라질 수 있다. 게임은 이보다 제약이 더 많다고 보면 된다.

따라서 게임에 적합한 스토리텔링이 어떤 것인지 충분히 이해한 상태에서 작업이 이루어져야 한다. 시작 시점부터 게임에 맞는 스토리를 구상하는 것이 가장 이상적이다. 스토리 작업 이후에 스토리를 게임에 맞게 다시 수정하는 일은 없어야 한다. 작가 스스로 자신이 작업한 스토리가 게임에서 어떻게 구현될지에 대한 그림을 구체적으로 그려내지 못한 상태의 작업물은 게임 제작에 큰 도움이 되지 않는다. 이렇게 작업된 게임 시나리오를 어떤 기획자는 '쓰레기'라 부르기도 한다. 과장이긴 하지만 아주 틀린 말도 아니다. 다른 기획자가 게임에 맞게 다시 가공하는 일은 절대 일어나선 안 된다.

2.1 훅과 캐릭터

2.1.1 훅의 개념

스토리 작법 중 가장 대표적인 방법론이 플롯 중심과 캐릭터 중심의 스토리 작법이다. 둘 중 어느 한쪽이 더 중요하다는 식으로 구분하지는 말자. 단지 설명하는 방식의 차이라고 보면 된다. 플롯 중심으로 스토리 작업을 한다고 해서 캐릭터가 중요하지 않다는 뜻은 아니며, 캐릭터 중심으로 스토리를 작업할 때 플롯이 덜 중요해지는 것도 아니다. 영화라면 플롯 중심의 영화와 캐릭터 중심 영화로 구분할 수 있다. 그러나 게임은 영화처럼 플롯 중심의 게임이라 부르지는 않는다. 그 이유는 사건의 연결이라는 개념의 '플롯'은 어떤 의미로는 긴 흐름이어서 게임과는 맞지 않는 경우가 있기 때문이다.

이때 필요한 것이 훅[1]이다. 플롯보다 짧으면서도 의미 있는 개념이라 게임 스토리텔링에 중요한 역할을 한다. 훅은 원래 뜻과는 다르게 가요에서 자주 사용된다. 후크송의 후크가 바로 훅이다. 음악에서의 훅은 중독성 있게 반복되는 멜로디를 의미한다. 한편 영화에서의 훅은 간결하게 정리된 콘셉트를 말한다. 지금부터 설명할 훅은 영화에서의 훅과 완전히 같은 의미다.

여기서 중요한 점은 간결하게 정리된 콘셉트만으로도 훅이라 할 수 있지만, 가능하다면 사람의 마음을 끌 수 있어야 한다는 것이다. 마음을 끈다는 점은 가요의 중독성과 같은 맥락이다. 실제로 흥행에 성공한 대부분의 영화는 훅을 가진다. 일부 영화 시나리오 작법서[2]에서는 훅이 없다면 시나리오로 쓰지 말라고 하기도 한다. 이 말이 결코 과장이 아닌 것이, 매력적인 훅이 있다면 그 자체만으로 흥미를 끌 수 있기 때문이다. '거짓말을 못하는 변호사'가 있다고 가정해보자. 변호사가 모두 그렇다고 볼 수는 없지만, 재판에서 이기려면 약간의 거짓말은 필요할 수 있다. 그런데 어떤 이유로 변호사가 거짓말을 못한다면 재판에서 이길 확률은 그만큼 줄어든다. 바로 짐 캐리 주연의 영화 〈라이어 라이어〉의 훅이다.

주인공은 소송에 이기기 위해서 수단과 방법을 가리지 않는 악질 변호사다. 거짓말도 능수능란해서 자신의 가족들에게도 항상 변명을 일삼는다. 아들의 생일에 참석하겠다는 약속을 못 지키게 되자, 실망한 아들은 생일 선물

---

1 간결하게 정리된 콘셉트를 뜻하며 그 자체로 사람의 마음을 끌 수 있어야 한다.
2 『시나리오 성공의 법칙』(스크린M&B, 2005)

로 아빠가 거짓말을 하지 않도록 해달라고 빈다. 아들의 소원은 이루어지고 주인공은 거짓말을 하려 해도 자신의 의지와 상관없이 진실만 말하게 된다.

여기까지가 초반 스토리로 1막에 해당하는 내용이다. 1막의 끝은 본격적인 스토리의 시작을 의미한다. 추가로 설명하자면 〈라이어 라이어〉에서 주인공이 거짓말을 못하게 되는 지점이 구성점 1에 해당한다.

〈드래곤 길들이기〉의 주인공이자 바이킹인 히컵 역시 비슷한 맥락의 캐릭터다. '바이킹'은 일반적으로 덩치가 크고 힘이 센 '토르'에 가까운 캐릭터로 인식된다. 하지만 히컵은 다르다. 그는 대장간에서 많은 시간을 보내는 지능형 엔지니어다. 나중에는 다리를 다쳐서 의족을 착용하는데, 이 점이 히컵의 약점이 된다. 이 역시 기존 바이킹의 고정관념에서 벗어나 히컵을 특별한 캐릭터로 만든다.

그림 2-1 비슷한 맥락의 훅을 가진 〈라이어 라이어〉와 〈드래곤 길들이기〉

- 라이어 라이어 제작사: Imagine Entertainment, Universal Pictures
- 드래곤 길들이기 제작사: 드림웍스

해외에서 리메이크되는 한국 영화나 드라마의 특징을 살펴보면 훅이 강력한 경우가 대부분이다. 조금 과장한다면 매력적인 훅 하나 때문에 비용을 지불하면서까지 리메이크를 한다고 보는 것이 맞는다. 훅에 관해서 이야기할 때 빠질 수 없는 영화가 바로 〈무간도〉다. 할리우드에서 〈디파티드〉로 리메이크되기도 한 이 영화는 신분을 위장한 잠입 요원, 즉 '언더커버'에 관한 내용이다. '조직원이 된 경찰과 경찰이 된 조직원'의 스토리는 대립 관계에 있는 두 집단이 있다면 언제든 활용 가능한 훅이다. 그 외에도 예로 들 만한 훅을 가진 영화나 소설은 수없이 많다.

그림 2-2 언더버커가 훅인 〈무간도〉와 〈디파티드〉

• 무간도 제작사: Media Asia Films
• 디파티드 제작사: Warner Bros. Pictures, Vertigo Entertainment, Initial Entertainment Group, Plan B Entertainment, Media Asia Films Ltd.

게임의 스토리에는 간극이 있다. 스토리를 전달할 때는 별도의 연출이나 시스템을 활용하기 때문에 스토리와 플레이가 서로 구분되는 경우가 많다. 전형적인 모바일 RPG라면 스테이지를 시작하기에 앞서 대화 위주의 이벤트 연출로 스토리를 전달한 다음에야 비로소 플레이로 이어진다. 게임이라는 특성상 플레이가 주가 되다 보니 온전히 스토리만 전달하는 영화 등의 다른 매체보다는 스토리의 전달력이 떨어진다. 이때 스토리에 확실한 훅이 없다면 게이머에게 스토리를 각인시키기 어렵다.

사람이 한 번에 받아들일 수 있는 정보에는 한계가 있다. 스토리의 내용이 많으면 여러 번에 걸쳐서 전달하는 것이 좋은데, 이때 훅을 스토리의 최소 단위라 생각하면 된다. 하나의 문장이 될 수도, 하나의 단어가 될 수도 있다. 훅 자체가 매력적이면 더 좋겠지만, 어떤 내용인지 명확하게 정리만 되어도 기능적인 역할은 다했다고 볼 수 있다. 훅은 스토리에만 국한되지 않으며 캐릭터를 설명할 때도 유용하게 활용된다. 캐릭터 설정에 훅이 있다면 그 자체로 캐릭터를 설명할 수 있다. 그렇기 때문에 훅은 여러모로 유용한 개념이다. 특히 MMORPG의 퀘스트 작업을 할 때 훅을 활용한다면 큰 도움이 된다.

'원수 집안 남녀의 사랑'에 관한 가장 대표적인 스토리는 '로미오와 줄리엣'일 것이다. 이와 동일한 훅을 가진 콘텐츠 수는 셀 수 없을 만큼 많다. '원수 집안 남녀의 사랑'이라는 훅과 맞먹을 만한 위력을 지닌 또 다른 훅으로 '결혼(연애)을 통한 신분 상승'의 대표 스토리인 '신데렐라'가 있다. 신데렐라라는 단어 자체가 이미 엄청난 훅이다. 우리가 아는 많은 콘텐츠에도 계속해서 등장한다. 영화 〈노팅힐〉은 남녀의 역할이 바뀐 신데렐라 스토리다. 이처럼 검증된 훅이 계속해서 쓰

그림 2-3 남녀의 역할이 바뀐 신데렐라 스토리 〈노팅힐〉

• 노팅힐 제작사: Bookshop Productions, Notting Hill Pictures, PolyGram Filmed Entertainment, Working Title Films

이는 이유는 훅이 같아도 구성에 따라 스토리가 완전히 달라지기 때문이다. 시대가 달라지고 캐릭터가 달라지면 또 다른 재미를 느낄 수 있다.

이와 같은 훅을 바탕으로 스토리를 만드는 작업 방식에 부정적인 견해를 가질 수도 있겠다. 그러나 스토리텔링의 핵심은 스토리[story]가 아닌 스토리를 풀어나가는 것[telling]에 있다. 어차피 완전히 새로운 스토리란 존재하지 않는다. 이미 알려진 훅으로 작업하더라도 게임에 맞게 스토리를 적용해나가는 과정에서 스토리가 처음과 많이 달라진다. 나중에는 참고한 스토리의 원형이 무엇이었는지조차 알아보기 어려운 스토리도 존재한다.

훅을 어떻게 활용하는지는 뒤에서 자세하게 다룰 예정이니 지금은 훅의 개념만 제대로 알고 넘어가자.

2.1.2 캐릭터의 개념

게임 시나리오에서 '캐릭터가 중요한가?'라는 질문에는 누구나 그렇다고 답할 것이다. 그러나 '왜 중요한가?'에 관한 질문에는 대답하기가 쉽지 않다. 당연한 말이겠지만 스토리 기반의 콘텐츠에서 캐릭터는 정말 중요하다. 단순히 중요하다는 사실만 막연하게 인지하고 작업하기보다는 왜 중요한지를 정확하게 이해하고 작업해야 한다.

스토리에서 캐릭터가 중요한 이유는 의외로 단순하다. 모든 **스토리는 캐릭터의 감정 이입을 통해 이루어지기 때문**이다. 이는 스토리 전개의 가장 기본적이면서도 중요한 원리다. 캐릭터는 스토리 그 자체이기 때문에 분리해 생각할 수 없다. 캐릭터가 곧 스토리이며 스토리가 곧 캐릭터다. 스토리가 달라지면 캐릭터가 달라져야 하며 캐릭터가 달라지면 스토리도 달라져야 한다.

그림 2-4 캐릭터 게임의 완결판 〈슈퍼 스매시브라더스〉 시리즈

• 닌텐도

스토리 작법을 공부하는 사람들이 궁금해하는 것 중 하나가 '스토리와 캐릭터 중에 무엇이 더 중요한가?'이다. 관점에 따라 차이가 있겠지만 필자는 캐릭터라고 생각한다. IP$^{Intellectual Property}$[3] 게임을 만든다고 할 때 스토리와 캐릭터 중 살아남는 쪽은 캐릭터다. 스토리가 원작과 달라지는 경우는 많아도 캐릭터 자체가 달라지는 경우는 드물다. 심한 경우 원작의 스토리가 거의 안 남기도 한다. 비싼 라이선스 비용을 지급하면서 IP 게임을 만드는 이유는 인기 캐릭터 때문일 확률이 높다. 따라서 스토리와 캐릭터 중 하나를 선택해야만 한다면 캐릭터를 선택하는 것이 맞다. 우리가 지금까지 접한 많은 콘텐츠 중 스토리에 대한 기억은 희미하지만, 뚜렷하게 기억하는 캐릭터는 많을 것이다. '스토리에 몰입했다'는 것은 그 스토리의 캐릭터에 몰입했다는 뜻이라고 봐도 무방하다. 그래서 몰입할 수 있는 캐릭터를 만들어내는 것이 스토리텔링의 시작이다. 1막에서 캐릭터를 소개하는 이유도 여기에 있다.

캐릭터는 게임 스토리를 평가하는 기준이 되기도 한다. 사실 스토리에 대한 평가는 사람마다 취향과 기준이 달라서 객관적이지 않을 확률이 높다. 필자가 생각하는 게임 스토리를 평가하는 기준은 '게이머들에게 회자되는 캐릭터가 존재하는가?'이다. 게이머들에게 많이 기억되는 캐릭터를 만들어낼 수 있다면 그

---

3 지적 재산권을 의미한다. IP 게임은 대중적인 인지도가 높은 콘텐츠를 활용할 수 있도록 권리를 획득한 후 만드는 게임을 말한다.

자체로 스토리텔링에 성공했다고 볼 수 있다. 캐릭터에 몰입하지 않은 채 스토리에만 몰입하기란 거의 불가능하다.

〈블레이드 앤 소울〉이 뮤지컬로 제작될 수 있었던 이유도 '진서연'이라는 캐릭터가 있었기 때문이다. 물론 제작사에서 모든 제작비를 부담한 이벤트성 공연이기는 했지만, 캐릭터가 없다면 다른 매체로의 확장은 어렵다고 봐야 한다. 불가능하지는 않더라도 훨씬 많은 비용과 노력이 든다.

그림 2-5 〈블레이드 앤 소울〉의 뮤지컬 버전인 〈묵화마녀 진서연〉

• 엔씨소프트(기사 인용)

게임 캐릭터는 스토리상의 역할뿐만 아니라 기능적인 역할도 수행한다. 이때 말하는 기능적인 역할은 게임 시스템과 엮여 작동하는 것을 뜻한다. 대표적인 예가 전투다. 외형과 스토리도 중요한 요소지만 '게임 캐릭터'라면 어떤 전투 메커니즘을 가졌는지가 핵심이다. 〈리그 오브 레전드〉의 출시 초기에는 스토리 비중도 작았고 게임 내 일러스트의 완성도 역시 떨어졌다. 그럼에도 인기 있는 캐릭터가 많았던 이유는 그들 캐릭터의 플레이가 매력적이었기 때문이다. 플레이 자체가 캐릭터의 성격이자 곧 캐릭터성이다. 게임 시나리오에서 말하는 캐릭터는 '게임 캐릭터'라는 점을 항상 기억할 필요가 있다.

캐릭터에 관한 더 구체적인 내용은 4장에서 다룰 예정이다. 2장에선 '캐릭터가 왜 중요한지'와 '게임 캐릭터가 일반 캐릭터와 다르다'는 정도만 알고 넘어가자.

2.2 게임 스토리텔링의 특징

2.2.1 게임 스토리가 가진 제약

스토리 작법의 기본 원리는 어느 매체에나 공통적으로 적용할 수 있다. 하지만 매체, 플랫폼, 장르, 게임에 따른 스토리 자체의 제약은 존재한다. 예를 들어 영화는 스토리에 따라 제작비가 달라진다. 국내에서 SF 영화를 만들지 않는 가장 큰 이유도 장르 특성상 제작비가 많이 필요하기 때문이다. 반면 할리우드에서는 국내보다 SF 영화를 더 쉽게 만들 수 있다. 그러나 아무리 할리우드의 블록버스터 영화라도 하나의 영화를 만드는 데 투입 가능한 비용은 한정적이기 마련이다. 일반적으로 '스케일이 큰 영화'라고 하면 제작비가 많이 투입된 볼거리가 많은 영화를 의미한다. 그러나 소설이나 만화에서는 굳이 '스케일이 크다'는 표현을 사용할 필요가 없다. 작가가 원한다면 어떤 스토리로도 창작할 수 있기 때문이다. 연극 역시 다른 스토리 기반 콘텐츠에 비해 공간이 제약되는 특성을 가진다. 이처럼 제약은 스토리의 차이를 만들어내기 때문에 제약의 개념을 정확히 이해할 필요가 있다.

그렇다면 게임의 스토리는 어떤 제약을 가지고 있을까? 게임 스토리의 제약은 게임의 특성에 따라 차이가 난다. 우선 게임이 속한 장르에 따른 제약이다. 게임의 장르 중에서 MMORPG만큼 제약이 많은 장르도 없다. 일반적인 스토리에서 주인공 주변의 캐릭터는 등장하거나 사라지기도 하고, 주인공과 함께 뭔가를 하기도 한다.

그러나 MMORPG에서 그렇게 된다면 다른 플레이어는 퀘스트 진행이 불가능한 상황이 발생할 수 있다. 어떤 플레이어가 어느 시점에 진행하더라도 항상 똑같이 진행되어야 한다. 그렇기 때문에 MMORPG에서 캐릭터인 NPC Non-Player Character[4]는 항상 그 자리를 지켜야 한다. 같은 이유로 퀘스트의 스토리에서 해결한 사건도 게임 속 세계에서는 끊임없이 반복된다. 게임을 하는 모든 플레이어를 만족시키기 위한 어쩔 수 없는 선택이다. 그렇지만 이동이 불가능한 캐릭터가 등장해야 한다면 전개할 수 있는 사건의 폭이 매우 좁아져서 작업의 난도가 높아진다. 특히 반복 진행이 목적인 일일 퀘스트의 스토리라면, 그 상황이 반복되어도 그럴듯해야 한다는 점에서 다소 현실적이지 않은 내용이 포함될 가능성이 크다. 조건이 많다는 건 그만큼 재미있는 스토리를 만들기 어렵다는 뜻이다.

게임 시스템이 스토리를 결정하는 대표적인 예가 〈월드 오브 워크래프트〉를 통해 알려진 '위상 변화 시스템'이다. 이 시스템은 플레이어의 개별 상황에 맞게 환경을 변화시키는 시스템이다. 많은 게이머가 MMORPG에서도 싱글 플레이 게임과 같은 스토리텔링을 바라는데, 이는 3인칭 관점의 스토리를 원한다는 뜻이다. 3인칭 관점의 주인공은 스토리 세계의 유일한 존재이기에 주인공을 중심으로 주변 환경이 변화한다. 그러나 MMORPG는 장르의 태생 자체가 주인공이 다수인 세계이기 때문에 환경을 마음대로 바꿀 수 없다. 환경을 바꾸지 못한다는 것은 스토리텔링에 있어서 치명적인 제약이다.

그러나 '위상 변화 시스템'은 MMORPG임에도 싱글 플레이 게임과 같은 3인칭 관점의 스토리텔링을 일시적으로나마 가능하게 해준다. 선택할 수 있는 사

---

4 플레이어가 조정할 수 없는 캐릭터를 말한다. 플레이어가 조정하는 캐릭터인 PC(Player Character)의 반대 개념이다.

건 전개의 폭도 엄청나게 넓어진다. 〈블레이드 앤 소울〉을 플레이하다 보면 [그림 2-6]처럼 같은 지역이지만 퀘스트의 진행 정도에 따라 환경이 완전히 달라지는 경험을 할 수 있다. 이때 퀘스트의 내용에 맞게 환경이 재구성된다. 사실상 게임 시스템이 스토리를 결정한 셈이다.

그림 2-6 〈블레이드 앤 소울〉의 위상 변화 – 스토리 진행 상태에 따라 달라지는 환경

이렇듯 게임은 스토리 자체의 제약이 많은 편이다. 정확하게는 스토리 전개를 위해 활용 가능한 사건의 폭이 좁다는 뜻이다. 따라서 장르와 게임 시스템에 맞게 내용을 구성해야 한다. 계속해서 MMORPG로 예를 드는 이유도 장르 자체의 스토리 제약이 심하기 때문이다. 유일한 해결책은 스토리를 구조적으로 파악하는 것이다. 왜 이러한 제약이 생겨날 수밖에 없는지를 더 분석적인 관점에서 이해해야 한다. 이 책의 5장부터 7장까지를 읽은 뒤에는 어느 정도 감이 잡힐 것이다.

2.2.2 스토리텔링과 게임 시스템

계속 강조해온 것처럼 스토리텔링에서 무엇보다 중요한 개념은 '텔링'이다. 텔링은 '스토리를 어떻게 전달할 것인가?', 즉 '방법'에 관한 문제다. 게임에서 스토리를 전달하는 방법은 게임 시스템을 활용하는 것이다. 게임의 특징인 '상호작용'은 게임 시스템을 통해 만들어진다. 게임 시스템은 그 자체로 게임의 문법이다.

다시 강조하지만, 게임의 스토리텔링은 텍스트나 영상이 아닌 게임 시스템에

기반을 두고 이루어져야 한다. 게임의 문법을 이해해야 한다는 의미다. 영화의 문법을 모른다면 영화 시나리오 작가라 할 수 없다. 게임도 마찬가지다. 게임 시나리오 작가라면 당연히 게임 시스템을 충분히 이해하고 있어야 한다. 필요하다면 새로운 시스템의 제작이 가능한 수준의 기획 역량까지 보유하는 것이 좋다. **사실상 게임 시나리오 작가가 아닌 게임 시나리오 기획자가 되어야 한다.**

게임의 시스템을 제대로 파악하지 못한 상태에서 섣불리 시나리오 작업을 할 경우 여러 가지 문제점이 생길 수 있다. 스토리상으로는 별것 아닌 것처럼 보이는 내용이라도 게임에서 구체화하려면 생각보다 큰 비용이 들기도 한다. 이때는 스토리를 게임 시스템에 맞게 재구성해야 한다. 문제는 이 작업을 게임 시나리오 작가가 아닌, 게임 시스템을 이해하고 있는 다른 작업자가 하게 될 가능성이 높다는 점이다. 그 과정에서 작업 일정이 늘어날 뿐만 아니라 게임 시나리오 작가의 존재 이유도 불분명해진다. 작업자 간에 분쟁이 생길 여지도 있다.

판타지나 무협과 같은 장르 소설가가 많이 참여했던 시기도 있었지만 기대만큼의 성과를 내지 못한 가장 큰 이유도 여기에 있다. 소설의 글쓰기와 게임의 글쓰기는 완전히 다르다. 아무리 가치 있는 소설이라도 게임 시나리오로서의 가치는 크지 않을 수 있다. 어리석은 생각 중 하나가 게임 시나리오의 가치를 텍스트의 양으로 판단하는 것이다. 소설이라면 방대한 스토리가 될 수 있지만 그 스토리들이 실제 게임 제작에 쓰일 수 없다면 아무런 가치가 없다. 게임 시나리오는 게임 시스템으로 구체화할 수 있는 내용으로 구성된, 철저하게 제한된 글쓰기여야 한다. 유명 작가를 고용하고 싶다면 소설보다는 스토리 문법이 유사한 영화의 시나리오 작가를 고용하는 편이 오히려 나은 선택일 수 있다.

회사 입장에서 스토리 창작만 가능한 게임 시나리오 작가를 고용하는 건 부담스러운 일이다. 웬만한 규모의 프로젝트가 아닌 이상, 스토리의 비중이 높은 RPG라 해도 시나리오 작가에게 늘 일거리를 만들어주기란 쉽지 않다. 당연히 회사는 게임 시나리오 작업 외의 업무까지 병행하기를 원한다. 이러한 현실에서 순수하게 텍스트 작업만 가능한 게임 시나리오 작가가 설 자리는 거의 없다고 봐야 한다. 이때 게임 시나리오 작가를 채용하는 중요한 기준의 하나가 '게임 시스템에 대한 이해 여부'다. 게임의 어떤 시스템을 어떻게 스토리에 활용하면 좋을지 아는 작가와 모르는 작가 중 누구에게 일을 맡길지에 대한 답은 명백하다.

이번에는 게임의 스토리텔링을 게이머 관점에서 살펴보자. 게이머가 대사나 설명 등의 텍스트로 스토리를 이해하는 것과 게임 플레이로 스토리를 이해하는 것 중 어느 쪽을 더 선호할까? 당연히 후자다. 게이머는 텍스트를 읽기 위해 게임을 하지 않는다. 텍스트는 스토리텔링을 위한 수많은 도구 중 하나이며, 원래 소설에서의 스토리 전달법이다. 텍스트를 지향이 아닌 지양할 필요가 있다는 얘기다. 텍스트는 필요한 경우에만 간결하게 제공해야 한다. 한 번에 너무 많은 정보를 주기보다는 적절히 조절해서 게임 플레이 자체에 몰입하도록 한다. 일부 모바일 RPG에서 저지르는 흔한 실수가 스토리텔링을 텍스트로만 진행한다는 점이다. 몰입도가 떨어지는 모바일 환경에서는 한 번에 받아들일 수 있는 텍스트 양에 한계가 있다.

간혹 게임 도중 텍스트를 읽지 않는 게이머의 비중이 높다는 이유로 게임에서 시나리오가 필요 없다고 주장하는 사람이 있다. 이는 앞서 이야기한 '게임 시나리오=텍스트'라는 잘못된 인식의 결과다. 그러나 텍스트는 애초에 게임만의 스토리 전달 방법이 아니므로 주장의 전제 자체가 틀렸다. 1장에서 설명한 것처럼 게임 시나리오의 범위는 매우 넓다. 그러나 많은 사람이 게임 시나리오를 텍스트와 동일시하는 좁은 시야를 가지고 있다. 게이머는 어쩔 수 없다 치더라도 게임을 만드는 실무자들조차 이렇게 인식하는 것은 문제다. 게임의 스토리텔링을 위한 방법 중 우선순위가 가장 낮은 것이 텍스트이기에, 게임 시나리오에서 차지하는 비중 역시 높지 않다.

게임 시스템은 게임의 문법이다. 영화 시나리오 작가가 영화의 문법을 이해해야 하듯이 게임 시나리오 작가는 게임의 문법을 이해해야 한다. '소설의 문법은 텍스트', '영화의 문법은 영상', '게임의 문법은 게임 시스템'이다. 게임 시나리오 작업을 할 때는 이 사실을 항상 잊지 말아야 한다. 게임 시나리오 작가에게 요구되는 것은 게임 시스템을 통한 스토리텔링이다.

2.2.3 꼭 알아야 할 게임 시스템의 맥락

게임 시스템이라고 하면 복잡할 것 같지만 전혀 그렇지 않다. 세계 최초의 전자 게임인 〈테니스 포 투〉는 공이 움직이는 것을 보고 입력장치로 조작하면 조작에 따라 공이 튕기는 반응이 달라지는 식이다. [그림 2-7]은 〈테니스 포 투〉의 플레이 메커니즘을 도식화한 것이다. 놀랍게도 1958년에 만들어진 이 게임과 오늘날 출시되는 게임의 작동 원리는 완전히 동일하다. 게임이라는 매체의 특징이라 할 수 있는 '상호작용' 역시 같은 메커니즘에서 만들어진다. 이때 상호작용이란 '경험'을 말한다. '어떤 경험을 줄 것이냐?'라는 질문은 곧 '어떤 게임 시스템을 가지고 있느냐?'로 이어진다.

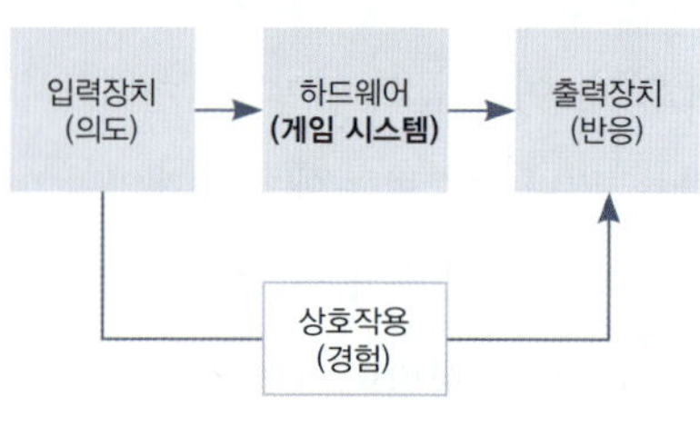

그림 2-7 〈테니스 포 투〉의 플레이 메커니즘

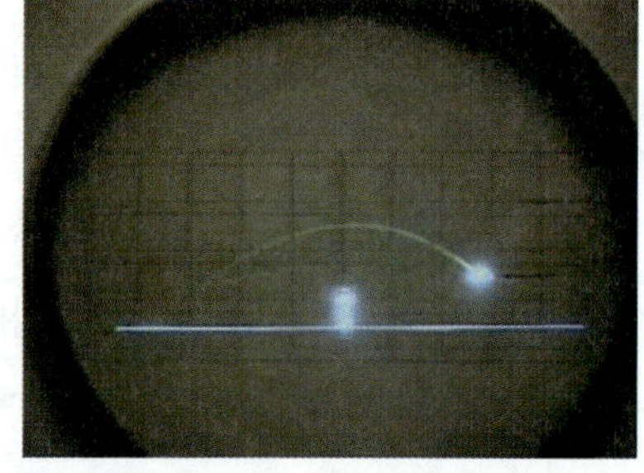

그림 2-8 〈테니스 포 투〉의 게임 화면

게임 시스템은 일종의 규칙이다. 풀어서 설명하자면 **게임 내에서 어떤 목적을 위해 필요한 요소들이 어떻게 작동하는지를 정의하는 것이 바로 게임 시스템**이다. 예를 들어 각 스테이지를 완료할 때마다 지정된 보상을 획득할 수 있다면 그 자체가 하나의 시스템이다. 시스템 기획자가 하는 업무도 이런 게임 내의 규칙을 정하는 일이다.

전투 시스템은 '전투에 영향을 미치는 요소들이 작동하는 원리'라고 정의할 수 있다. 전투 시스템의 다양한 요소 중에서 '판정'을 예로 들어보겠다. 크게 선판정과 후판정으로 나눌 수 있는데, 선판정은 말 그대로 공격을 하면 예외 없이 공격에 성공한 것으로 처리한다. 공격하면 100% 명중하므로 피할 수 없다. 반면 후판정은 공격이 성공했을 때에만 판정이 일어나므로 피하는 것이 가능하다. 예를 들어 미사일로 어떤 대상을 공격한다고 할 때, 이 미사일의 공격 판정이 없어지기 전에 상대의 판정 박스[5]와 충돌한다면 공격에 성공한 것으로 처리된다. 반대로 미사일과 충돌하지 않는다면 공격에 실패한 것이라 사실상 공격을 피한 것이 된다. 선판정은 무조건 성공하는 공격이기 때문에 판정 자체에 애매한 점이 없지만, 후판정은 캐릭터마다 공격 판정과 판정 박스가 다르기 때문에 판정의 애매함이 발생한다. 이러한 차이로 인해 후판정의 타격감은 캐릭터마다 미세하게 다를 수도 있다. 온라인 게임이라면 이런 판정이 거의 실시간으로 이루어지기 때문에 상대적으로 후판정이 네트워크의 영향을 많이 받는다.

표 2-1 선판정과 후판정의 비교

선판정	후판정
• 공격과 동시에 판정이 이루어짐 • 공격을 피할 수 없으며 100% 명중함 　(명중이 쉬워 공격력이 낮은 편) • 선판정 스킬이 많으면 초보자용 캐릭터 　(캐릭터 조작이 쉬움) • 공격 판정이 명확함	• 공격이 성공했을 때에만 판정함 • 공격을 피할 수 없음 　(명중이 어려워 공격력이 높은 편) • 후판정 스킬이 많으면 상급자용 캐릭터 　(캐릭터 조작이 어려움) • 공격 판정의 애매함 존재 　(캐릭터마다 타격감 다름, 온라인 게임이라면 　네트워크의 영향을 받음)

앞에서 설명한 전투 시스템을 캐릭터와 연결해서 생각해보자. 만약 모든 스킬

---

5 캐릭터나 오브젝트에 붙어 있는 투명한 박스를 말한다. 적의 공격 판정이 닿으면 공격이 성공한 것으로 처리된다. 피격 박스라 부르기도 한다.

이 선판정 공격으로만 구성된 캐릭터가 있다면 조작하기 쉬운 편에 속할 것이다. 상대하는 입장에서 본다면 공격을 피할 수 없기 때문에 성가실 수 있다. 이러한 공격의 특성 자체가 캐릭터의 성격이 된다. 반대로 후판정 공격 스킬을 가진 캐릭터가 있다면 당연히 조작의 난도가 올라갈 수밖에 없다. 즉, 상급자용 캐릭터가 될 확률이 높다. 밸런스 측면에서 공격 성공률이 낮기 때문에 피해량은 상대적으로 커져야 한다. 그래서 조작 난도는 높지만 강력한 공격이 가능한 캐릭터가 될 것이다. 이 역시 캐릭터의 성격이기 때문에 설정에 반영될 수 있다.

때로는 게이머에 의해 제작자의 의도와는 다른 돌발 상황이 발생하기도 한다. 예를 들면 〈스타크래프트〉의 멀티 플레이 중 사용 가능한 '얼라이마인'이라는 전략이다. 벌처라는 유닛이 설치할 수 있는 마인은 상대편에 반응하여 피해를 주는 지뢰의 일종이다. 〈스타크래프트〉는 유즈맵으로 플레이하는 경우 상대편과 동맹을 맺을 수 있다. 이런 경우 아군으로 여겨 기능하지 않던 마인이 동맹 관계가 해제되는 순간 폭발한다. 그래서 처음 기획의 의도였던 '근처에 왔을 때 반응하는 지뢰'가 아닌 '스위치를 눌러서 폭발하는 지뢰'로 성격이 완전히 변한다. 원래대로라면 마인이 상대편에 반응해서 튀어나왔을 때 마인을 제거할 수 있는 약간의 시간이 있어서 상대는 어느 정도 대응할 수 있다. 그러나 '얼라이마인'을 사용하면 마인을 제거할 시간이 없어지므로 상대에게 훨씬 큰 피해를 줄 수 있다. 아마도 제작사에서는 '마인이 상대편에 반응한다는 규칙'과 '자유롭게 동맹을 맺을 수 있다는 규칙'이 동시에 작동하리라고 생각하지는 못했을 것이다. 어떤 관점에서 본다면 게임의 자유도가 높다고 볼 수 있다. 그러나 결국엔 게임 시스템에서 정의된 규칙에 의해 작동한 것이다. 이처럼 게임 시스템을 이해할 수 있어야 게임을 이해할 수 있다.

게임 시스템에 대한 설명을 정리하는 차원에서 게임 스토리텔링과 직접 연관된 시스템을 예로 들고자 한다. 〈블레이드 앤 소울〉에는 몬스터의 상태에 따라 말풍선을 출력할 수 있는 시스템이 있다. 이를 잘 활용하면 전투를 막 시작하거나 죽기 직전 상태인 몬스터에게 기획 의도에 맞는 말풍선을 출력하도록 할 수 있다. 필자는 이를 활용하여 〈블레이드 앤 소울〉의 일반 몬스터도 세계관이나 퀘스트에 맞는 말풍선을 출력하도록 설정했다. 당시 〈블레이드 앤 소울〉은 모든 말풍선이 보이스로 출력되는 '풀보이스' 정책을 시행하고 있었다. 필자가 담당했던 지역의 몬스터들은 상대적으로 많은 보이스를 출력했기에 전투할 때의 몰입도 역시 높았다.

이렇듯 사소해 보이는 게임 시스템이라도 이를 제대로 알고 잘 활용하면 스토리텔링의 효과를 극대화할 수 있다. 게임은 태생적으로 스토리만을 위한 매체가 아니어서 그에 따른 제약이 존재한다. 이런 상황에서 작업자가 제작 중인 게임의 시스템을 제대로 파악하지 못하면 스스로 제약을 늘리는 꼴이 된다. 게임 시스템에 대한 이해도와 게임 시나리오의 완성도는 대체로 비례한다. 게임 시나리오 작가라면 작업한 스토리를 게임의 어떤 시스템으로 구체화 가능한지 파악할 수 있어야 한다. 만약 현재 시스템으로 불가능하다면 새로운 시스템을 기획하는 것 또한 게임 시나리오 작가의 몫이다. 다시 한번 강조하지만, 게임다운 스토리텔링은 게임 시스템에서 시작된다. **게임은 읽거나 보는 것이 아니라 '플레이'되어야 한다.**

2.3 게임 시나리오 기획

2.3.1 기획의 개념

스토리를 창작한다는 표현이 더 익숙할지도 모르겠지만 **스토리는 '기획'되어야 한다.** 게임의 스토리를 만드는 것도 창작 영역에 속하지만 조금 더 구체적인 방향으로 만들어질 필요가 있다. **게임의 스토리는 그 자체가 목적이 아니라 게임의 몰입도를 높이기 위한 도구에 가깝기 때문이다.** 물론 스토리 자체가 목적이 되는 게임도 존재한다. 그렇더라도 스토리를 게임으로 구체화하는 과정은 반드시 거쳐야 하며, 이때 기획적 사고가 필요하다. 그렇다면 기획이란 개념을 어떻게 이해하면 될까?

기획에 대한 정의는 사람마다 다르겠지만, 필자는 다음과 같이 정의한다.

- **기획: 방향성을 정하고 그 방향성을 구체화하는 것**

스토리텔링의 과정도 기획과 크게 다르지 않다. 어떤 스토리를 만들고자 한다면 그건 방향성이고, 그 방향성을 구체화하는 방법이 필요하다. '스토리(방향성)+텔링(구체화)'이 되는 것이다. 이 내용을 '문제 정의하기'와 '문제 해결하기'로 생각해볼 수 있다.

그림 2-9 문제 정의하기와 문제 해결하기

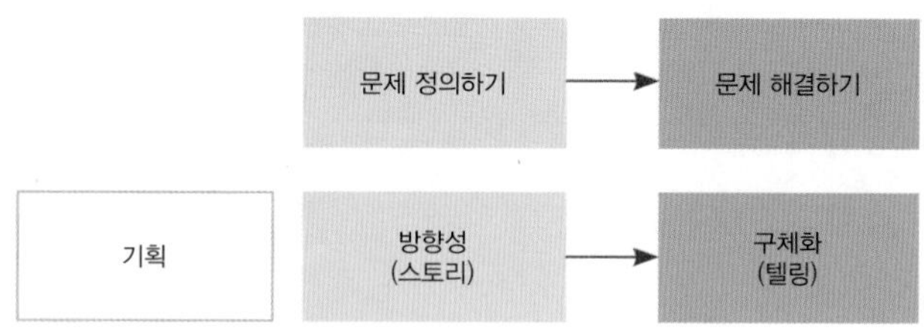

만약 지방에서 서울로 가야 한다면 서울로 가는 것 자체가 문제가 된다. 그 문

제를 해결하는 방법은 다양하다. 비행기를 탈 수도 있고 버스나 택시 또는 기차를 탈 수도 있을 것이다. 일반적이지는 않지만, 자전거를 타거나 극단적으로는 걸어서 서울에 가는 것도 하나의 방법이다. 어떤 방법이든 서울로 가는 문제는 해결할 수 있다. 이때 가장 빠르게 가야 하거나 가장 적은 비용으로 가야 한다는 조건이 붙는다면 문제가 세분화되면서 그에 맞는 적절한 방법을 찾을 수 있다. 전달할 스토리가 '용자가 등장하는 최고로 재미있는 스토리'와 같이 추상적이기보다는 '용자가 마왕을 무찌르고 세상을 구하는 스토리'처럼 구체적이어야 한다. 그래야 주어진 문제를 정확히 해결할 수 있다.

지금까지 설명한 기획의 개념은 모든 게임 시나리오 작업에 적용되기 때문에 제대로 이해하고 있어야 한다.

2.3.2 게임 시나리오 기획의 실제

[그림 2-10]은 게임 시나리오 작업 시 기획 과정을 도식화한 것이다. 시작은 철저한 게임 분석이다. 게임의 방향성이 무엇인지 문서나 다른 작업자, 특히 결정권자를 통해 제대로 파악한다. 그 과정에서 발생하는 커뮤니케이션이 힘들더라도 게임의 방향성은 반드시 초기에 제대로 파악해야 한다. 생각보다 중요한 것은 이미 만들어진 게임 시스템과 아트 리소스다. 게임을 개발하면서 시간이 소요되었다는 것은 그 작업에 참여한 사람의 시급만큼 제작비가 발생했다는 의미다. 따라서 특별한 사정이 없다면 이 자원들을 잘 활용해야 한다.

이런 다양한 요소를 감안해서 게임 시나리오의 방향성을 결정하는데, 이를 키워드로 정리할 필요가 있다. 게임의 중요 키워드를 바탕으로 만들어진 세계관은 게임 시나리오의 방향성이 구체화된 것이다. 세계관은 캐릭터와 스토리의 중요한 전제가 된다. '방향성의 구체화'라는 기획의 원리가 적용된 것을 확인할 수 있다.

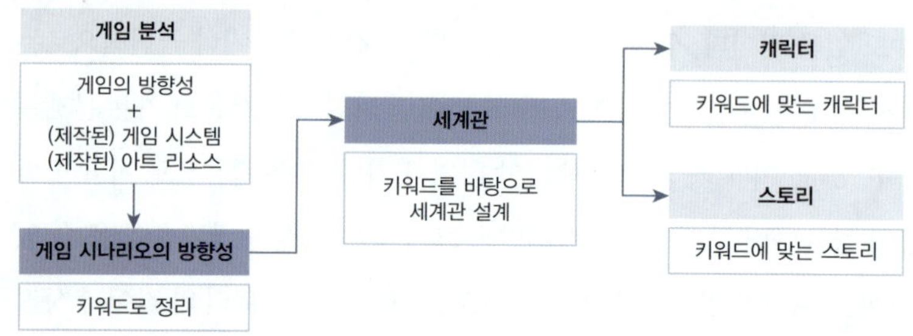

그림 2-10 게임 시나리오 작업 프로세스

더 구체적인 사례를 살펴보자. 스토리에서 주인공의 선함 혹은 정의감을 보여주기 위해 사용되는 대표적인 장면이 〈인크레더블〉에도 나오는 '고양이 구하기'다. 워낙 유명한 클리셰라서 『Save the Cat』이라는 동명의 스토리 작법서까지 존재할 정도다. 하지만 반드시 고양이를 구할 필요는 없다. 개를 쓰다듬어도 효과는 같다. 슈퍼맨이나 스파이더맨처럼 사람을 구해도 된다. 같은 문제라도 풀어내는 방법은 다양하게 존재할 수 있다는 의미다.

게임 시나리오 작업을 하다 보면 이런 상황을 자주 마주하게 된다. 이를테면 일정 때문에 만들기로 한 캐릭터나 배경의 제작이 취소된 경우다. 만들어야 하는 스토리는 변함없지만 스토리를 풀어내는 방법은 달라져야 한다. 캐릭터와 배경은 스토리텔링의 도구로 활용되는 것이므로 언제든 대체할 수 있다. 아니, 대체되어도 전혀 문제가 되지 않는다. 이런 관점을 가지고 있다면 게임 개발 과정에서 발생하는 문제에 더욱 유연하게 대응할 수 있다.

1) 절대적 기준이 되는 스토리 키워드

앞서 말한 변함없는 스토리를 필자는 '스토리 키워드'라 부른다. **스토리 키워드는 만들고자 하는 스토리의 방향성이기에 변해선 안 되는 절대적 기준이다.** 특정 몬스터나 배경을 활용하는 것과 같이 기획적인 내용까지 포함하는 개념이다. 만약 게임의 초반 스토리라면 튜토리얼까지 고려한 스토리가 되어야 한다.

그림 2-10 스토리 키워드를 활용한 작업 방향성 예시

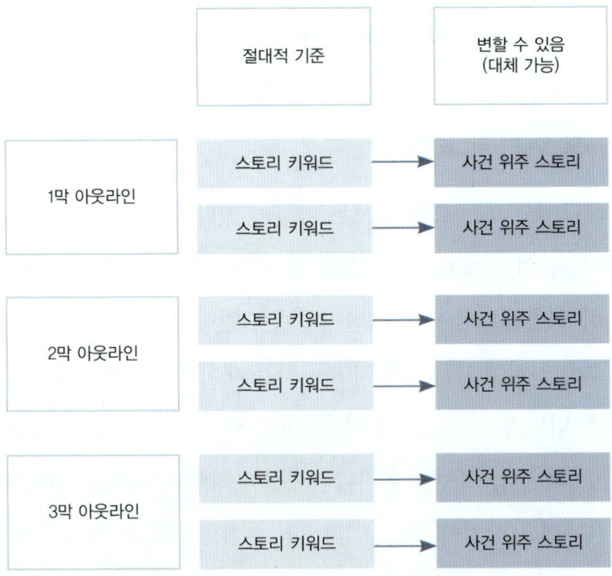

지금까지 설명한 기획의 원리는 MMORPG의 퀘스트 작업에도 유용하다. 스토리 키워드를 바탕으로 퀘스트 작업을 분배하면 작업자가 다수일지라도 스토리의 일관성을 유지할 수 있다. 스토리 키워드의 합의만 제대로 이루어지면 생각보다 원활한 작업이 가능하다. 이때 중요한 원칙은 결과물이 스토리 키워드에만 충실하다면 개별 퀘스트에 대한 작업자들의 창작의 자유를 보장하는 것이다. 실제로 우리가 '미드'라 부르는 미국 드라마 역시 이와 같은 작업 방식으로 만들어진다. 리더인 쇼러너Showrunner가 방향성을 정하고 에피소드별 작가가 배정되는 식이다.

일반 몬스터와 보스 몬스터는 그 쓰임이 달라서 기획 의도의 차이가 존재한다. 일반 몬스터는 사실상 환경 오브젝트에 가까워서 배치되는 지역에 등장할 법한 콘셉트를 가지고 있어야 한다. 사막에서는 전갈, 설원에서는 설인 같은 몬스터가 등장하면 자주 보더라도 어색하지 않다. 반면 보스 몬스터라면 콘셉트와 전투 메커니즘이 중요하다. 공간 콘셉트와 어울리는 것도 중요하지만, 가장

우선해야 하는 건 전투의 '플레이 경험'이다. 이처럼 작업하기에 앞서 방향성이 무엇인지 생각하는 것만으로도 기획적 사고가 습관화된다.

2) 존재하지 않는 한국형 게임 시나리오

간혹 '한국형 게임 시나리오'라는 표현을 쓰는 이들이 있다. 주로 온라인 게임을 예시로 들며 해외의 알려진 게임과 비교했을 때 국내 게임 시나리오의 수준이 낮다고 말한다. 하지만 애초에 비교 대상이 잘못되었다. RPG로 분류되는 게임도 싱글인지 온라인인지에 따라 게임이 추구하는 재미와 시나리오의 비중도 다르다. 이는 기획 의도가 다르다는 뜻이며, 게임 시나리오 작업의 방법론 역시 달라져야 한다는 의미다. 그동안 우리나라에선 온라인 게임을 만들다 보니 이에 맞는 게임 시나리오 작업을 해왔을 뿐이다. 수집형 RPG인 〈디스라이트〉의 스토리텔링의 방법론은 국내에서 만든 수집형 RPG와 크게 다르지 않다. 결국 한국형 게임 시나리오는 처음부터 존재하지 않았다. 국내에서 만든 게임의 시나리오 완성도를 낮게 평가할 수는 있지만, 그 원인을 '한국'에서 찾는 건 편협한 사고다. 게임 시나리오 기획의 개념을 제대로 이해하지 못한 누군가에 의해 확대 생산된 측면이 있다. 최근 국내에서 만들어지는 싱글 플레이 게임의 시나리오 완성도는 절대 낮지 않다.

몰입을 이끄는
세계관 설계의 비밀

게임 시나리오를 이야기할 때 가장 먼저 떠오르는 것 중 하나가 바로 세계관일 것이다. 세계관이라는 개념은 게임에서만 사용되는 것이 아님에도 유독 게임이라는 매체에서 중요해 보이는 이유는 게임 자체의 특성과 연관이 있다.

영화나 드라마의 세계관은 상당 부분 현실에 기반을 둔다. 과거를 배경으로 하더라도 그 시대의 실제 모습을 재현해서 촬영한다. SF나 판타지에서는 CG를 사용하지만, 기본적으로 우리가 보고 경험하는 세계의 재현이다. 즉, 지금까지 많이 봐왔던 세계와 크게 다르지 않다. 그러나 게임의 경우 모든 것을 새롭게 만들어야 한다. 그렇다 보니 다른 매체에 비해서 세계관의 중요도가 높은 것이 당연하다. 소설이나 영화에서 세계관이 특히 중요한 장르가 SF와 판타지인 이유도 이와 같다.

모든 스토리에는 세계관이 존재한다. 우리가 흔하게 접하는 현대물은 세계관이 없는 것이 아니라 세계관의 특별함이 없는 것이다. 현대물이라도 초능력을 사용하는 사람이 있다는 설정이 더해지면 완전히 다른 세계관을 가진 현대물이 된다. 그 세계는 우리가 살아가는 세계와는 다른, 초능력을 사용하는 사람이 존재하는 특별한 세계인 것이다. 쉽게 말해 공간적 배경이 다르다.

세계관이라고 했을 때 가장 먼저 떠오르는 작품 중 하나가 J. R. R. 톨킨[J.R.R. Tolkien] 원작의 『반지의 제왕』일 것이다. 이 소설은 우리가 알고 있는 RPG 세계의 전형을 보여준다. 영화로도 제작되어 큰 인기를 끈 이 소설의 매력은 작가가 창조해낸 독특한 세계관이라 할 수 있다. 무엇보다 여러 종족의 특성이 정립되면서 출간 이후 판타지 장르에 큰 영향을 끼쳤다. 오크가 처음 등장한 것도 『반지의 제왕』이다. 언어학자였던 톨킨은 엘프들이 사용하는 언어까지 직접 만들었을 정도였다. 중세 판타지 장르가 인기 있는 이유에서 세계관이 차지하는 비중은 결코 무시할 수 없다. 다양한 종족, 그들이 사용하는 마법, 예언, 저주, 특별한 무기 그리고 판타지라는 장르적 특성상 그 어떤 새로운 것을 만들더라도 허용된다. 누구나 이와 같은 특별한 세계의 주인공이 되는 것을 꿈꿔봤을 것이다. 이런 세계를 구성하는 것이 바로 세계관 작업이다. 즉 '경험하고 싶은 세계'를 창조해내는 작업이다.

세계관이 중요하다는 사실은 누구도 부정하지 않으리라 생각한다. 안타까운 점은 세계관에 대해 잘못된 인식을 가진 사람이 많다는 것이다. 그래서 '태초에 신이 있었다. 어쩌고저쩌고…'와 같은 거창한 세계관으로 시작하곤 한다. 물론 세계관은 거창해도 된다. 그렇지만 게임 세계에서 제 역할을 하지 못하는 세계관이라면 무의미하다. 세계를 창조한 신이 있다면 그 신은 게임 세계에 영향을 미쳐야 한다. 최소한 텍스트로라도 언급되어야 한다. 실제로 많은 게임이 홈페이지에서나 존재하는 세계관을 가진다. 이는 세계관 스토리텔링에 실패했거나 게임과는 상관없는 세계관을 작업한 경우다. 당연히 둘 다 문제가 된다.

세계관은 '게임에서 실제로 존재하는 것'이어야 한다. 보여주기식의 창세기 신화에 가까운 세계관 작업은 피해야 한다. 신이 무엇을 창조하든 중요하지 않다. 그것이 게임 내에서 어떤 의미를 지니느냐가 중요하다. 시나리오 작가 외에는 아무도 모르는 창세기 신화를 작업하느라 귀중한 시간을 허비하지 말자. 게임 속 세계의 낮과 밤이 어떻게 생겨났는지가 뭐가 중요한가? 아마 밤낮의 개념이 시스템적으로 존재하지 않을 확률이 99%다.

3.1 세계관의 이해

3.1.1 세계관의 개념

세계관은 스토리의 시간적, 공간적, 사상적 배경을 말한다. 그 세계에서만 통용되는 법칙이나 규칙 같은 것이다. 게임 세계가 어떤지를 알려주는 일종의 선언이라고도 할 수 있다.

게임 시나리오 작업을 집짓기에 비유하자면 세계관은 기초 공사에 해당한다. 제대로 구축한다면 탄탄한 스토리를 만들 수 있고 콘텐츠 확장도 쉬워진다. 반면 세계관이 허술하면 계속해서 문제가 생길 가능성이 높다.

현재를 게임 세계라고 가정한다면 법만큼 강력한 규칙은 없을 것이다. 미국은 주마다 법이 다른데, 같은 국가지만 세계관은 다르다고 볼 수 있다. 실제로는 법을 어기면 그에 따른 처벌을 받기 때문에 다들 법을 지키려고 한다. 법 자체가 세계관의 일부라 할 수 있다. 다른 예로 지구엔 중력과 산소가 있지만, 우주엔 중력과 산소가 존재하지 않는다. 우리는 어디에 있더라도 산소와 중력의 영향을 받는다. 우리가 속한 세계는 원래 이런 곳이어서 예외가 있을 수 없다. 요약하자면 **세계관은 스토리 내에서 절대 벗어날 수 없는 틀**이기 때문에 스토리의 가이드라인이자 기준이 된다. 이 틀에서 벗어나는 스토리가 등장하면 그 자체로 자기부정이 된다. 즉, 세계관의 일관성이 떨어진다.

그러나 생각보다 많은 게임이 이런 자살골을 넣고 있다. 확장성을 고려하지 않은 세계관으로 시작할 경우 콘텐츠가 업데이트될수록 한계에 부딪힌다. 이런 상황에서 스토리를 억지로 추가하다 보면 기존 세계관과 충돌하게 된다. 특히 이직이 잦은 게임 업계의 특성상 작업 담당자가 바뀌는 경우가 많은데, 그 과정에서 기존 세계관이나 스토리를 충분히 숙지하지 못한 채 작업하면 문제가 생긴다. 한편으로는 작가라는 성향상 다른 이의 작업물에 대해서는 비판적일 확률이 높고 창작 욕구도 충만할 가능성이 크다. 그래서 새로운 것을 많이 추가하곤 하는데, 이 과정에서 세계관이 붕괴하기도 한다. 그 순간부터 스토리와 게임에 대한 몰입도가 현저히 떨어지는 것은 당연하다.

1) 세계관에서의 시간적, 공간적, 사상적 배경의 의미

세계관의 시간적, 공간적, 사상적 배경에 대해서 구체적으로 설명하겠다.

시간적 배경

시간적 배경은 스토리상의 사건 순서나 사건이 일어난 시점에 대한 것이다. 시간적 배경이라고 하면 '중세 시대'와 같은 구분이다. 그러나 중세는 그 자체로 공간의 개념을 포함하고 있다. 세계관의 시간적 배경에서 의미가 있는 건 '왜 하필 그 시점에 스토리가 진행되어야 하느냐'이다. 의미 있는 사건이 일어난 시간적 순서가 중요하다. RPG의 가장 흔한 스토리인 '마왕이 세계를 파멸시키려하고, 용자인 주인공이 이를 저지한다'는 내용으로 앞에서 이야기한 개념을 살펴보겠다. 이 스토리를 시간 순서대로 정리하면 다음과 같다.

- 첫 번째 사건: 마왕을 봉인하던 결계가 파괴된다.
- 두 번째 사건: 세계를 파멸시키려는 마왕이 용자가 살고 있는 왕국을 습격한다.
- 세 번째 사건: 용자인 주인공이 마왕을 처치해서 세계를 구한다.

주인공이 속한 세계의 스토리는 이미 정해져 있다고 보면 된다. 플레이어는 특정한 어느 시점부터 세계에 관여하게 되는데, 그때부터가 본격적인 스토리의 시작이다. 앞의 내용으로 살펴보면 흐름상 '첫 번째 사건' 이후가 적합하다. 마왕의 봉인이 풀린 후에 본격적인 스토리가 펼쳐진다는 점에서 마왕의 부활은 의미 있는 사건에 해당한다.

첫 번째 사건 이전에 스토리를 시작할 수도 있다. 용자가 실수로 마왕을 봉인하던 결계를 파괴했다고 설정한다면 더 극적인 스토리가 될 수 있다. 이때의 선택은 스토리를 구상하는 작가의 몫이다. 어느 사건 이후부터 스토리가 진행되는 것이 가장 재미있을지만 생각하면 된다.

다시 설명하자면, 게임에서의 시간적 배경은 '플레이어가 경험할 수 없는 과거의 스토리'와 '경험할 수 있는 현재의 스토리'로 구분된다고 볼 수 있다. 우리가 흔히 말하는 세계관은 과거의 스토리이며, 그 세계의 '역사'다. 이때 기준이 되는 건 주인공의 등장 시점이다. 주인공 등장 이전은 과거의 스토리, 등장 이후는 현재의 스토리가 된다. 과거의 스토리(세계관)는 어차피 게임에 등장하지 않기 때문에 조금 거창해도 된다. '태초에 신이 있었다'와 같은 것도 상관없다. 다만 그 신이 게임 세계에 영향을 끼치지 못한다면 등장시킬 이유가 없다.

공간적 배경

공간적 배경은 게임 세계를 구성하는 공간에 대한 것이다. 공간적 배경의 범위는 매우 넓은데, 우리가 게임에서 볼 수 있는 배경과 오브젝트의 대부분이 공간적 배경에 해당한다. 그 공간의 지형이나 구성 그리고 시대에 따라 플레이어의 경험은 달라진다. 시대라는 단어 때문에 시간적 배경이라고 생각할 수도 있겠다. 하지만 게임에서는 시대에 대한 구분을 일반적인 개념으로 생각해서는 안 된다. 중세라도 다 같은 중세가 아니며, 현대라도 다 같은 현대가 아니다. 그 게임만의 특별한 중세이고 특별한 현대다. 게임 플레이가 벌어지는 공간은 그 게임만의 특별한 세계가 된다.

공간적 배경은 플레이 경험을 결정하는 중요한 요소다. 동일한 판타지라도 사용하는 기계가 어느 수준으로 발달했는지에 따른 차이가 크다. 하지만 스토리 자체는 공간의 영향을 크게 받지 않는다. 앞서 예를 든 '마왕이 세계를 파멸시키려 하고, 용자인 주인공이 이를 저지한다'는 스토리를 다시 한번 살펴보자. 우리가 잘 아는 〈스타워즈〉 시리즈와 크게 다르지 않다는 것을 알 수 있다. 검

대신 광선검을 사용하고, 드래곤이 아닌 전투기가 등장할 뿐이다. 물론 공간적 배경에 따라서 가능한 스토리와 불가능한 스토리가 존재할 수는 있다.

무기 역시 공간에 따라 결정된다. 〈스타워즈〉 시리즈를 예로 든다면 광선검은 SF에 맞지 않는 설정일 수 있다. 일반적인 상식으로 볼 때 총과 검을 무기로 해서 싸운다면 당연히 총이 이긴다. 하지만 〈스타워즈〉에서는 무협 세계에나 등장할 법한 '포스'라는 개념이 있다. 무협에서 말하는 '기'와 같은 것인데 포스를 다룰 수 있는 자만이 광선검을 제대로 사용할 수 있다. 〈스타워즈〉 세계에만 존재하는 설정이지만 스토리로 자연스럽게 전달했기에 누구도 어색하게 받아들이지 않는다. 무협에 더 가까운 '포스'와 '광선검'은 〈스타워즈〉 시리즈의 상징이 되었다. 이렇듯 공간적 배경은 게임 스토리의 무대가 되는 세계에 대한 설정이다.

그림 3-1 〈스타워즈〉 시리즈의 상징인 광선검

사상적 배경

사상적 배경은 그 세계 사람들이 어떤 생각을 하고 있느냐에 대한 것으로 가치관을 말한다. 조선 시대에 태어난 사람이라면 모든 사람이 평등하다는 생각 자체를 못 할 가능성이 크다. 신분에 따라 사람이 나뉘는 것이 당연한 시대였다. 사상적 배경은 그 세계에 통용되는 사고방식에 대한 것이다. 세계관이라는 용어 자체도 사상적 배경과 연관성이 높다.

RPG에선 아주 흔한 마왕 스토리로 사상적 배경의 예를 들어보겠다. 이런 세계라면 '용자가 마왕을 물리치고 세계를 구한다'라는 예언이 존재할 수 있다. 사람들은 자신을 구원해줄 '용자'에 대한 절대적 믿음을 가지고 있을 것이다. 이를 활용한다면 용자를 사칭하는 가짜에 대한 스토리 전개도 가능하다.

사람들의 가치관이 반영된 법률 역시 대표적인 사상적 배경의 하나다. 법과 유사한 관습법은 게임 스토리에 활용하기 좋은 도구다. 관습법은 제도화되지 않았더라도 그 세계에 통용되는 법칙을 말한다. 계약 혹은 약속의 의미가 절대적인 세계가 있다고 하자. 이런 경우에 계약을 어기는 것은 그 세계관에서는 허용되지 않으므로 계약을 파기하기 위한 방법으로 계약의 주체를 없애려 하는 등의 스토리를 전개할 수 있다.

2) 게임에 실재하는 세계관

게임 시나리오 작가를 희망하는 사람이라면 세계관 작업에 대한 로망이 있을 것이다. 게임의 세계를 창조한다는 것은 그 자체로 매력적이다. 스스로가 창조자가 되는 일은 게임 시나리오 작업 중에서도 가장 재미있는 작업일 수 있다. 덕분에 게임 시나리오 작가 지망생의 포트폴리오에는 세계관이 빠지지 않는다.

세계관은 실제로도 굉장히 중요해서 게임을 만들 때 가장 먼저 공을 들여 작업한다. 하지만 국내의 많은 게임이 빈약한 세계관을 문제점으로 지적받는다. 이는 세계관에 대한 잘못된 인식으로 인한 결과다. 많은 사람이 세계관을 '그 세계의 창조신이 등장하는 거창한 설정'이라고 착각한다. 창조신이 있었다면 역할이 있어야 하고 게임의 세계에도 영향을 미쳐야 한다. 그렇지 않으면 세계관에 창조신이 등장할 필요는 없다. 문서상에 정말 세세한 것까지 설정되어 있지만 실제 게임에서는 찾아보기 어렵다. 특히 연대기에 지나치게 집착하는 경향도 있다.

'개인 간의 분쟁이 발생하면 결투로 시비를 가리며, 공인된 결투에서의 인명 사고는 책임을 묻지 않는다'와 같은 법이나 관습법이 있는 세계가 있다고 하자. 이런 경우 이 법이 스토리나 게임의 시스템으로 등장해야만 세계관 작업을 한 의미가 있다.

언어에 대한 설정도 고민 없이 작업하는 경우가 많다. 설정에는 다른 언어를 사용한다고 되어 있지만 실제 게임에선 말이 다 통한다. 정말 언어가 중요하다면 〈월드 오브 워크래프트〉의 얼라이언스와 호드 두 세력처럼 서로 말이 통하지 않는 시스템으로 보여주어야 한다. 〈월드 오브 워크래프트〉 세계관의 핵심은 '대립하는 두 세력'이다. 두 세력의 갈등 유발을 위해 PvP[1] 시스템이 존재하며, 실제 두 세력 간의 채팅이 불가능하도록 했다. 이 시스템은 게임에 매우 큰 영향을 미쳤다. 만약 채팅이 가능했다면 PvP의 발생 빈도는 현저히 줄었을 것이다. 대화가 불가능한 존재이기 때문에 서로에게 적대심을 가질 수 있었고, 상대 세력의 플레이어에 대해서도 몬스터에 가깝게 인식할 수 있었다. 이렇듯 **세계관은 게임의 시스템으로 존재할 때 의미가 있다.**

3.1.2 세계관 기획

어떤 세계관을 만들어야 할지에 대한 답은 아주 명확하다. '경험하고 싶은 세계'를 만들면 된다. 중세 판타지를 세계관으로 하는 RPG가 계속 만들어지는 이유는 중세가 그만큼 매력적이기 때문이다. 검과 마법의 세계로 불리는 중세 판타지는 모험이라는 RPG의 오랜 로망과도 잘 연결된다. 경험하고 싶은 세계라는 키워드는 웹소설의 문법과 유사한 측면이 있다. 웹소설 원작에 웹툰과 게임으로도 만들어진 〈나 혼자만 레벨업〉은 독자에게 '최고가 되는 경험'을 제공

---

1 PvP는 Player VS Player의 줄임말로 플레이어 간의 대결에 관한 콘텐츠를 뜻한다. PvP 시스템은 이것에 관한 시스템을 의미한다.

한다. 회기물의 강력함은 여기에서 나온다고 할 수 있는데, 게임의 형태는 아니지만 일종의 역할 놀이다. **'플레이어에게 어떤 경험을 하게 할 것인가?'라는 질문에 답하는 것이 세계관 기획**이다. 이 질문에 답하는 것이 세계관 기획의 기본적인 방향성이라 할 수 있다.

경험하고 싶은 세계를 만들되, 익숙하지만 새로움이 느껴져야 한다. 익숙하다는 건 특정 세계관이 가진 특징적인 키워드를 공유한다는 의미다. 그래서 같은 세계관에는 공통점이 존재한다. 이런 공통점이 있기에 보다 원활한 게임 제작이 가능하다. 중세 판타지 세계관에 등장하는 오크라는 종족에 대해선 누구나 알고 있으므로 커뮤니케이션의 오류가 적다. 반면 새로운 세계관의 새로운 종족이라면 각자의 생각이 다를 수 있다. 익숙한 세계관으로 게임을 만들면 그만큼 개발 기간을 줄일 수 있다는 장점이 있다.

중세	무협	SF	스팀펑크
• 검과 마법 • 드래곤 • 던전 • 필드 • 다양한 종족 • 다양한 몬스터	• 정사파 • 기연 • 협행 • 무공(비급) • 신수 • 기물	• 우주 • 외계 문명(공간) • 외계 생명체 • 진보된 과학기술 • 탈것	• 빅토리아시대 　(19세기 영국) • 증기기관 • 기계공학 • 전기공학 • 로봇 • 비행선

하지만 그 안에서도 반드시 차별성이 존재하는데, 이런 차별성이 같은 세계관이 반복되어도 괜찮은 이유다. 최근 인기 장르인 서브컬처 게임에서의 익숙함은 미소녀다. 여기에 새로운 요소가 추가되는 식으로 세계관이 만들어진다. 판타지, 메카닉, 밀리터리와 같은 요소들이 결합한다. 1996년에 발매된 〈사쿠라 대전〉은 미소녀와 메카닉의 조합이었는데, 지금 기준으론 서브컬처 게임이라 할 수 있다. 당시에도 미소녀 게임은 존재했지만, 메카닉이 결합한 경우는 흔치 않았기에 큰 인기를 끌 수 있었다. 이처럼 세계관의 특별함은 익숙함에 어떤 새로움을 더하는가에 따라 결정된다.

게임 개발 초기부터 세계관을 만들어갈 수 있다면 다행이지만, 현실적으로 많은 것이 결정된 상태에서 세계관 제작에 참여할 확률이 높다. 배경과 몬스터는 물론 캐릭터까지 이미 만들어져 있는 경우도 있다. 어쩔 수 없이 끼워 맞추기식의 작업을 해야만 한다. 이런 제약은 그 자체로 작업의 방향성이 되므로 작업이 생각보다 쉬워지기도 한다.

일단 게임이 추구하는 방향성과 이미 만들었거나 만들기로 한 시스템과 리소스를 파악한다. 그 내용을 바탕으로 세계관에 반드시 포함되어야 할 내용을 키워드로 정리한 후 세계관을 기획한다. 기획한 내용을 구체화하는 걸 설계라고 하는데, 세계관 역시 '설계한다'는 표현을 쓰기도 한다. 그만큼 복잡하고 신경 써야 할 것이 많다는 의미다. **세계관에서 무엇보다 중요한 건 일관성 유지이기** 때문에 시간적, 공간적, 사상적 배경이 어우러져 하나의 세계로 느껴질 수 있어야 한다. 특히 이미 만들어진 리소스나 필요에 의해 기획된 게임 시스템이 뜬금없이 등장한다는 느낌이 들지 않도록 세계관에 잘 녹여내는 요령이 필요하다. 게임 시나리오 작가의 역량을 평가하는 여러 기준 중 하나는 끼워 맞추는 대응을 잘하는 것도 포함된다. 좋게 말하면 유연한 사고다.

온라인 게임의 시나리오 작업이 어려운 이유는 업데이트 과정에서 세계관이 확장된다는 점이다. 그 과정에서 기존 설정에 오류가 생기면서 일관성이 파괴된다. 작업자가 수시로 바뀌는 것도 세계관이 붕괴되는 이유 중 하나다. 세계관의 중요 키워드를 정리해두고 업데이트가 필요할 때마다 확인하는 습관을 기르면 도움이 된다.

3.1.3 세계관 설정 양식

세계관 설정 양식이란 게임의 세계관을 구성할 때 필요한 기본적인 항목이다. 즉, 하나의 세계를 구성하는 데 필요한 요소다. 그렇다고 정답은 아니므로 필요에 따라 삭제하거나 늘리는 식으로 작업하면 된다. 해야 할 일이 많기 때문에 생각보다 지루한 작업이 될 수 있다. 세력, 종족, 지역처럼 병렬적으로 늘어나는 설정이 다수 존재한다.

1) 시대

중세, 현대, 미래와 같은 시간적 배경과 유럽, 아시아 같은 공간적 배경을 뜻한다. 시간적 배경과 공간적 배경 모두를 포함하는 개념으로 세계관 설정의 가장 기본적인 항목이다. '중세 판타지'나 '스팀펑크'[2]와 같은 시대 설정만으로도 세계관의 상당 부분을 설명할 수 있다.

'고대 신라'라고 하면 시간적 배경은 명백하다. 그러나 공간적 배경은 조금씩 차이가 있을 수 있다. 신라라고 해서 다 같은 신라가 아니다. 만약 인간과 귀신이 공존하는 신라를 배경으로 한다면 우리가 아는 신라와는 다른 공간이 된다. 이러한 특별한 공간 설정이 있다면 설명을 더하면 된다. 그래서 '인간과 귀신이 공존하는 고대 신라'로 간단하게 설정할 수 있다. 시대는 세계관 설정의 시작점이 되므로 예시처럼 짧고 명확하게 설명될수록 좋다.

2) 역사

과거의 스토리라고 할 수 있지만, 평범한 일상이 아닌 의미 있는 사건을 말한다. 조선왕조실록의 기록 양은 방대하지만, 우리가 알고 있는 사실이 일부에 불과한 이유는 의미 있는 사건만이 역사로 기록되었기 때문이다. 왕이 아침에 무엇을 먹었는지는 일상에 지나지 않지만, 아침을 먹고 왕이 죽었다면 의미 있는 사건이 된다. 조선 영조의 형인 경종은 저녁에 게장과 생감을 먹고 갑작스런

---

2 SF 장르이면서 대체 역사물의 하위 장르라 할 수 있다. 증기기관과 같은 고전적인 기계장치를 사용하면서도 기술력 자체는 높은 점이 핵심이다. '과거의 배경'과 '높은 기술력'의 만남이다. 특유의 비주얼이 주는 매력이 있다.

죽음을 맞이하는데, 이 사건은 영조의 독살설과 연관되어 많은 논란을 불러일으켰다. 역사는 게임의 스토리가 시작되기 이전에 일어난 사건을 의미하기에 세계관이라 생각해도 문제될 것은 없다.

3) 과학 수준

과학 수준을 어느 정도로 설정할 것인지도 중요하다. 시대 구분도 어떻게 보면 과학 수준의 차이에 근거한다고 할 수 있다. 인류의 역사를 살펴본다면 같은 100년이라도 석기시대의 100년과 1900년에서 2000년 사이의 100년은 완전히 다르다. 과학 수준과 기계의 존재 여부, 그 기계가 어느 정도 수준인지에 대한 설정은 게임 전반에 영향을 미친다.

특히 아트와 직접적인 연관성이 있으므로 내부적인 방향성이 이미 정해져 있을 수 있다. 그렇기에 본격적인 작업에 앞서 과학이 어느 정도 발달했는지는 명확하게 협의할 필요가 있다. 시간이 지날수록 이 부분에 대한 기준이 희석될 수 있기에 수시로 확인하면서 아트 작업자들이 세계관에 충실할 수 있도록 한다.

4) 무기 수준

과학 수준과 마찬가지로 사전에 기준을 정해야 한다. 어떤 무기를 사용하느냐는 과학 수준의 영향을 받는 편인데, 총기류 사용 여부는 설정적으로 중요한 요소다. 검과 같은 근접 무기보다는 원거리 무기가 우위에 있다고 생각하는 것이 일반적이다. 총을 사용할 수 있음에도 검을 사용하는 것은 자살 행위다. 그러나 게임과 같은 콘텐츠에선 허용될 수 있는데, 〈스타워즈〉가 대표적인 예다.

SF라면 검과 같은 근거리 무기를 사용해야 하는 이유에 대한 설정이 필요하다. 모두가 방탄복을 입기 때문에 총의 효용성이 낮다는 설정은 어떨까? 아니면 중요 캐릭터들이 신체적으로 월등하기에 일반적인 총으로는 피해를 줄 수 없다고 해도 된다. 정답은 없으며 어색한 부분이 있다면 그것을 설정으로 풀어내면 된다.

캐릭터가 어떤 무기를 사용하느냐의 문제는 그 자체로 플레이어의 경험과 직결된다. 무기에 따라 캐릭터와 몬스터의 전투 패턴이 결정되기 때문이다. 〈블레이드 앤 소울〉의 경우 총을 쏘는 '격사'라는 클래스가 있다. 인간형 몬스터로 일부 등장하다가 출시하고 한참 후에 정식 클래스로 합류했다. 아무래도 총을 쏘는 공격이 액션이 크지 않고, 클래스에서 요구되는 수준의 전투 메커니즘을 만들기가 쉽지 않기 때문이다. 어찌되었건 〈블레이드 앤 소울〉 자체가 정통 무협을 추구하는 세계관이 아니었기에 '격사'가 등장할 수 있었다.

5) 탈것 수준

탈것은 과학 수준과 유사한 맥락이지만 약간 다르다. 과학 수준이 높아도 동물을 탈 수 있으며, 원시시대라 해도 자동차와 유사한 무언가를 타고 다닐 수 있다. 세계관에 부합하는 범위 내에서 상상력을 발휘하면 된다. MMORPG 중에는 탈것의 중요성이 높은 게임도 존재하기 때문에 세계관을 설정할 때 어느 정도 생각해두는 게 좋다. 탈것의 경우 구현 이슈가 있으므로 사전에 작업자와 조율해서 어떤 유형이 실제로 제작 가능한지 정도는 파악해두기를 권한다. 게임 내에 탈것이 없는데 굳이 작업할 필요는 없다.

6) 정치체제

정치의 개념은 유한한 자원을 둘러싸고 벌이는 권력 싸움이라고 이해하면 된다. '권력을 누가 가지고 있는가?', '권력을 행사하기 위한 제도는 무엇인가?' 정도로 파악하자. 복잡하게 생각할 필요는 없다. 왕이 있는데 권력이 강하다면 중앙집권체제가 된다. 왕이 있더라도 권력이 약하다면 지방분권체제가 된다. 이런 경우 권력의 일정 부분은 지방 귀족들이 가지고 있는 셈이다. 스토리와 연관시킨다면 왕권이 강한 상태에서의 국왕 암살은 국가 전체에 큰 혼란을 일으킬 수 있는 중요한 사건이 된다. 그러나 왕권이 약하다면 왕의 암살은 스토리에 큰 영향을 끼치지 않는다.

7) 사회체제

용어적으로 '사회'의 범위는 엄청나게 넓다. 그렇지만 세계관 작업에서는 게임 내 구성원의 문화와 사고방식만 설정해도 충분하다. '문화' 역시 사회와 마찬가지로 개념을 이해하는 것만으로도 벅차다. 이때 그 세계 구성원의 사고방식으로 접근하면 이해가 쉽다. 문화라는 것도 결국 '구성원이 어떤 생각을 하는가?'에서 시작된다. 보편성을 추구하는 법일지라도 지역마다 다른 모습을 보이는 이유는 지역별 가치관의 차이 때문이다. 그들이 해마다 어떤 축제를 한다면 그 이유가 분명 있을 것이다. 이런 것들을 설정하면 된다.

이때 넓은 의미에서 다른 세력과의 관계도 포함된다. 다른 국가에 대해 적대적이거나 우호적일 수 있는데, 이 역시 사고방식이자 가치관에서 비롯된다. 주변 세력과의 관계는 갈등과 연결된다는 점에서 설정적으로 중요하다.

8) 경제체제

경제체제는 사회체제에 포함되는 개념이지만 따로 구분하는 것이 좋다. 가장 먼저 생각해야 할 것은 '개인의 재산을 인정하는가?' 여부다. 개인의 재산 인정 여부는 우리가 잘 알고 있는 자본주의 경제체제와 사회주의 경제체제를 구분하는 기준이라고 보면 된다. 간단하게 다음과 같이 정리할 수 있다.

자본주의	개인의 재산을 인정함
사회주의	개인의 재산을 인정하지 않음, 사회 전체가 공유

경제체제라고 하면 대부분 자본주의라고 생각할 확률이 높다. 따라서 자본주의인 경우는 굳이 설명할 필요가 없다. 일반적이지 않은 사회주의일 때 상세한 설정이 필요하다. 두 체제가 섞여 있다면 그 부분에 대한 내용을 보강한다.

그다음으로 고려할 부분은 '어떤 일을 해서 돈을 버는가?'이다. 돈을 버는 방법은 '산업'으로 해석하면 된다. 우리가 흔히 1차, 2차, 3차 산업이라 부르는 것들이다.

1차 산업	직접 자연에 작용하는 산업 (농업, 임업, 축산업, 목축업 등)
2차 산업	1차 산업에서 얻은 생산물을 가공하는 산업 (제조업, 건설업, 광업 등)
3차 산업	물건과 서비스를 사고파는 산업 (상업, 숙박 및 요식업, 운송업, 통신업 등)

산업 영역은 당연히 지역 설정과 깊이 연관된다. 평야 지대가 배경이라면 그 지역에서 돈을 버는 방법은 농업이 되어야 한다. 지리적 요충지라면 상업이 발달하는 것이 맞을 것이다. 전체적인 맥락에서 이해되는 수준이면 충분하다.

9) 계급체제

계급체제는 사회체제에 포함되는 개념이기도 하다. 그렇지만 계급은 별도의 항목으로 구분해두는 편이 좋다. '갈등'은 스토리 전개에 매우 중요한 역할을 한다. 이때 계급은 그 자체로 갈등을 유발하는 요소이므로 스토리 전개를 위한 최고의 도구 중 하나다. 마르크스는 인류 역사를 계급 투쟁의 역사로 보기도 했다. 당장 한국의 역사만 살펴보더라도 계급 간 불평등으로 인해 발생한 사건이 많다. 그러나 계급이 존재하는 데도 아무런 불만이 없다면 갈등은 발생하지 않으므로 계급이 반드시 갈등으로 연결되는 것은 아니다.

10) 종족 구성

종족의 사전적인 의미는 같은 종류의 생물 전체를 가리키는 말이다. 하지만 이 설정 양식에서 말하는 종족은 게임 내에 등장하는 모든 생물을 의미하지는 않는다. 게임 내 사회를 구성하는 '인간적'인 행동과 사고를 하는 종족을 뜻한다. 여기서는 해당 국가나 세력 내의 종족 구성이 어떤지 정도만 확인할 수 있으면 충분하다. 인간 외의 종족이 등장한다면 종족 자체의 설정이 필요한데 지역 설정과 마찬가지로 별도로 설정되어 있어야 한다. 종족에 대해서는 별도로 설명하겠다.

11) 건축 양식과 의상 양식

건축 양식과 의상 양식은 동일시해도 좋다. 건축 양식이 의상 양식이며, 의상 양식이 곧 건축 양식이다. 이들 양식은 스토리보다 아트의 방향성에 큰 영향을 끼친다. 건축 양식은 단순히 건물이 어떤 형태인가에 대한 내용이 아니다. 그 지역의 기후와 지형에 잘 맞는 건물인지 아닌지가 더 중요하다. 사막 기후라면 일반적으로 아랍풍의 건축 양식을 가지고 있어야 한다. 그 지역에 등장하는 캐릭터라면 의상도 아랍풍이 되어야 한다. 사막 기후에 아랍풍의 건물이 등장하는 것이 식상하면 다른 시도를 할 수도 있지만 일반적인 상식에서 벗어나서는 안 된다. 어찌 되었건 사막 기후에 존재할 법한 외형이어야 한다.

건축 양식과 의상 양식처럼 아트와 직접 연관된 설정에서 중요한 것은 절대적인 방향성이 먼저 제시되어야 한다는 점이다. '절대적인 방향성'이란 '변하지 않는다'는 뜻이다. 아트 작업은 디자이너에 따라 해석이 크게 달라지므로 관련 설정에서도 그 부분을 고려해야 한다. '중세 유럽풍'이라는 설정만 있어도 어느 정도의 목적은 달성한 것이다.

12) 언어

게임 내에서 의미가 있는 경우에만 이름을 붙이면 된다. 간혹 형식적으로 국가별 언어에 이름을 짓기도 하는데, 이는 아무런 의미가 없다. 실제 게임에서 언어 자체가 큰 의미를 가지는 경우는 드물다. 이미 이야기했듯 〈월드 오브 워크래프트〉는 대립 관계인 두 세력의 설정을 드러내기 위해 세력 간 PvP를 주요 콘텐츠로 만들었다. 두 세력의 언어가 통하지 않는다는 설정을 바탕으로 실제 게임 내에서 채팅이 불가능하게 함으로써 효과적인 스토리텔링을 이루어냈다. 이처럼 시스템적으로나 스토리적으로 의미가 있다면 고민하되 아니면 넘어가면 된다.

지금까지 살펴본 12가지 세계관 설정 양식 외에도 세계관에서 필요한 설정이 있다면 보강한다.

3.2 세계관 상세 설정 - 지역

3.2.1 지역 설정

지역 설정은 세계관의 공간적 배경에 해당한다. 따로 설명하는 이유는 게임 제작에 큰 영향을 끼치고 고려해야 할 부분이 많은 작업이기 때문이다.

게임 개발 과정에서는 크게 캐릭터와 배경에 리소스를 쓴다. 배경은 모두 지역 설정을 바탕으로 제작된다. 앞서 설명한 의상 양식과 건축 양식도 지역 설정에 영향을 받는다. 지역은 배경 콘셉트의 방향을 결정하기도 하며, 지역 설정에 따라 몬스터 콘셉트도 결정된다. 사막 지역이라면 전갈과 같은 몬스터가 등장할 것이고, 빙하 지역이라면 설인과 같은 몬스터가 등장할 것이다. 전투가 기본인 RPG에서 새로운 몬스터는 그 자체로 대단한 콘텐츠다. 그렇지만 현실적으로 몬스터를 무한대로 제작할 수는 없다. 이때 선택하는 방법이 몬스터의 기본형을 다양한 색상으로 베리에이션해 여러 지역에 사용하는 것이다. 몬스터의 색상을 결정하는 건 배경이다. 지역 설정할 때부터 만들어지는 배경과 그곳에 등장하는 몬스터는 가능하면 색상과 콘셉트가 겹치지 않도록 신경 써야 한다. 이런 구성 자체가 스토리텔링에 미치는 영향은 결코 작지 않다. 아마 이 부분은 배경 아티스트나 레벨 디자이너도 알고 있을 것이기에 확인만 해도 큰 문제는 없을 것이다.

그림 3-2 〈블레이드 앤 소울〉의 다양한 지역

지역 설정이 중요한 또 다른 이유는 지역의 스토리를 통해서 세계관을 보여줄 수 있기 때문이다. 메인 스토리는 주인공 중심으로 전개되다 보니, 거쳐 가는 지역에서 어떤 일이 벌어지고 있는지를 완전하게 보여주기는 어렵다. 그래서 지역 자체의 다양한 스토리를 통해 해당 지역을 더 자세하게 알려줄 필요가 있다. 만약 약초꾼이 모여 사는 마을이 있다면 그 지역의 대표 구성원인 약초꾼의 생각이나 삶을 보여줄 수 있는 스토리가 반드시 있어야 한다. 그 지역의 정체성을 보여줄 수 있는, 그 지역에서만 존재하는 내용이어야 한다.

지역을 설정할 때 어려운 점은 메인 스토리와 지역 스토리를 연결하는 일이다. 메인 스토리에서 굳이 해당 지역을 지나가야 할 이유가 없을 수도 있다. 그래서 지역 스토리 자체에 메인 스토리와 접점을 가질 수 있는 설정이나 장치 혹은 캐릭터에 대한 고민이 필요하다. 예를 들어 주인공이 치명적인 상처를 입었을 경우 치료가 가능한 마을로 가면 자연스러워진다. 이러한 설정은 지역 자체의 콘셉트를 명확하게 함과 동시에 메인 스토리로 자연스럽게 동선을 만들어줄 수 있다. 주의할 점은 지역의 스토리는 반드시 그 지역을 대표하는 캐릭터를 중심으로 전개되어야 한다는 점이다. 상징성을 가진 캐릭터가 없다면 스토리텔링이 어려운 것은 물론이며, 그 지역을 게이머들에게 제대로 기억시키기 힘들다.

3.2.2 지역 설정 양식

다음은 지역 설정에 필요한 기본적인 항목들로, 앞서 살펴본 세계관 설정 양식과 유사한 측면이 많다.

표 3-1 지역 설정의 기본 양식

항목	설명
지역 역사	거창해 보이지만 해당 지역의 세계관이라 할 수 있다. 플레이어가 등장하기 이전 사건들이라고 보면 된다.
지역 특성	지역 자체의 특징, 지역에 관한 객관적인 사실이다. 게임 내 세계의 물리적인 위치도 포함되는데, 이는 지도상에서의 위치를 말한다.
지역 기후	기후적인 특성으로 열대, 건조, 온대, 한대 등을 들 수 있다.
지역 지형	지형적인 특성을 말하며 산악 지대, 사막 지대, 해안 지대, 암석 지대 등으로 설정할 수 있다.
지역 동식물	동식물 종류를 말한다. 전투가 가능한 동물이라면 몬스터로 분류된다.
지역 몬스터	등장하는 몬스터는 기후, 지형과 잘 어울려야 한다.
지역 캐릭터	지역을 대표할 수 있는 캐릭터가 있어야 하며 반복해서 등장해야 한다. 캐릭터로 지역을 설명할 수 있어야 한다.
지역 스토리	지역 캐릭터와 관련 있는 콘텐츠로 제작이 가능한 사건 중심의 스토리다. 스토리 자체는 지역의 특성을 잘 반영해야 한다.

3.3 세계관 상세 설정 - 종족

3.3.1 종족 설정

종족 설정이란 우리가 아는 판타지 세계관에 등장하는 인간, 엘프, 오크, 드워프, 호빗, 트롤 등의 구분을 말한다. 엘프처럼 하나의 종족이 여러 종족으로 나뉘기도 한다. 종족과 클래스는 다른 구분법이지만, 종족별로 클래스가 하나인 경우 일치하기도 한다.

종족에서 중요하게 고려할 부분은 기능적 역할이다. 외형이 인간과 달라도 '인간적인 행동'을 한다면 게임 내에서 중요한 의미가 있는 것으로 볼 수 있다. 여기서는 '인간적'이라는 개념이 중요하다. 엘프는 외형이 인간과 다르지만 행동이나 사고방식 자체는 크게 다르지 않다. 이는 우리가 인간적이라고 할 때, 그 기준이 외형만을 뜻하는 것은 아니라는 말이다. 다만 엘프는 외형에서도 인간과의 유사성이 큰 편이라 완전히 차이가 나는 예를 들어보겠다.

〈오버워치〉에 등장하는 '옴닉'은 흔히 말하는 인공지능 로봇이다. 그러나 이들은 각자의 생각을 가지고 있으며 그 세계의 인간에게 도덕적, 윤리적으로 영향을 끼친다. 이들 옴닉의 외형이 인간과 다르다고 해서 '인간적이지 않다'고 보기는 어렵다. 이들은 게임 세계에서 사건을 만들 수 있는 존재이기 때문에 의미를 가진다. 그러나 단순히 인간이 프로그래밍한 명령을 수행하는 로봇이라면 '인간적'이라고 할 수 없다. 따라서 종족을 설정할 때는 이 기준에서 시작해야 한다. 외형은 중요하지 않다. 그래서 인간의 외형이라도 몬스터로 소비되는 종족이라면 설정에 많은 시간을 할애할 필요가 없다.

3.3.2 종족 설정 양식

다음은 종족 설정 작업을 하는 데 필요한 항목들이다. 종족 설정 역시 세계관 설정의 일부이기 때문에 항목은 유사하지만 성격은 조금씩 다르다. 종족 설정은 캐릭터 설정의 기초 작업일 뿐만 아니라 세력 설정에도 영향을 미친다는 점을 염두에 두고 작업하자. 어떤 종족인지에 따라 정말 많은 것이 결정된다.

표 3-2 종족 설정 양식

항목	설명
역사	• 이 종족에게 있었던 사실을 말한다. • 종족 내부적으로나 게임의 세계 자체에 영향을 끼친 사건이 중심이 되어야 한다.
외형적 특징	• 외모적인 특징을 말한다. • 엘프를 예로 든다면 아름다운 외모에 뾰족한 귀처럼 해당 종족의 정체성을 결정할 수 있는 특징이어야 한다. 여자이지만 수염이 무성한 드워프 같은 설정을 가리킨다. 예외가 없어야 한다. • 캐릭터가 크거나 작다고 할 때의 기준은 보통 인간 성인 남자로 180센티미터이다. 만약 전투를 하는 종족이라면 너무 크거나 작으면 문제가 될 수 있다. PvP를 할 때, 게임 시스템에 따라 다르겠지만 작을수록 유리할 확률이 높다. 키도 종족의 특성을 결정하는 중요한 외형적인 특성이기 때문에 최소한의 기준은 필요하다.
능력적 특징	• 해당 종족만 가지는 능력이다. • 엘프는 일반적으로 활을 잘 쏘며 민첩하다. 시력이 좋고 지능이 높으며 마법도 잘 쓴다. 설명대로라면 장점밖에 없다. 하지만 능력적 특징은 장점만 가리키는 것은 아니다. 가능하다면 단점도 있어야 한다. 엘프의 경우 너무 이성적이어서 지나치게 신중하게 행동하려 한다는 것이 단점이 될 수 있다. • **능력을 설정할** 때는 실제 게임에서 어떻게 보여줄 것인가도 고민해야 한다. 캡콤에서 제작한 〈던전 & 드래곤〉에 등장하는 엘프는 활과 마법을 사용한다는 장점이 있지만, 성장이 제한되는 약점을 가진다. 우리가 알고 있는 엘프의 능력적 특징을 잘 반영하면서도 기존에 없던 약점을 시스템적으로 만들어냈다. 이처럼 능력적 특징은 게임 시스템 반영과 함께 생각해야 한다.
정치체제	• 세계관 설정 때와 거의 유사하지만, 권력을 가진 캐릭터들 간의 관계에 초점을 맞춘다. 종족 내 권력 관계라고 보면 된다.

항목	설명
경제체제	• 경제체제 역시 세계관 설정과 유사하지만 조금 더 간략하게 설정하면 된다. 중요한 것은 종족의 특성상 주로 어떤 일을 하는지, 어떤 일이 잘 맞는지에 대한 설정이다. • 드워프의 경우 '대장장이'라는 오랜 설정이 존재한다. 직업은 그 자체로 성격을 강하게 드러내기 때문에 많은 고민이 필요하다. 직업은 경제체제로 설정한다. 하지만 단순히 어떤 일을 주로 한다는 의미 외에도 전투를 비롯한 여러 시스템에 영향을 미칠 수 있다는 점에서 꽤 중요한 대목이다. 예를 들어 마법 상인 NPC라면 종족 특성상 마법과 관련된 종족이 되는 것이 바람직하다.
사회체제	• 앞서 사회체제가 그 세계 구성원의 가치관이라고 했다. 맥락은 같다. 종족의 사고방식으로 생각하면 된다. 그로 인해 게임 속 세계에서 나타나는 사건이나 행동, 결과물을 말한다. • 다른 종족을 대하는 태도도 여기에 포함된다. 설정하는 종족 간에는 우호적이거나 적대적인 종족이 있을 것이다. 종족 간의 관계에 따라서 다양한 스토리를 만들 수 있다.
건축 양식과 의상 양식	• 종족 특유의 건축 양식과 의상 양식이 있을 수 있다. 건축 양식과 의상 양식의 방향성은 같아야 한다. 인간이 아닌 종족의 경우 특유의 문양이나 색을 설정해서 건축이나 의상에 반복 활용하면 좋다.
게임 시스템 반영	• 종족과 관련된 게임 내 시스템을 말한다. • 가능하다면 종족이 가지고 있는 설정들을 게임의 시스템으로 연결할 수 있도록 구상한다. 플레이어가 사용할 수 있는 종족이 있다고 하자. 이들의 특성을 가장 잘 드러낼 수 있는 것은 결국 스킬이다. • 예를 들어 단순하고 힘으로 모든 걸 해결하는 종족이라면 체력이나 방어력과 같은 수치가 높아야 한다. 종족 패시브 스킬이 있다면 이것 역시 종족의 설정과 연결되어야 한다. 종족의 특성과 성격을 전투와 직접 연결하는 것은 중요하다. 백 마디의 말보다 한 번이라도 게임 시스템으로 경험하게 해주는 것이 더 의미 있다.

〈월드 오브 워크래프트〉의 세계관에서 가장 큰 축은 얼라이언스와 호드 두 세력의 대립 구도다. 그중 각 진영을 대표하는 인간과 오크 종족의 특성을 살펴보면 다음과 같다.

인간의 종족 스킬을 살펴보면 통제, 절제, 연합 등의 키워드가 떠오르며 최종적으로 '이성'으로 연결된다. 오크의 경우 본능, 공격적 등의 키워드에서 '감성'으로 정리될 수 있다. 중간 과정에서 떠오르는 느낌은 개인마다 다를 수 있어도 두 종족의 설정에서 최종적으로 연상되는 것은 누구나 비슷할 것이다. 흔히 말하는 '이성과 감성의 대결'이다. 그 자체로 설득력을 가질 수 있다는 점에서 두 진영을 대표하는 종족이 되기에 충분하다.

표 3-3 인간과 오크 종족의 특성

종족	액티브 스킬	패시브 스킬 1	패시브 스킬 2
인간	[자생력] 기절 효과를 떨쳐버릴 수 있다.	[외교] 직설적이고 솔직한 성격으로 다른 종족과 잘 어울리며 손쉽게 다른 종족의 신뢰를 얻을 수 있다.	[적응력] 적응력이 뛰어나 모든 장비와 효과에 의해 증가하는 2차 능력치가 추가로 증가한다.
오크	[피의 격노] 격노에 빠져든다. 일시적으로 전투력과 주문력이 증가한다.	[강인함] 기절에 저항력이 있어 기절 효과의 지속 시간이 감소한다.	[지배] 소환수를 잘 부리며 소환수 공격력 보너스를 받는다.

• 〈월드 오브 워크래프트〉 홈페이지 참조

영원히 기억될
캐릭터 창조법

소설의 캐릭터는 외형 묘사, 행동, 대사와 같은 요소로 구성되며, 이는 독자의 상상을 통해 구체화된다. 소설에서는 스토리가 전개되는 과정에서 캐릭터의 행동과 대사가 드러난다. 반면 연극, 드라마, 영화의 경우 배우 캐스팅이 외형을 결정하며, 배우가 행동과 대사를 연기한다. 배우 자체가 스토리텔링을 위한 도구가 되는 셈이다. 외모, 목소리, 손짓, 걸음걸이, 습관, 배우의 평소 이미지, 심지어는 그전에 했던 역할까지도 캐릭터의 몰입도에 영향을 미친다. 특히 연극에서 배우의 비중은 절대적이다. 이처럼 배우가 등장하는 매체의 캐릭터는 창작자가 캐릭터의 모든 것을 제어하는 것이 불가능하다.

반면 게임 캐릭터는 대부분의 요소가 창작자의 손에 달려 있다. 캐릭터의 부족함을 채워줄 배우와 같은 존재가 없기 때문에 캐릭터의 완성도는 순전히 작업자의 역량과 비례한다. 캐릭터 제작을 위해서는 체계적인 방법론이 필요한데, 단순히 만든다는 의미를 넘어 설계의 개념에서 접근할 필요가 있다. 그러기 위해선 '게임 캐릭터'를 알아야 한다.

캐릭터를 구성하는 요소가 무엇이냐는 질문에, 대부분의 스토리 기반 콘텐츠들은 모두 동일하다고 답할 수 있다. 하지만 게임의 캐릭터는 다르다. 외형, 행동, 대사 외에도 캐릭터와 관련된 게임 시스템까지 고려해야 한다.

게임 캐릭터의 액션이나 스킬은 그 자체로 캐릭터성을 결정한다. 일종의 아이텐티티다. 닌텐도의 인기 캐릭터인 마리오의 캐릭터성은 메인 액션인 '점프'와 버섯을 먹으면 커지는 '아이템을 통한 상태 변화'에서 비롯된다. 게임의 핵심 시스템이 동일하다면 마리오가 지금과 같은 콧수염이 난 중년의 배관공이 아니었더라도 분명 인기를 끌었을 것이다.

〈소닉〉 시리즈를 제작할 당시 기획의 방향성은 '점프 버튼 하나로 플레이할 수 있는 액션 게임'이었다. 그러기 위해선 점프에 공격 판정이 있어야 했다. 점프하는 순간 스핀 어택을 할 수 있을 법한 동물이 아르마딜로와 고슴도치였다. 웅크리는 동작이 방어적인 아르마딜로와 달리, 고슴도치의 가시는 공격적인 수단이었기 때문에 기획 의도에 잘 맞아 고슴도치로 결정되었고, 그 결과 우리가 아는 소닉의 외형이 탄생했다.

게임 캐릭터의 스토리텔링에 게임 시스템이 차지하는 비중은 높다. 하지만 외형이나 스토리가 중요하지 않다는 의미는 아니다. 〈소닉〉 시리즈에서 고슴도치와 마지막까지 경쟁한 아르마딜로는 실제 게임 캐릭터로 등장했지만, 별다른 반응을 얻지 못했다. 이렇듯 사람이 받아들이는 정보 중 시각이 차지하는 비중은 게임에서도 절대적이다. 게임 시나리오 작가는 캐릭터의 외형을 완전히 제어할 수 없다. 캐릭터 외형 설정까지가 게임 시나리오 작가의 영역이며, 그것을 바탕으로 캐릭터를 창조하는 건 아트의 영역이다.

게임 시나리오 작가에게 있어서 통제 불가능한 외형보다 더욱 신경 써야 하는 건 캐릭터의 스토리다. 캐릭터의 목적이나 주변 캐릭터와의 관계가 드러나지 않는 게임 캐릭터를 의외로 쉽게 찾을 수 있다. 명확한 스토리는 아트 파트에서 캐릭터 외형을 구체화하는 데 도움이 된다. 스토리가 캐릭터 외형의 방향성을 제시하는 셈이다.

캐릭터 수가 많아지면 캐릭터의 설정이 겹칠 확률이 높아진다. 이때 활용할 수 있는 것이 세력 설정이다. 이해 관계가 충돌하는 다양한 세력을 만들고, 캐릭터와 어울리는 세력에 소속시키면 된다. 세력은 다수의 캐릭터가 등장하는 게임 시나리오라면 정말 유용한 도구다.

4.1 게임 캐릭터의 이해

4.1.1 게임 캐릭터 구성 요소

앞서 게임 캐릭터가 외형, 스토리, 게임 시스템과 연관이 있다고 했다. 이를 용어적으로 정리한 것이 '외면적 요소', '내면적 요소', '기능적 요소'다. 서로 유기적으로 연결되어 있어서 한쪽이 수정되면 다른 쪽도 같이 수정되어야 하므로 하나의 묶음이라 생각하자.

그림 4-1 게임 캐릭터의 구성 요소

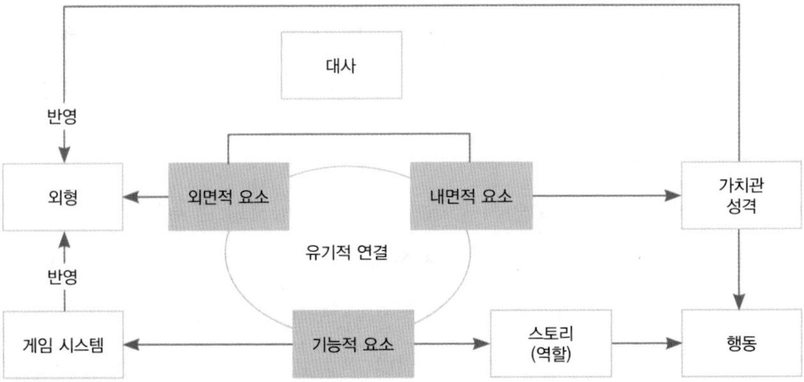

1) 기능적 요소

전투가 있는 캐릭터라면 기능적 요소에서 출발하는 것이 좋다. 게임을 제작하다 보면 여러 이유로 원화 작업을 먼저 시작하기도 하는데, 이때 기능적 요소가 반영되지 않을 확률이 높다. 여기서 말하는 기능적 요소란 전투 메커니즘[1]에 대한 것이다. 전투가 중요하기는 하지만 이미 완성된 아트 리소스에도 큰 비용이 투입된 상태다. 따라서 웬만하면 이미 작업된 캐릭터에 맞춰 무난한 형태의 전투 메커니즘을 채택할 가능성이 높다. 캐릭터가 많아도 전투 패턴이 비슷해지면서 외형은 달라도 전투 경험이 같은 캐릭터가 만들어진다.

전투 메커니즘은 캐릭터의 정체성을 결정하기 때문에 간과해서는 안 된다. 엄밀히 따지면 전투 메커니즘은 게임 시나리오 작업 영역 밖의 일이다. 하지만 외형과 스토리가 이를 반영하지 않는다면 일관성 있는 캐릭터가 되긴 어렵다. 캐릭터를 설정하기 전에 전투 기획자와 많은 이야기를 나눌 필요가 있으며, 전투 시스템에 대해서도 정확하게 이해하고 있어야 한다.

스토리의 기능적 역할이라는 개념은 다소 생소할 수 있다. 설명을 위한 가장 쉬운 예가 '주인공의 친구'다. 많은 콘텐츠에서 높은 빈도로 등장하는 주인공의 친구는 철저하게 스토리텔링의 도구로 활용된다. 주인공은 혼잣말을 할 수 없기에 친구가 필요하다. 대화를 통해 주인공의 생각이나 스토리 전개에 필요한 정보도 전해준다. 친구는 사실상 주인공과 동일 캐릭터라 주인공의 역할을 분담하기도 한다. 컴퓨터에 능한 주인공 친구가 많은 것도 이 때문이다. 스토리 전개에 필요하지만 그렇다고 주인공이 모두 가져가기 애매한 역할을 친구가 대신한다. 가능한 등장하지 않는 편이 좋지만 필요하다면 활용해야 한다. 캐릭터는 최소 하나 이상의 역할을 가져야 하는데, 이왕이면 다수의 역할을 부여해서 캐릭터의 수를 줄이는 것이 좋다.

---

1 전투의 작동 원리라고 이해하면 된다. 전투를 수행하는 캐릭터라면 고유의 플레이 패턴이 있을 수 있는데 이것을 말한다. 예를 들어 '마리오'가 적을 공격하는 패턴은 다음과 같다. 점프해서 밟기, 파이어플라워를 먹은 상태에서 파이어볼 쏘기, 슈퍼스타를 먹고 무적 상태가 되었을 때 적과 부딪히기의 세 가지다.

2) 외면적 요소

외면적 요소란 캐릭터의 외형을 말한다. 캐릭터의 외형을 설정할 때 우선적으로 고려해야 하는 것은 캐릭터와 연관된 게임 시스템이다. 예를 들어 '속도'에 치중한 액션을 위해 설계된 소닉이 마리오와 같은 푸짐해 보이는 외형이라면 어색하다고 느낄 것이다. 암살자 캐릭터가 있다고 가정해보자. 암살자에 대해 우리가 가지고 있는 인식은 '빠르고', '은밀하며', '한 번에 적을 제압할 수 있는'과 같은 키워드로 연결된다. 외형도 같은 맥락에서 설정되어야 한다. 정형화되어 있다고 할 수도 있지만, 기존의 틀을 깨려면 특별한 설정이나 장치가 필요하다. 과감한 외형 설정이 스토리나 게임 시스템에 드러나지 않는다면 게이머들에게 받아들여지지 않을 확률이 높다.

'마흔 살이면 자신의 얼굴에 책임을 져야 한다'는 말이 있다. 여러 해석이 있을 수 있지만 '사람의 내면이 외면에도 드러난다'는 의미로 봐도 될 것이다. 같은 맥락에서 스토리상에서 설정한 캐릭터의 가치관이나 성격이 인상으로 드러나야 한다. 인상이 약간만 변해도 캐릭터에 대한 느낌은 크게 달라진다. 평소에 원화 작업자와 충분한 커뮤니케이션을 통해 이런 부분까지도 반영될 수 있도록 한다.

3) 내면적 요소

내면적 요소는 가치관과 성격이라 할 수 있으며, 그것이 대사와 행동으로 드러난다. 그중 대사는 외면적 요소와 내면적 요소가 결합해 결정된다. 어느 한쪽에 치우치지 않고, 두 요소의 교집합이 대사를 형성한다.

대사 작업을 어렵게 생각하는 경향이 있지만, 대사만큼 쉬운 작업도 없다. 캐릭터가 특정 상황에서 할 법한 말을 그대로 옮기기만 하면 된다. 대사 작업이 어려운 이유는 캐릭터의 모습을 제대로 그려내지 못하기 때문이다. 작업자 스스로 캐릭터에 대한 충분한 이해가 없는 상태에서 멋진 대사를 기대해서는 안 된다. 대사는 뒤에서 깊이 다룰 예정이니, 여기서는 대사 작업을 위해선 제대로 설계된 캐릭터가 필수라는 점만 기억하자.

4.2 캐릭터 설계

캐릭터를 만들기 전에 캐릭터가 어떤 필요에 의해 만들어지는지를 먼저 생각해야 한다. 그 역할에 충실한 캐릭터를 만드는 것이 캐릭터 설계의 기본이다.

> "여자 주인공은 예뻐야 한다. 왜? 여자 주인공이기 때문이다."

말장난 같지만 필자가 영화 시나리오 작법을 배울 때 선생님께서 해주신 말이다. 주인공이라면 말 그대로 스토리의 주인이기 때문에 스토리의 어떤 캐릭터보다 몰입할 수 있어야 한다. 여자 주인공에 몰입하도록 하기 위한 도구가 외모인 셈이다. 외모가 많이 활용되는 이유는 인간이 받아들이는 정보에서 시각이 차지하는 비중이 높기 때문이다. 가장 직관적이다. 외모가 아닌 성격이 그 도구가 되어도 문제될 것은 없다. 역할에 충실하기 위해선 여자 주인공에게 몰입하게 만드는 무언가가 반드시 필요하다는 맥락에서 이해해야 한다. 주인공이면 주인공답게, 적대자면 적대자답게, 조력자면 조력자답게 설계해야 한다. 캐릭터 각자의 역할에 충실하는 것이 캐릭터 설계의 시작이다.

4.2.1 캐릭터 – 스토리 모델

스토리는 주인공인 캐릭터가 주어진 갈등을 어떻게 해결해나가는지를 지켜보는 것이라 할 수 있다. 그 과정에서 즐거움을 줄 수 있어야 한다. 이는 스토리에 대한 설명이지만, 캐릭터에 대한 설명이기도 하다. 스토리와 캐릭터를 완전히 분리해서 생각하기란 어렵다. 4장이 캐릭터에 대한 내용이지만 상당 부분 스토리에 대한 이야기를 할 수밖에 없는 이유도 여기에 있다.

[그림 4-2]는 1장에서 설명한 그레마스의 행위자 모델을 게임에 적합한 형태로 발전시킨 것이다. 캐릭터의 기능적인 역할을 충실하게 보여주면서도 스토리를 한눈에 파악할 수 있다.

그림 4-2 캐릭터-스토리 모델

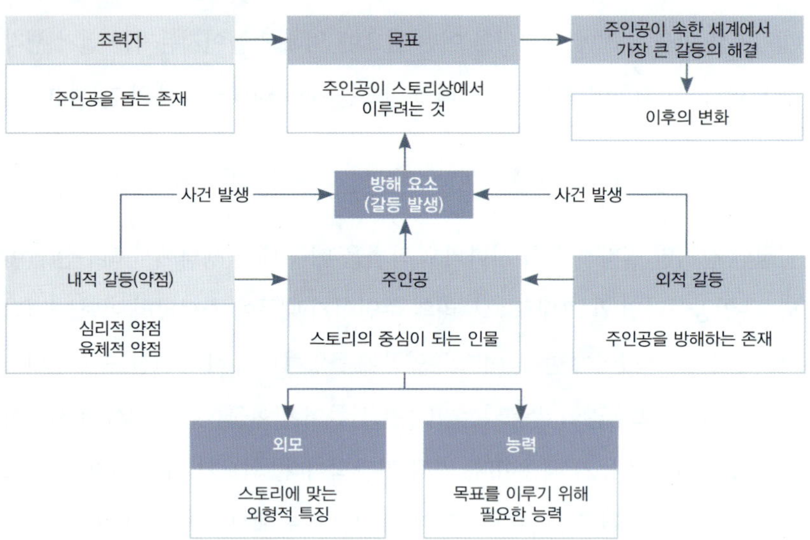

만약 캐릭터가 필요하다면 이 모델의 빈칸을 채우는 것에서 시작하면 된다. 빈칸을 하나씩 채우는 것만으로도 캐릭터 설계를 할 수 있다. 항목 중에 결정된 것이 있다면 그것을 먼저 채운 다음 거기에 맞춰 나머지를 완성해나가면 된다. 이때 각 항목이 채워지는 이유가 논리적일수록 캐릭터의 일관성이 높아진다. 캐릭터의 일관성은 캐릭터성의 다른 표현이기도 하다. 캐릭터의 일관성이 떨어지면 캐릭터에 몰입하기 어려워진다. 반대로 캐릭터의 일관성이 높다면 그만큼 몰입이 쉬워지므로 캐릭터성이 뛰어나다는 평가를 받을 수 있다. '캐릭터-스토리 모델'은 캐릭터에 관한 모든 요소를 한눈에 파악할 수 있다는 점에서 캐릭터 설계 도구로서의 활용 가치가 높다.

모든 캐릭터는 자신만의 세계가 있으며, 그 세계에서는 모두가 주인공이다. 주인공이 아닌 캐릭터는 없다고 봐야 한다. 그래서 캐릭터의 수가 많다면 캐릭터의 수만큼의 모델 작업을 해야 한다. 영화 〈무간도〉처럼 주인공이 두 명인 스토리라면 두 개의 모델이 필요하다. '경찰의 스파이가 된 범죄 조직원 시점'과 '범죄 조직의 스파이가 된 경찰 시점'이다. 같은 스토리라도 누구의 시점으로 보는가에 따라서 스토리는 완전히 다르게 해석될 수도 있다. 다양한 캐릭터가 등장하는 스토리라면 캐릭터의 기본적인 방향성 설정을 위해서 캐릭터마다 모델을 적용해야 한다.

1) 목표 설정

목표란 말 그대로 스토리상에서 캐릭터가 이루고자 하는 것이다. 캐릭터 설정 작업을 할 때 가장 먼저 해야 하는 일이 목표 설정이다. 모든 캐릭터는 목표가 있으며 그 목표를 달성하기 위해 행동한다. 이것이 캐릭터가 움직이는 작동 원리다. 목표가 없는 캐릭터는 행동하지 않는다. 행동하지 않은 캐릭터는 존재의 이유가 없어진다. 실패한 영화, 드라마, 소설을 살펴보면 스토리가 시작된 후, 상당한 시간이 흘렀는데도 주인공의 목표가 드러나지 않는 경우가 많다. 목표가 구체적이지 않기 때문에 목표 달성을 위한 행동을 하지 않는다. 행동을 하지 않으니 스토리 전개로 연결되는 사건이 발생하지 않는다. 이런 스토리가 재미없는 것은 당연하다.

2) 외/내적 갈등 설정

스토리는 사건의 연속이라 할 수 있는데, 갈등은 사건 전개에 반드시 필요하다. 갈등은 외적 갈등과 내적 갈등으로 나뉜다. 둘 다 주인공이 목표를 이루는 것을 방해하는 요소지만, 성격이 다르다.

외적 갈등

외적 갈등은 겉으로 보이는 방해 요소로 대부분의 경우 적대자를 가리킨다. 주인공과 계속해서 대립하는 캐릭터를 말하지만, 환경이 되기도 한다. 예를 들어 주인공이 폭풍우 때문에 산장에 갇혀 있는 상태라면 외적 갈등은 기후가 된다. 외적 갈등은 주인공이 속한 세계의 가장 큰 갈등일 필요가 있다. 그래서 외적 갈등이 제거되는 순간 스토리의 모든 갈등이 해결되는 방향으로 연결하면 보다 명확한 스토리 구조를 가질 수 있다.

내적 갈등(약점)

내적 갈등은 주인공의 심리적인 갈등을 말하는데, 트라우마의 개념으로 생각해도 된다. 영화 〈스파이더맨〉에서 주인공 피터 파커는 삼촌의 죽음 이후로 강한 힘에는 그만큼 책임이 따른다는 것을 깨닫는다. 피터 파커의 고민은 실제로 많은 히어로물의 테마이기도 하다. 힘을 가지고 있다면 당연히 할 수 있는 고민이지만, 과거의 히어로물에서 많이 다루지는 않았다. 영화 〈다크 나이트〉의 배트맨은 흔히 말하는 '고뇌하는 영웅'의 대표적인 캐릭터다. 배트맨은 자신의 강력한 힘을 사용하기를 주저하면서 스스로 약점을 노출한다. 이러한 인간적인 면 때문에 관객은 캐릭터에 더 몰입하게 된다.

그렇지만 게임에서 캐릭터의 내적 갈등을 표현하는 일은 어렵다. 특히 주인공이 자신의 목소리를 낼 수 없는 MMORPG에서 주인공의 심리 상태를 보여주기란 사실상 불가능하다. 어쩔 수 없이 주인공이 아닌 다른 캐릭터를 통해 보여주어야 한다. 어렵게 느껴진다면 내적 갈등을 단순하게 약점으로 해석해도 된다. 육체적, 정서적 약점을 모두 포함하는 개념이며, 이것을 시스템이나 스토리로 드러내면 좋다.

<블레이드 앤 소울>에서 막내로 설정된 주인공의 약점은 '묵화의 상처'다. 묵화의 상처는 진서연이 탁기를 사용해서 공격하는 마공이다. 이 기술로 피해를 입으면 전신의 혈맥이 뒤틀려서 고통스럽게 죽음에 이르게 된다. 설정상 플레이어는 묵화의 상처를 입은 상태라 이를 극복하기 위해서 끊임없이 강해져야 한다. 그 과정이 스토리의 중요한 하나의 축이 된다.

매력적인 캐릭터를 만들기 위해선 내적 갈등(약점)이 필요하다. 강하기만 한 캐릭터는 갈등을 만들어내기 힘들다. 결과가 예측된 승부에는 긴장이 생기지 않는다. 이긴다고 하더라도 항상 아슬아슬하게 이겨야 한다. 최근 반응이 좋은 캐릭터를 살펴보면 아무리 대단한 영웅이라도 최소한의 인간적인 고민을 하는 모습을 볼 수 있다. 역설적으로 강하다는 설정 자체를 캐릭터의 정체성으로 가져가도 된다. 다만 이럴 때는 아주 강력한 설정이 필요하다.

사람들은 선과 악으로 구분되는 단순한 캐릭터를 좋아하지 않는다. 캐릭터라면 뭐가 되었건 고민거리 하나는 지니고 있도록 설정하자. 적대자에게도 내적 갈등이 있다면 공감을 얻을 수 있겠지만 결코 과해서는 안 된다.

3) 외형 설정

외형이 아트의 영역이어서 설정하는 작업도 감성적일 수 있다고 생각할 수 있다. 그러나 외형은 철저하게 이성적으로 설정해야 한다. 캐릭터가 스토리에서 차지하는 비중과 역할, 나아가 전투가 있다면 전투 메커니즘까지도 고려해야 한다. 이를테면 용자는 '용자답게' 생겨야 한다는 말이다. '용자답게'라는 말에는 다양한 해석이 있을 수 있지만 용자라면 최소한 비열해 보여서는 안 된다.

예를 들어 주인공을 도와주는 훈련소 교관의 외형을 설정한다면 '덩치 크고 엄해 보이는 40~50대의 남자'나 '인자하게 생긴 노인'을 떠올릴 수 있다. 세부적인 설정은 다를 수 있지만 '훈련소 교관'이라는 기능적인 역할이 반영되어야 한다. 앞의 두 예시는 '누군가를 가르칠 정도로 전투 경험이 풍부한'이라는, 필자가 정한 기준을 바탕으로 설정된 것이다. 이와 같은 설정의 기준이 외형에서도 드러날 수 있어야 한다.

캐릭터의 외형을 완성시키는 것은 아트지만, 방향성을 제시하는 것은 게임 시나리오 작가다. 앞서 설명한 캐릭터의 목표와 그와 관련된 스토리, 기능적인 역할과 전투 메커니즘 등 캐릭터와 관련 있는 수많은 요소를 모두 고려해야 한다. 흔히 말하는 캐릭터성은 이런 요소들이 일관성 있을 때 만들어진다.

실제 나오는 결과물은 아트 작업자의 손에 달렸지만, 어떤 의도로 만들어지는 캐릭터인지를 정확하게 전달해야 한다. 만약 캐릭터 원화가 처음에 의도한 것과 달라서 수정해야 한다면 수정이 필요한 이유를 구체적으로 말할 수 있어야 한다. 절대로 '이 느낌이 아닌 것 같아요'처럼 전문성 없어 보이는 말을 해서는 안 된다. 외형 설정을 명확히 하여 어떤 아트 작업자가 작업하더라도 결과물이 주는 느낌은 유사해야 한다.

4) 능력 설정

스토리의 목표를 이루기 위해 적합한 능력을 설정하는 것이다. 캐릭터의 능력을 게임 시스템으로 녹여내는 것이 중요하다. 능력은 전투와 연결되어 있을 확률이 높다. 전투를 통해 스토리에 존재하는 갈등을 해결할 수 있다. 전투에서의 역할이나 전투 메커니즘, 전투 스탯 등을 모두 캐릭터의 능력이라 할 수 있다. 게임 캐릭터로 할 수 있는 플레이는 그 자체로 캐릭터의 성격이자 정체성이다. 앞서 예를 든 소닉이 마리오보다 훨씬 빠르지 않았다면 지금과 같은 캐릭터성을 가지지는 못했을 것이다. 플레이로 대표되는 캐릭터의 능력은 캐릭터성과 직접적으로 연결된다.

직업도 일종의 능력이다. 추리 어드벤처 게임에서 주인공은 지적 능력이 뛰어난 직업을 가질 필요가 있다. 전투가 있는 게임이라면 어떤 클래스인지에 따라 캐릭터의 많은 면이 설명된다. 이처럼 직업(클래스)는 캐릭터의 많은 것을 설명하고 결정하기에 신중히 선택할 필요가 있다.

5) 캐릭터-스토리 모델 활용 예시

'외형'과 '능력' 항목은 기존의 그레마스 행위자 모델에는 없지만 게임 캐릭터이기 때문에 추가된 것이다. 만약 영화나 소설과 같은 일반적인 스토리라면 앞에서 설명한 여섯 개의 항목으로 분석 가능하다. 이해를 돕기 위해 〈스타워즈〉와 〈매트릭스〉의 예를 들어보겠다.

그림 4-3 캐릭터-스토리 모델이 적용된 〈스타워즈〉

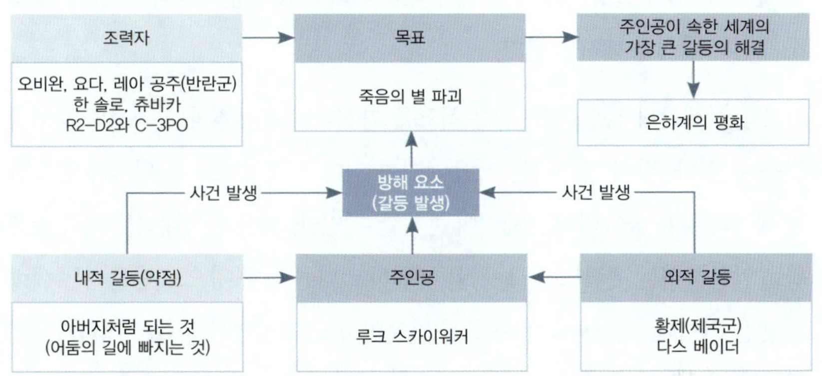

그림 4-4 캐릭터-스토리 모델이 적용된 〈매트릭스〉

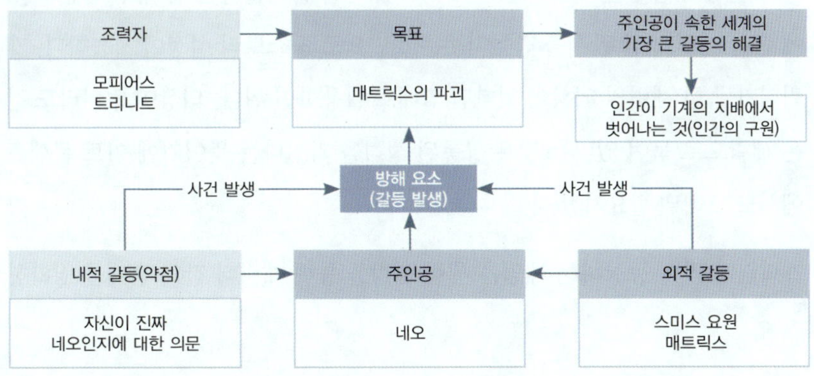

영웅이 세계를 구원하는 가장 대표적인 스토리가 〈스타워즈〉와 〈매트릭스〉다. 게임 스토리는 대부분 이와 유사할 확률이 높다. '캐릭터-스토리 모델'은 캐릭터를 설계할 때가 아니더라도 다양하게 활용될 수 있다.

4.2.2 세력 설정

세력은 같은 목표를 공유하는 집단이다. 따라서 캐릭터 설정이 끝나고 각각의 목표가 명확해진 다음에 작업한다. 설정이 끝난 캐릭터 중에서 유사한 목표를 가지는 캐릭터를 같은 그룹으로 분류하는 것만으로도 기본 작업은 끝난 것이다. 반대로 세력 설정 이후에 캐릭터 작업을 해도 크게 문제될 것은 없다. 작업하기 편한 방법을 택하면 된다.

그다음은 세분화 작업이다. 같은 목표를 가졌더라도 세력마다 성격의 차이가 있을 수 있다. 왕이 다스리는 어떤 국가가 있다고 가정해보자. 왕에게 충성하는 세력과 왕을 몰아내려는 세력이 존재할 수 있다. 왕을 몰아내려는 세력 중에 왕을 암살하려는 세력도 있고, 왕을 폐위하고 다른 이를 왕으로 만들려는 세력도 있을 것이다. 이처럼 같은 목표를 가지면서도 그 성격까지 같은 캐릭터들은 하나의 세력으로 묶인다.

세력 설정의 장점은 캐릭터 설계에 드는 시간을 줄여준다는 점이다. 같은 세력에 속한 캐릭터 간 관계를 만들어주는 것만으로도 스토리 설정이 가능하다. 캐릭터가 속한 세력의 의상이 있다면 그대로 활용하면 된다. 의상이 없더라도 같은 세력으로 묶여 있다는 것은 공통된 성격을 가진다는 뜻이기에 아트 콘셉트에서도 드러낼 필요가 있다.

캐릭터가 많이 등장하는 게임은 세력 설정을 통해 캐릭터 간의 관계를 명확하게 이해시킬 수 있다. 특히 캐릭터 중심 스토리텔링이 필요한 MOBA(AOS)[2]와 대전 액션 장르에서 세력 설정은 필수다. 세력 간 관계로 전체 스토리를 만들고, 세력 내 캐릭터의 관계로 캐릭터의 개인적인 스토리를 만들어낼 수 있다.

세력 설정은 다음과 같은 양식을 참고해서 작업한다.

표 4-1 세력 설정 양식

항목	설명
목표	세력의 존재 이유로, 어떤 목적을 위해 이 세력이 만들어졌는지에 대한 것이라 할 수 있다. 구성원들도 이 목표를 달성하기 위한 행동을 하게 된다.
역사	세력과 관련이 있는 사실을 말한다. 다른 역사 설정과 마찬가지로 게임의 세계 자체에 영향을 끼쳤던 사건 위주가 되어야 한다.
세력 구조	세력 내의 위계질서에 대한 것으로 직책과 역할에 대한 내용이다. 필요에 따라 적절한 수준으로 설정하면 된다. 세력이다 보니 상하 관계 설정에 따라서 다양한 사건을 만들어낼 수 있다. 그렇다고 세력 내의 모든 구성원을 설정할 필요는 없다. 세력에서 서열이 가장 높은 캐릭터가 누구인지 정한 다음, 스토리상에 등장하는 캐릭터가 서열과 관련된 사건이 있다면 그때마다 보강하면 된다.
중요 캐릭터	지역 설정에서 그 지역을 대표하는 캐릭터가 필요하다는 얘기를 한 적이 있다. 세력 역시 캐릭터로 설명하는 것이 좋은데, 캐릭터로 세력의 성격을 드러낼 수 있도록 하자. 세력에 속한 캐릭터가 일으킨 사건으로 해당 세력에 대해 알 수 있도록 구성하는 것이 가장 좋다.

4.2.3 외형 설정

4.2.1절의 외형 설정에 관한 설명은 '캐릭터-스토리 모델'을 이해하는 데 필요한 수준 정도였다. 그러나 게임 시나리오 작업에서 외형 설정은 아주 중요한 작업이므로 따로 분리해 설명한다.

---

2 MOBA(Multiplayer Online Battle Arena)는 대전 액션과 공성전이 결합된 장르다. 국내에서는 주로 AOS라 부르는데, 이 장르의 시작점이라 할 수 있는 〈스타크래프트〉 유즈맵 'Aeon of Strife'의 약자를 딴 것이다.

1) 게임 시스템 반영

캐릭터 외형은 감성의 영역에 속한다. 우리가 흔히 말하는 그래픽은 아트 작업자의 역량에 달려 있다. 그러나 그 감성을 끌어내기 위한 사전 작업은 게임 시나리오 작가의 역할이다.

캐릭터의 외형 설정에서 중요한 것은 게임 시스템이다. 앞서 강조한 것처럼 '게임 캐릭터'의 맥락에서 이해해야 한다. '보스' 역할의 캐릭터라면 몸집이 클 확률이 높다. 아무래도 작은 캐릭터보다 큰 캐릭터가 위압감을 줄 수 있기 때문이다. 보스와의 전투는 다대일인 경우가 많아서 눈에 띄어야 한다는 점도 보스를 크게 설정할 수밖에 없는 이유다.

세계관 설정에 '무기 수준'이라는 항목이 있었다. 전투 유무는 캐릭터 제작의 방향을 결정하는 가장 중요한 기준이다. 전투가 있는 캐릭터와 없는 캐릭터는 애니메이션과 의상에서 확연한 차이가 난다. 전투를 한다면 어떤 무기를 사용하는지도 고려해야 한다. 전투와 직접 연관되므로 이 부분은 게임 시나리오 작업자가 마음대로 설정할 수 있는 부분은 아니다. 하지만 캐릭터 설정 문서에 반드시 포함되어야 한다. 반대로 전투를 하는 경우 무기가 정해져 있다면 무기의 성격을 스토리에 반영할 수 있도록 한다.

'사용 무기-클래스-전투 메커니즘'은 서로 연관된다. 어떤 무기를 사용하는가는 캐릭터의 성격과 정체성을 결정하는 중요한 요소다. 따라서 캐릭터를 설정할 때는 사용 무기를 신중하게 고려해야 한다. 채찍을 사용하는 캐릭터와 검을 사용하는 캐릭터의 성격은 확연히 다르다. 전투에서의 게임 플레이 경험뿐만 아니라 게이머들이 캐릭터를 인식하는 방식도 달라진다.

2) 캐릭터-스토리 모델의 반영

'캐릭터-스토리 모델' 작업이 끝난 상태에서 '어떤 외형이 되어야 적합할까?'라는 질문에 답을 한다면, 명확하지는 않아도 캐릭터에 대해 떠오르는 이미지가 있을 것이다. 스토리에 가장 어울리는 캐릭터를 선정하는 일종의 가상 캐스팅을 하는 셈이다. 이때 기준이 되어야 하는 건 지금까지 작업한 '캐릭터-스토리 모델'이다. 그다음에는 캐릭터의 상징적인 키워드를 찾아낸다. '츤데레'처럼 누구나 같은 의미로 해석할 수 있어야 한다. 참고할 만한 다른 콘텐츠의 캐릭터나 역사 속 인물이 있다면 내용에 포함해서 이해도를 높이는 것이 좋다.

3) 주의해야 할 점

게임 시나리오 작가가 외형을 너무 세세한 부분까지 설정하기도 하는데, 이는 아트 작업자에게 부담으로 작용한다. 아무리 구체적으로 설정해도 게임 시나리오 작가가 생각한 그대로 결과물이 나오기란 현실적으로 불가능하다. 그렇기 때문에 아트 작업자가 창의력을 발휘할 수 있도록 키워드 위주로 최소한의 기준만 설정하는 것이 좋다. 작업 요청서에는 절대적으로 유지되어야 하는 기준만 설정하면 된다. '제발 이것만은 지켜주세요'라는 의미다. 예를 들면 '엘프의 귀는 뾰족하다'와 같은 것이다. 뾰족한 귀는 엘프 외형 고유의 정체성과 관련 있는 설정이기 때문에 절대적인 기준이 된다.

그 외에도 전투에서 '탱커' 역할을 하는 캐릭터라면 이러한 기능적인 역할도 반드시 알려주어야 한다. 캐릭터가 속해 있는 세력도 마찬가지다. 규모가 큰 세력이라면 세력 고유의 의상이나 색이 있을 수 있다. 캐릭터에 관한 기본적인 설정은 반드시 포함하도록 한다.

명심해야 할 것은 외형 설정은 아트 작업을 위한 가이드라는 점이다. 필수적인 캐릭터의 설정 외에는 아트 작업자에게 맡기면 된다. 가능하다면 직접 대화하며 서로의 생각을 합치하는 것이 좋다. 아트 작업자의 피드백이 있는 경우, 반영해서 더 좋은 캐릭터가 될 수 있다면 받아들이면 된다. 외형 설정도 결국엔 게임 만드는 작업 중 하나다.

4.2.4 캐릭터 설정 양식

캐릭터 설정은 '캐릭터-스토리 모델'을 기본으로 작업이 이루어진다. 이 작업이 끝나면 작업 대부분이 완료된 것이다. 완성된 모델을 바탕으로 필요한 추가 설정만 하면 된다. [표 4-2]의 양식대로 작업한다면 캐릭터 설정에 큰 문제는 없을 것이다. 기억해야 할 점은 양식의 각 항목은 독립적이지 않다는 것이다. 서로 유기적이므로 전체 맥락에서 설계되어야 한다.

표 4-2 캐릭터 설정 양식

항목	설명
소속 세력	• 캐릭터가 속해 있는 세력을 말한다.
콘셉트 키워드	• 캐릭터를 설명할 수 있는 핵심적인 특징을 말한다.
캐릭터 목표	• 캐릭터가 스토리상에서 하고자 하는 것을 말한다. 어떤 행동을 하게 이끄는 동력이라 할 수 있다.
캐릭터 관계도	• 스토리에 등장하는 주인공의 주변 캐릭터에 대한 내용이다. 이해를 위해서 실질적으로 도움을 주지 않는 주변 인물도 포함시킨다.
내적 갈등 (약점)	• 심리적인 고민을 하는 캐릭터에 사람들은 더 끌린다. 〈스타워즈〉에서 주인공 루크의 고민은 '아버지처럼 어둠의 길에 빠지지 않을까?'이다. 주변 인물도 이를 걱정한다. • 게임의 스토리에서 복잡한 심리를 다루기는 힘들기 때문에 약점을 만들어내는 것이 좋다. 약점은 그 자체로 사건으로 연결할 수 있기 때문에 유용한 도구다. 약한 존재에 감정을 이입하는 것이 일반적인 사람의 성향이기 때문에 약점을 가진 캐릭터에 더 몰입하게 된다.
외적 갈등 (적대자)	• 스토리상에서 직접적으로 갈등을 일으키는 요소를 말한다. 일반적으로는 캐릭터지만 환경도 가능하다. 가능하다면 환경이 중요한 스토리라 할지라도 상징성을 드러낼 수 있는 캐릭터를 통해서 스토리를 만들어내는 것이 좋다. 모든 스토리는 캐릭터 중심으로 전개된다.
전투 유무	• 말 그대로 게임 내에서의 전투 유무다.
사용 무기	• 전투가 있다면 사용하는 무기다. 무기는 캐릭터의 성격을 반영하는 중요한 요소다. 그러나 전투와 직접 연관되므로 게임 시나리오 작가가 설정하지 않을 확률이 높다.
외형	• 캐릭터의 생김새를 말한다. 게임 시스템과 스토리를 잘 반영해서 키워드 중심으로 설정한다. 캐릭터의 정체성을 결정하는 요소이기 때문에 절대적으로 유지되어야 할 기준을 설정한다.

항목	설명
능력	• 단순히 스토리상의 능력을 의미하기도 하지만, 게임 시스템상의 능력이기도 하다. 가능하다면 게임 시스템으로 연결시킬 수 있는 능력이 되어야 한다.
성격(말투)	• 성격이라고 하면 MBTI 성격 유형이 떠오를 것이다. 스토리 작법에 참고할 수 있지만 맹신할 필요는 없다. 실제로 어떤 캐릭터의 성격이 ENTP형이니 INTJ형이니 하는 것은 아무런 의미가 없다. MBTI의 성격 분류 기준이 '외향–내향', '감각–직관', '사고–감정', '판단–인식'이라는 정도만 알면 된다. MBTI 성격 분류를 분석적인 관점에서 살펴본다면 두 가지 의미를 찾을 수 있다. • 첫 번째는 캐릭터 간의 성격이 상대적이어야 갈등이 발생한다는 것이다. 성격이 다르다는 것은 어떤 현상에 대한 관점이 다르다는 뜻이다. 같은 사건이라도 캐릭터의 성격에 따라 반응이 다를 수 있으며, 성격만으로 갈등을 만들어낼 수 있다. • 두 번째는 성격 분류가 가능하기 때문에 기능적으로 활용할 수 있다는 것이다. 캐릭터가 비슷한 성격이라면 어느 정도 간격을 두고 등장시키는 편이 좋다. 성격은 말투를 결정하기 때문에 성격이 비슷하면 대사까지 겹치게 된다. • MBTI 성격 분류는 성격을 분류하는 하나의 예에 불과하다. 에니어그램[3]을 활용해도 상관없다. 중요한 것은 자신만의 분류 기준을 가지는 것이다.
역사	• 캐릭터에 대한 과거의 사실을 말한다. 캐릭터 설정이다 보니 캐릭터에 대한 스토리가 되어야 한다. 앞에서 설정한 캐릭터 목표, 조력자, 외적 갈등(적대자), 내적 갈등(약점) 등의 스토리와 관련 있는 내용이 모두 포함되어야 한다. • 외형, 성격, 능력을 포함하면 좋다. 캐릭터 설정에서의 역사는 캐릭터를 소개하는 것이 목적이다. 앞의 항목에 대한 내용이 아니더라도 필요하다면 자유롭게 추가한다. 그렇지만 가장 끝은 캐릭터 목표로 마무리한다. '이 캐릭터가 무엇을 하려고 하는가?'가 그 캐릭터의 존재 이유다.

게임 캐릭터들은 각자의 관점에서는 모두 주인공이 된다. RPG에서 마왕은 대부분 적대자로 등장하지만 관점을 바꿔본다면 용자가 적대자가 된다. 세계를 파멸시키기 위해선 용자를 없애야 한다. 주인공만큼이나 목표가 확실하다고 할 수 있다. 캐릭터들은 스토리 안의 세계에서 각자의 삶을 살아가는 존재다. 그들의 관점에서 살펴봤을 때도 완벽해야 한다.

적대자 캐릭터가 하는 그 어떤 행동이라도 그 캐릭터 관점에서 보면 합리적으로 이해되어야 한다. 그렇지 않으면 흔히 말하는 '괴물'이 되어버린다. 스토리

---

3 사람을 아홉 가지 성격으로 분류한 성격 유형 지표를 말한다. 고대 철학적 전통에 기초를 두며, 역사를 따진다면 기원 전까지 거슬러 올라간다.

작법에서 말하는 괴물은 무슨 생각을 하는지 알 수 없는 존재를 말한다. 적대자 캐릭터가 괴물인 경우에는 욕하면서 넘어갈 수 있지만, 주인공 캐릭터가 괴물이라면 문제는 심각해진다. 그러나 이런 괴물을 상용화된 콘텐츠에서도 가끔 발견할 수 있다.

4.2.5 트라우마와 딜레마

1) 트라우마

'캐릭터-스토리 모델' 내적 갈등의 구체적인 예가 트라우마다. 트라우마라고 하면 정신적인 것만 생각하기 쉬운데, 육체적인 것까지 포함하는 개념이다. 정신적 상처라고 이해하면 되지만, 아주 치명적이어서 캐릭터에 끼치는 영향이 매우 크다. 감정이 잠깐 상한 정도로 트라우마라고 할 수는 없다. 다음 그림으로 스토리텔링의 측면에서 트라우마를 설명하겠다.

그림 4-5 주인공과 적대자의 트라우마

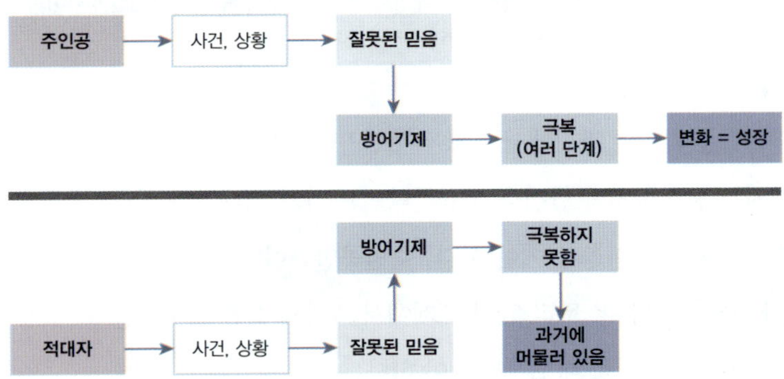

주인공이 어떤 사건이나 상황을 겪고 잘못된 믿음을 가진다. 믿었던 사람에게 배신을 당하고 사람을 믿지 못하게 되는 식이다. 이 잘못된 믿음은 방어기제가 되어 나타난다. 사람을 믿지 못하기 때문에 사람과의 관계를 맺지 않고 히키코모리가 될 수 있다. 방어기제는 현재의 상황에 머무르기 위해 하는 행동이라고 생각하면 이해가 쉬울 것이다. 주인공이라면 결국 트라우마를 극복하게 되는데, 이 과정은 여러 단계에 걸쳐 나타나야 한다. 그래서 한 번에 해결 가능하다면 트라우마가 아니다. 극복의 순간은 클라이맥스일 수도 있지만 아닐 수도 있다. 트라우마를 극복했기 때문에 클라이맥스에서 갈등을 해결할 수 있도록 하는 것도 자연스러운 흐름이다. 호흡이 긴 스토리라면 트라우마에 해당하는 사건을 보여줘도 되지만, 보통은 트라우마가 있는 상태에서 스토리가 전개되는 편이다. 따라서 트라우마는 방어기제를 통해 적절하게 보여줄 필요가 있다. 드라마나 영화에선 플래시백을 활용하기도 하는데, 설명이 지나칠 수 있으므로 게임에서는 피하는 것이 좋다.

트라우마는 적대자에게도 나타난다. 주인공과 차이가 있다면 트라우마를 극복하지 못하고 과거에 머무른다는 점이다. 애니메이션 〈인크레더블〉의 신드롬은 어릴 적 히어로를 동경해 인크레더블에게 조수로 받아달라고 하지만 거절당한다. 이 사건이 트라우마가 되어 히어로를 증오하는 잘못된 믿음이 생긴다. 히어로라는 특별한 존재를 없애서 모두가 평등한 세상을 만드는 것이 방어기제로 나타난다. 만약 신드롬이 주인공이라면 영웅에 대한 증오를 멈추고 영웅이 되었을 것이다. 이를 잘 활용하면 적대자의 행동에 당위성을 부여해서 보다 입체적인 캐릭터를 만들 수 있다. 하지만 트라우마가 지나치게 설득력이 있다면 악행의 면죄부가 되어 주인공이 아닌 적대자를 응원하는 최악의 결과에 이를 수도 있다. 적대자가 트라우마를 극복해야 한다면 마지막에 참회하는 수준으로 잘 조정하자. 트라우마를 극복한 적대자가 조력자가 되는 것도 좋은 활용법이다.

2) 딜레마

딜레마의 사전적인 의미는 두 가지 선택지 중 어느 하나를 선택해도 바람직한 결과로 이어지지 않는 것을 말한다. 둘 다 설득력이 있어서 바로 선택할 수 없다면 딜레마라 할 수 있다. 스토리가 전개된다는 건 주인공이 자신의 목표를 이루기 위해 끊임없이 선택하는 것과 같다. 크리스토퍼 놀란 감독은 딜레마를 잘 활용했다. 〈다크 나이트〉에는 '죄수의 딜레마'가 등장한다. 죄수와 시민 모두에게 폭파 스위치를 주고 상대가 먼저 누르면 죽음을 맞이하는 상황에 놓이게 한다. 모두 살려면 스위치를 누르지 않아야 하지만, 시민과 죄수는 서로를 믿을 수 없는 관계여서 선택이 쉽지 않은 상황이다. 영화는 그 외에도 '사적 정의는 정당한가?', '악당을 잡기 위해 개인의 프라이버시를 침해할 것인가?'와 같은 딜레마가 계속 등장한다.

딜레마를 스토리텔링에 활용한 대표적인 게임은 〈디트로이트: 비컴 휴먼〉이다. 인터렉티브 무비로 불리기도 하는 이 게임은 선택에 따라 스토리 전개가 완전히 달라진다. 오직 게임이기에 가능한 스토리텔링으로 좋은 평가를 받았지만, 제작 비용을 생각한다면 대단히 모험적인 선택이었다. 〈헤비 레인〉 역시 딜레마를 전면에 내세웠다. 이 게임은 '누구를 살릴 것인가?' 또는 '누구를 범인으로 지목할 것인가?'와 같은 질문을 던지고, 플레이어는 선택해야 한다. 딜레마에 직면한 캐릭터의 선택은 가치관과 충돌하는 경우가 많아서 단순한 갈등 이상의 의미가 있다. 선악의 이분법적인 존재에서 벗어난, 보다 복잡하고 매력적인 캐릭터로 만들어준다.

딜레마의 상황에서 캐릭터가 어떤 선택을 하느냐는 사실 중요하지 않다. 핵심은 그 선택이 캐릭터의 가치관을 보여주는 것에 있다. 캐릭터의 생각을 드러내는 도구의 관점에서 딜레마를 이해할 필요가 있다.

4.2.6 매력적인 캐릭터의 특징

많은 콘텐츠 제작자가 매력적인 캐릭터를 만들기 위해 고민한다. 그러나 '매력적'이라는 용어 자체가 이미 상대적인 개념이다. 같은 캐릭터라도 사람에 따라 다르게 평가한다. 그리고 시대에 따라 평가가 달라지기도 한다. 만드는 입장에서 캐릭터가 어떤 반응을 얻을지 예상하는 것은 어렵다. 물론 성공한 캐릭터가 있다면 그것을 분석하는 것은 가능하다. 그러나 분석을 통해 만들어진 캐릭터가 다시 성공한다는 보장은 없다. 하지만 우리가 매력적이라고 생각하는 캐릭터들은 다음과 같은 몇 가지 공통된 특징을 가지고 있다.

1) 공감

대부분의 캐릭터는 성장형 캐릭터로 미성숙한 존재다. 〈슬램덩크〉의 강백호나 〈미생〉의 장그래가 대표적인 예다. 부족함이 많은 캐릭터가 성장하는 과정을 지켜보면서 감정을 이입한다. 다르게 말하면 약점이 있어서 연민을 느낀다고 할 수 있다.

2) 동경

내가 선망하는(되고 싶은) 캐릭터에 감정 이입한다. 주로 히어로물이나 게임 캐릭터, 회귀물에서 이런 특징이 잘 드러난다. 회귀를 한다는 건 과거보다 나은 역할을 맡게 된다는 의미다.

3) 아이러니

모순적이고 역설적인 캐릭터에게 우리는 매력을 느낀다. 일종의 반전 캐릭터로 〈해리포터〉의 스네이프 교수가 여기에 해당한다. 의외의 모습을 보여주는 것이라 할 수 있는데, 가장 쉬운 예가 '츤데레'다. 평소엔 차가워 보이지만 가끔 다정한 면을 보여줄 때 매력적으로 느껴진다. 서브컬처에서 말하는 '갭모에(의외성, 반전 매력)'도 같은 개념이라 할 수 있다.

4) 다중자아

가면을 쓰고 원래 모습을 숨기는 캐릭터다. 이때 말하는 가면은 실제 가면일 수도 있지만, 보여지는 것과는 다른 행동이나 역할을 하는 것도 포함하는 개념이다. 지킬박사와 하이드가 다중자아의 대표적인 캐릭터다. 〈아메리칸 사이코〉의 주인공은 성공한 CEO이지만 그의 실체는 사이코패스 연쇄 살인마다. 앞서 예를 들었던 스네이프 교수 역시 여러 역할을 수행한다. 그냥 입체적인 캐릭터라 생각해도 맥락은 같다.

3인칭 관점
- RPG와 AOS의 스토리텔링

3인칭 관점의 스토리 구조는 지금까지 영화나 소설에서 봐왔던 '일반적인 스토리'와 같다. 영화나 소설은 게임 스토리의 분류 기준으로 3인칭 관점에 속한다. 차이가 있다면 관객이나 독자가 플레이어로 바뀐다는 점이다. 이와 같은 구분이 필요한 이유는 MMORPG와 VR/AR 게임 같은 새로운 스토리 구조를 가진 게임이 나타났기 때문이다. 스토리 구조가 다르다는 것은 이에 접근하는 방법론에도 차이가 있어야 한다는 의미다. 3인칭 관점은 기존의 스토리 구조라는 점에서 고전적인 스토리 구조라고 볼 수 있다.

고전적인 스토리 구조인 3인칭 관점은 기존에 알려진 스토리 작법의 적용이 가능하다. 앞서 스토리 작법의 방향성에 '플롯'과 '캐릭터'를 언급한 바 있다. 게임도 같은 맥락에서 적용할 수 있다. 그러나 '플롯 중심 게임'이란 용어를 사용하는 경우는 드물다. 플롯이라는 용어에서 오는 해석의 어려움이 있으며, 게임의 특성상 시제 표현에 한계가 있다. 무엇보다 게임은 플레이의 비중이 높아서 사건의 연결이 느슨한 편이라 플롯 중심 게임이라고 부르기에 애매하다. 그래서 일반적으로 '스토리 중심 게임'이라 하므로 이 책에서도 같은 용어를 사용하려 한다.

5장에서 주로 설명할 내용은 스토리 중심 게임과 캐릭터 중심 게임의 스토리텔링이다. 지금까지 캐릭터 중심 게임에 대한 고민은 거의 없었으며, 캐릭터 설정 수준에서 더 나아가지 못했다. 아마도 캐릭터 중심 게임에 텍스트 활용이 적다는 이유로 '스토리가 없다'는 인식이 지배적이었기 때문일 것이다. 대표적인 캐릭터 중심 게임인 〈리그 오브 레전드〉나 〈오버워치〉에도 분명 스토리텔링의 방법론이 적용되어 있다. 그렇다고 '스토리 중심'과 '캐릭터 중심'의 방법론 중에서 어떤 방식이 더 낫다고 생각해서는 안 된다. '어떤 방식이 더 적합한가?'로 이해하는 게 좋다. 스토리와 캐릭터는 동전의 앞뒷면과 같아서 완전히 분리할 수 없다. 스토리 중심 게임이라고 해서 캐릭터가 없는 것은 아니며, 캐릭터 중심 게임이라고 해서 스토리가 없는 것이 아니다. 그저 스토리를 풀어내는 방식의 차이라고 생각하면 된다. 같은 내용을 다른 관점에서 설명하는 것으로 이해하자.

스토리 구조 중에서 '기승전결'이나 '발단-전개-위기-절정-결말'과 같은 소설의 구성이 익숙할 것이다. 하지만 이는 게임에 잘 맞지 않고, 게임 스토리에는 '처음-중간-끝'의 3막 구조만 잘 적용해도 충분하다. 게임이라는 매체의 특성상 스토리 전개와 관련된 플레이 비중이 높지 않고, 스토리의 분량도 긴 편이다. 스토리마저 복잡하면 게이머들이 흐름을 따라가기가 어려우므로 게임 스토리는 간결하고 명확할 필요가 있다.

5장에선 게임 스토리 창작 과정을 설명한다. 5.1.2절에서 다루는 게임 스토리 창작 10단계의 과정을 거친다면 누구나 3막 구조가 적용된 스토리를 만들어낼 수 있다. 이때 만들어지는 스토리는 게임에만 특화된 것은 아니다. 일종의 원천 스토리여서 다른 매체의 스토리로 발전시킬 수도 있다. 매체에 따라 그 매체에 어울리는 '텔링'을 적용하기만 하면 된다.

5.1 3인칭 관점의 이해

5.1.1 3인칭 관점의 개념

3인칭 관점 게임에서 캐릭터는 스토리의 주인공이자 플레이어가 게임 세계를 경험하는 매개체다. 다른 스토리 기반 콘텐츠와 마찬가지로 캐릭터를 통해 스토리를 간접 경험하는 형태다. 차이가 있다면 게임이기 때문에 간접 경험을 더 적극적인 형태로 한다는 점이다. 예외적인 경우(MMORPG, 대부분의 VR 게임, 일부 AR 게임)를 제외하고는 모두 3인칭 관점이라고 생각하면 이해가 쉬울 것이다. 그래서 '**3인칭 관점 게임＝싱글 플레이 게임**'의 공식이 성립한다. 3인칭 관점은 우리가 그동안 소설, 영화, 드라마, 연극 등에서 보아왔던 것이라 개념 자체는 어렵지 않다.

우리가 명작이라 부르는 게임 대부분이 3인칭 관점에 몰려 있는 이유는 오랫동안 검증된 스토리 작법을 그대로 적용할 수 있기 때문이다. 반면 중간적 관점과 1인칭 관점은 고전적인 스토리 구조와 차이가 있다는 점에서 작업에 어려움이 있다. 작업 난도의 순위를 굳이 따진다면 '3인칭 관점 < 1인칭 관점 < 중간적 관점'의 순이다. 3인칭 관점이 가장 쉽고, 중간적 관점이 가장 어려운 편이다. 여기서 오해하지 말아야 할 것은 3인칭 관점의 난도가 중간적 관점이나 1인칭 관점과 비교해서 '상대적으로' 낮다는 뜻이지 작업 자체가 쉽다는 의미는 아니다.

3인칭 관점은 '**유일한 주인공**'과 '**간접 경험**'이라는 두 가지 키워드로 설명할 수 있다. 유일한 주인공은 중간적 관점과의 차이점이며, 간접 경험은 1인칭 관점과의 차이점이다. '유일한 주인공'은 다소 생소할 텐데, 중간적 관점과 비교해야만 확실히 알 수 있는 개념이다. 관련 내용은 6장과 7장에서 자세히 다룬다.

5.1.2 게임 스토리 창작 10단계

스토리 창작은 그 자체로 난도가 있는 작업이다. 작가가 상업 영화 시나리오나 16부작의 미니 시리즈 드라마를 쓰는 것이 가능해지기까지 걸리는 시간을 보통 5년 정도로 본다. 정말 그 정도의 시간이 필요한지에 대해 의문을 가질지도 모르겠다. 그러나 단순히 어떤 일을 하는 것 자체에 큰 의미를 둬서는 안 된다. 소설은 누구나 쓸 수 있지만, 그 소설이 대중의 공감을 얻으며 소비되는 것은 또 다른 차원의 문제다. 게임이 다른 매체보다 어려울 수 있는 점은 스토리 창작자인 작가의 역량 외에도 기획자의 역량까지 요구된다는 점이다. 5년이란 시간도 부족할 수 있다.

스토리 작법서는 저마다 고유의 방법론을 제시한다. 방법론의 수는 책의 수와 일치하기에 그 개수가 엄청나다고 할 수 있다. 그렇지만 모든 방법론에는 공통적인 특징이 있는데, '스토리 구조'를 무엇보다 중요하게 생각한다는 점이다. 해당 작법서에서 정답이라고 말하는 스토리 구조에 맞는 스토리를 만드는 것이 스토리의 창작법이다. 이른바 '검증된 스토리 구조'라 불리는 것으로 이 구조가 적용된 스토리라면 최소한의 재미는 보장된다. 헷갈리지 말아야 할 것은 스토리 구조는 내용을 뜻하는 것이 아니라 기능적인 역할에 가깝다. 전혀 다른 스토리도 구조는 같을 수 있다. 플롯을 떠올리면 이해가 쉬울 것이다.

게임 시나리오 작업을 위한 궁극적인 방법은 '게임 시나리오 제작 소프트웨어'라고 생각한다. 방향성은 크게 두 가지다. 첫 번째는 소프트웨어의 특성을 살린 각종 편의 기능을 제공하는 것이다. 게임 시나리오 관련 문서를 하나의 툴에 통합해서 관리할 수 있다는 것만으로 작업 효율을 높일 수 있다. 특히 사용하는 문서와 사용자가 많을수록 무의미하게 낭비되는 시간을 줄여줄 수 있다. 두 번째는 스토리 구조 기반의 표준화된 게임 시나리오 양식을 제공하는 것이다. 지금까지 게임 시나리오 표준화에 대한 고민은 많았지만 형식에만 치우친 편이었다. 영화 시나리오는 장르와 상관없이 같은 형식으로 쓰일 수 있지만 게임은 다르다. 플랫폼, 장르, 게임에 따라 엄청난 차이가 날 수 있다. 그 차이에 맞는 양식이 있다면 작업에 드는 시간을 줄이는 것과 동시에 스토리 자체의 완성도 역시 높일 수 있다.

만약 이런 게임 시나리오 제작 소프트웨어가 있다면 작업에 큰 도움이 될 것이다. 게임 분야는 아니지만 해외에서는 드라마와 영화의 스토리 창작에 소프트웨어를 도구로 활용하고 있다. 하지만 그보다 시장이 적고 체계가 부족한 게임 분야에서 관련 소프트웨어가 개발될 확률은 낮다. 그렇지만 두 번째 방향성에서 언급한 표준화된 양식은 소프트웨어의 형태가 아니더라도 활용하는 데 무리가 없다. 스토리를 어떤 순서로 어떻게 만들어야 하는지를 안다면 훨씬 수월하게 작업할 수 있다. 지금부터 그 과정을 10단계에 걸쳐 설명하겠다. 각 단계에서 요구하는 수준으로 작업한다면 검증된 스토리 구조를 가진 게임 스토리를 만들 수 있을 것이다.

1단계: 세계관 설계

1단계는 세계관 설계다. 세계관 설계는 가장 재미있는 작업이 될 수 있다. 주인공이 속한 세계가 어떤 곳인지를 자유롭게 상상하면서 3장의 설명을 참조해 '세계관 설정 양식'을 채우면 된다.

게임의 세계는 '플레이어가 경험하고 싶은 매력적인 공간'이어야 한다. 플레이어의 관점에서 접근해보는 것도 좋은 방법이다. 기존의 다른 게임의 세계와는 분명한 차이가 있어야 한다. 가장 흔한 세계관인 중세 판타지라도 뭔가 다른 요소는 필요하다. 작업하는 과정에서 신경 써야 할 건 세계관의 개연성이다. 하나의 세계로 인식하기 위해선 관련 항목들이 유기적으로 연결되어 있어야 한다. 게임 세계에 등장하는 모든 것에는 존재 이유가 있어야 한다는 것도 잊지 말자.

기존에 없던 세계를 창조하기란 결코 쉬운 일이 아니다. 세계관을 제대로 설계하려면 평소 여러 분야에 관심을 가지는 것이 좋으며, 특히 역사에 관해 많이 알수록 큰 도움이 된다. 세계관 설계만큼 절대적으로 노력에 비례하는 작업도 없다. 여러 방면에 걸쳐 아는 것이 많을수록 활용거리가 늘어나 세계관의 완성도는 높아진다. 캐릭터와 마찬가지로 게임 속 세계관이 서로 다른 공간이 존재한다면 개별적으로 작업해야 한다. 여러 국가가 등장한다면 그 수만큼의 세계관 작업이 필요하다.

2단계: 스토리 초안

스토리 작법에 관심이 있다면 이런 말을 들어봤을지도 모르겠다.

> "누군가 어떤 일을 하려고 대단히 노력하는데 성취하기는 매우 어렵다."
>
> – 프랭크 대니얼[Frank Daniel]

할리우드의 시나리오 작가 프랭크 대니얼이 정의한 드라마의 본질이다. 어떤 스토리도 여기에서 벗어나지 않는다. 이때 말하는 '누군가'는 캐릭터다. 어떤 일을 하려고 대단히 노력한다는 의미는 주인공이 목표를 이루기 위한 행동이나 의지를 뜻한다. 성취하기 매우 어렵다는 것은 내적 갈등, 외적 갈등과 같은 장애물을 극복하는 과정이 어려워야 한다는 것이다. 4장에서 설명한 '캐릭터-스토리 모델'의 내용과 정확히 일치한다. 그래서 주인공의 관점에서 관련 항목을 채우는 것만으로도 스토리의 기본 구조가 만들어진다. 구상 중인 스토리가 있다면 우선 '캐릭터-스토리 모델'의 각 항목을 입력해본다.

'캐릭터-스토리 모델'은 향후 작업의 나침반 역할을 하기에 한 번 결정된 이후에는 가급적 수정하지 않아야 한다. 만약 수정이 필요하다면 그에 맞게 스토리 전부가 달라져야 한다. 이와 같은 기준은 스토리의 일관성을 높여줄 뿐만 아니라 작업의 혼란도 줄여준다.

스토리에 등장하는 캐릭터들은 게임 세계에서 각기 다른 삶을 살고 있다. 동일한 세계관을 공유하지만 그들의 목표는 모두 다르다. 그렇기에 중요 캐릭터라면 '캐릭터-스토리 모델'을 개별로 작업할 필요가 있다. 서로 충돌하는 부분이 없다면 다음 단계로 넘어간다.

3단계: 테마 설정

스토리의 차별화를 위한 방법 중 하나가 테마를 부각하는 것이다. 앞서 예술에는 '은유'가 있다고 언급했는데, 게임엔 '테마'가 있다. 테마가 철학적이거나 특별해야 한다고 생각하는 이들도 있는데 전혀 그렇지 않다. '복수'라는 흔한 테마도 문제될 것은 없다. 실제로 작업해보면 테마까지 드러날 수 있는 스토리를 만든다는 게 쉽지 않다는 것을 알게 될 것이다.

테마를 강요해서는 안 된다. 만약 '절대 권력은 없다'라는 테마의 스토리가 있다고 가정해보자. 권력을 가진 캐릭터들이 계속해서 몰락하는 내용을 보여주면 충분하다. 한 명에 그치지 않고 다수의 캐릭터가 몰락하면 게이머들도 자연스럽게 알게 된다. 이걸 잘하면 고수, 못하면 하수다. 직접적이지 않은 은유가 기본적인 방향성이 되어야 한다는 걸 명심하자.

게임 스토리 작업에서 가장 신경 써야 하는 것은 캐릭터를 남기는 것이다. 그 다음이 테마다. 스토리 자체는 어차피 금방 잊힌다. 캐릭터가 기억되고 테마가 기억된다면 그 게임의 스토리텔링은 성공한 것이다. 테마가 적절하게 드러난 게임은 오랫동안 기억되고 회자될 것이다. 테마 역시 강력한 '훅'이 될 수 있다.

4단계: 캐릭터 설계 · 캐릭터 관계도 도식화

앞서 작업한 '캐릭터-스토리 모델'을 바탕으로 캐릭터의 외형과 능력을 구체화한다. 외형 설정은 스토리의 캐릭터가 게임에서 어떤 모습이어야 어울릴지에 대한 것이다. '캐릭터–스토리 모델'이 기준이 되기 때문에 작업은 어렵지 않을 것이다. 외형 설정이라도 캐릭터의 기능적인 역할을 고려할 수 있어야 한다. 스토리상의 기능과 역할, 게임 시스템상의 기능 모두 외형 설정에 반영한다. 캐릭터 설계에 대한 자세한 내용은 4장을 참고하자.

캐릭터 개별적인 작업이 끝났다면 스토리에 등장하는 주요 캐릭터의 관계도를 도식화한다. 캐릭터 관계도는 작업에도 도움이 되지만, 다른 작업자를 이해시키기에도 유용한 도구다.

5단계: 3막 구조 중 1막 구성

'용두사미'라며 비난받는 스토리도 절반은 성공한 것이다. 영화도 처음 10분이 중요하며, 드라마도 1, 2화가 중요하다. 상업적인 스토리는 처음부터 사람들의 관심을 끌 수 있어야 한다. 스토리텔링에 실패한 게임을 살펴보면 대부분 1막의 구성이 허술하다. 1막에서 스토리에 몰입되지 않는다면 2막과 3막은 의미가 없다. 3막 구조의 일부인 1막을 따로 설명하는 이유도 그만큼 중요하기 때문이다. 10단계에 걸친 작업 중에서 가장 오랜 시간 고민해야 하는 단계를 꼽는다면 당연히 5단계다. 그렇다고 어렵게 생각할 필요는 없다. 1막 구성을 위해서는 그저 다음 세 가지 항목을 모두 포함하면 된다. 여기서 단 하나라도 빠져서는 안 된다.

- **주인공**: 주인공이 누구이며, 무엇을 하려고 하는가?
- **세계관**: 스토리의 세계는 어떤 곳인가?
- **적대자**: 주인공의 목표를 방해하는 외적 갈등은 무엇인가?

특별한 내용이 아니라고 생각할 수 있다. 그러나 주인공이 무엇을 하려고 하는지, 싸워야 할 대상이 누구인지조차 제대로 알려주지 않는 게임이 의외로 많다. 모든 스토리는 1막에서 주인공, 세계관, 적대자에 관한 내용을 포함해야 하며 사건의 형태로 사용자에게 전달되어야 한다. 만약 스토리에 사건이 없다면 그것은 단순한 설정에 불과하다. 주인공의 목표가 무엇인지 구체적으로 드러나는 사건이 3막 구조의 구성점 1에 해당한다. 예를 들어 마왕에 의해 용자의 가족이 몰살당한다면 용자는 마왕에게 복수하기 위해 모험을 떠나게 될 것이다. 그 계기를 만들어주는 것이 용자의 가족이 몰살되는 사건이다. 이 사건으로 인해 앞으로 진행될 스토리에 대한 궁금증과 기대감이 커진다. 주인공을 움직이게 하는 힘은 주인공의 '목표'다. 그 목표를 방해하는 것이 적대자이므로 적대자가 없다면 스토리에 긴장감이 생길 수 없다. 게임은 지극히 상업적인 스토리이기에 스토리 구조에서 요구하는 원칙을 따르는 것이 좋다. 만약 스토리 흐름상 적대자가 초반에 등장할 수 없다면, 적대자와 같은 세력이라도 등장시켜서 적대자에 대한 암시를 줄 필요가 있다.

가장 좋은 1막 구성은 튜토리얼[tutorial]과 결합하는 것이지만, 강제적인 튜토리얼을 좋아하는 게이머는 아무도 없다. 반감을 줄이려면 튜토리얼이라는 느낌을 주지 않아야 한다. 그러려면 튜토리얼 자체를 콘텐츠화하는 것이 해결책이다. 〈블레이드 앤 소울〉은 1막의 스토리를 진행하면서 게임의 진행에 필요한 핵심 시스템을 익히도록 구성했다. 주인공의 세계를 진서연이 파괴하는 것이 〈블레이드 앤 소울〉 1막의 스토리다. 스토리 중간중간에 플레이 위주의 튜토리얼이 배치되어서 튜토리얼을 진행하고 있다는 느낌을 줄여준다. 2023년에 발매된 〈쓰론 앤 리버티〉 1막의 특징은 강제로 진행되는 튜토리얼의 비중을 현저히 줄였다는 점이다. 이는 게이머들이 선호하는 방향인 것은 맞지만, 스토리 자체의 몰입도는 상대적으로 떨어지는 편이다. 반면 〈산나비〉는 1막이 잘 만들어진 게임이라 분석적인 관점에서 살펴보면 도움이 될 것이다.

지금까지 1막에 대해 구성점 1의 사건으로 설명했지만, 그렇다고 1막이 하나의 사건으로 구성된다는 의미는 아니다. 구성점 1은 1막에서 가장 주요한 사건이며, 그 사건으로 진입하는 데 필요한 사건이 있다면 추가해서 연결해야 한다. 결말을 먼저 정한 다음 결말에 도달하기 위해 필요한 과정을 추가는 식의 작업으로 이해하면 된다.

6단계: 3막 구조 중 2, 3막 구성

2막은 1막에서 예고한 스토리가 본격적으로 진행되는 내용으로 구성한다. 우선 스토리 중에서 가장 극적인 사건이 무엇인지를 생각한다. 흔히 말하는 '클라이맥스'다. 용자와 마왕의 스토리로 예를 든다면 '용자와 마왕 간의 대결'이 이에 해당한다. 용자는 마왕을 처단함으로써 자신의 목표를 이룸과 동시에 가장 중요한 갈등을 해결할 수 있다. 2막의 작업은 구성점 1에서 클라이맥스까지의 과정을 만들어내는 것이다. 클라이맥스의 사건을 결말이라 생각하고, 결말에 이르는 사건을 추가하는 식으로 작업한다. 용자와 마왕의 스토리에서 클라이맥스 전에 있을 법한 사건은 전설의 검이나 동료를 구하는 내용일 것이다. 이때 추가되는 각 사건은 그 자체로 완결된 구조를 갖춰 게이머를 몰입시킬 수 있어야 한다. 즉, 사건마다 훅이 필요하다는 뜻이다. 이처럼 스토리 창작은 수많은 훅을 연결하여 하나의 완성된 스토리를 만드는 과정이라 할 수 있다. 또한 **스토리는 사건으로 구성되어야 한다**는 점을 다시 한번 기억하자. 적대자 캐릭터가 있다면 설정에 그치는 것이 아니라 실제로 나쁜 행동을 하는 것을 보여주어야 한다. 설정이 아닌 사건을 만드는 것을 목표로 한다.

3막은 스토리를 정리하는 내용으로 구성하면 된다. 설명이 부족했던 부분을 보충하고, 주인공 캐릭터가 목표를 이뤘기 때문에 주인공 캐릭터와 그 주변 캐릭터들의 신상 변화를 보여주면 된다. 쉽게 말해서 얻게 된 보상에 대한 내용이라고 할 수 있다.

7단계: 사건 점검

1, 2, 3막의 작업이 모두 끝났다면 이제 전체적인 스토리의 흐름을 점검한다. 앞서 플롯을 사건의 연결이라고 했다. 중요한 개념이지만 스토리를 만들면서 너무 의식할 필요는 없다. 자연스러우면서도 흥미를 더 유발하거나 재미있어지도록 사건을 연결하면 된다.

이때 포스트잇을 활용하면 좋다. 포스트잇은 색이 구분된다는 점과 언제든지 뗐다 붙였다 할 수 있다는 점이 특징이다. 포스트잇에 사건, 캐릭터, 기능을 다른 색으로 구분해서 적은 다음 순서대로 벽에 붙이면 된다. 이때 기능은 사건이 어떤 역할을 하는지를 구분한 것이다. 예를 들어 주인공에게 약점이 있다는 사실을 전달하기 위한 사건을 만들었다면 해당 사건의 기능은 '주인공의 약점 부각' 등으로 정리하면 된다. 7단계에서 말하는 기능은 스토리를 분석하기 위한 개념이다. 화이트보드를 활용하면 다른 필기도 가능하기 때문에 더욱 효과적이다. 여기까지가 준비 단계다.

그다음부터는 계속해서 사건을 어떻게 연결할 것인가를 고민하면서 포스트잇의 위치를 바꿔준다. 포스트잇에 적힌 내용을 확정이라고 생각해서는 안 된다. 어떤 캐릭터가 처음 등장하는 사건이 있다고 할 때, 캐릭터가 처음 등장한다는 기능적인 역할만 만족시킨다면 사건 자체는 달라져도 된다. 처음 구상한 사건보다 더 나은 사건이 있다면 과

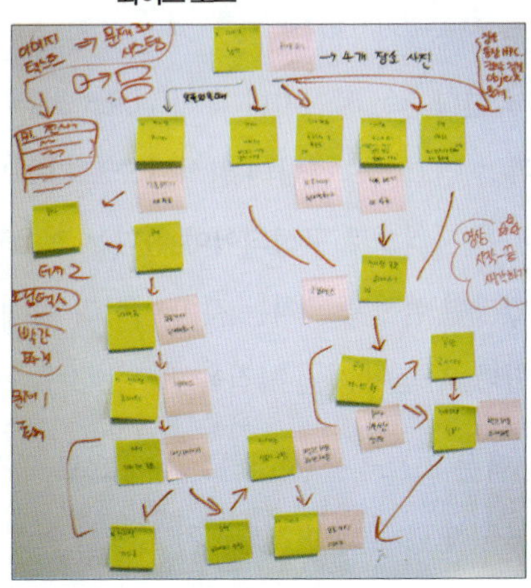

그림 5-2 사건 점검 시 활용하면 좋은 포스트잇과 화이트 보드

감하게 수정하자. 같은 맥락에서 중요 캐릭터의 등장 빈도도 적절하게 조절할 필요가 있다. 스토리의 기능을 유지하면서 사건을 전개하는 캐릭터를 바꾸는 식으로 이 문제를 해결할 수 있다. 이런 과정을 거치면서 사건을 전체적으로 파악함으로써 스토리 전반에 걸친 완성도를 높일 수 있다. 상황이 여의치 않다면 엑셀로 작업하면 된다.

8단계: 캐릭터-스토리 모델 점검

1, 2, 3막이 완성되면 세계관을 설계한 1단계에서 기준으로 잡았던 '캐릭터-스토리 모델'을 살펴볼 차례다. 처음의 구상과 크게 달라진 점은 없는지 확인한다. '캐릭터-스토리 모델'은 하나의 기준이다. 그러면 안 되겠지만, 혹시 크게 달라진 점이 있다면 처음의 기준을 유지할 것인지 아니면 스토리에 맞춰서 기준을 바꿀 것인지 선택해야 한다. 게임 개발은 그 자체로 유기체와 같아서 시시각각 상황이 변하기 마련이다. 보통 처음과 달리 스펙이 축소될 확률이 높다. 그 과정에서 게임 시나리오가 수정되는 것은 당연하기에 스토리에 맞춰서 다시 한번 '캐릭터-스토리 모델'을 수정한다.

그다음 할 일은 수정된 '캐릭터-스토리 모델'에 맞춰 스토리를 수정하는 것이다. 이때 캐릭터를 중심으로 살펴보는 것이 좋다. 주인공과 같은 주요 캐릭터들은 항상 사건의 중심에 있어야 한다. 스토리를 진전시키는 요소도 그들이 일으키는 사건이다. **스토리 진전이 없다는 말은 주인공이 이루고자 하는 목표와 관련된 사건이 없다는 뜻이다.** 스토리에서 욕망이 가장 큰 캐릭터가 주인공이기에 거기에 충실할 수 있는 사건을 만들어줘야 한다.

간혹 조연급 캐릭터의 욕망이 주인공보다 더 큰 경우가 생기기도 한다. 그렇게 되면 주인공이 아닌 조연에 더 몰입하게 된다. 만화 〈슬램덩크〉에서 조연인 정대만의 인기가 높은 이유는 누구보다 욕망이 강한 캐릭터이기 때문이다. '농구가 하고 싶어요'라는 명대사로 기억되는 정대만의 스토리는 주인공의 자리를 위협할 정도였다. 하지만 '주인공을 뛰어넘은 조연'은 스토리텔링의 측면에선 실패다. 절실함이 더 큰 캐릭터가 주인공이 되어야 하는 게 맞다. 주인공은 스토리의 주인이기에 그 역할에 충실할 필요가 있다.

8단계에서 캐릭터와 스토리의 방향성이 결정된다. 이후부터 '캐릭터-스토리 모델'은 절대 수정되어선 안 된다.

9단계: 테마 점검

작업한 스토리가 테마를 잘 드러내고 있는지를 확인한다. 처음 생각했던 테마가 잘 드러나지 않는다면 테마를 바꿔야 할 수도 있다. 그렇다고 테마를 전면적으로 수정하라는 뜻은 아니다. 작업 중에 의외로 비중 있게 다루어진 주제가 있다면 그쪽으로 우회하는 정도라고 보면 된다. 테마를 너무 의식하다 보면 스토리의 전체적인 완성도를 놓칠 수도 있다. 테마가 잘 드러나면 좋겠지만 필수는 아니다. 그렇기에 테마를 신경 쓰지 않은 것으로 방향성을 정해도 문제될 것은 없다.

10단계: 게임 시나리오 고쳐 쓰기

마지막 단계는 게임 시나리오 고쳐 쓰기다. 뜻만 생각한다면 스토리를 수정하는 퇴고의 개념으로 생각할 수도 있겠다. 여기서 말하는 '고쳐 쓰기'란 게임 제작에 적합한 형태로 수정한다는 의미다. 초보자가 작업한 작업물의 특징은 구체적인 사건 없이 설정만 있다는 점이다. 게임 시나리오는 게임으로 구현되었을 때에만 의미가 있다. 설정만으로는 스토리가 전개되지 않는다. 만약 9단계까지 작업한 스토리가 구체적인 사건으로 연결되지 않는다면 10단계에서 사건으로 전개되는 스토리로 고쳐 써야 한다. '게임 시나리오다운 글쓰기'가 필요하다는 뜻이다.

스토리가 사건을 중심으로 전개되어야 하는 이유는 플레이와의 연결성을 강화하기 위함이다. 그러나 사건에 따라 게임 시스템에 적용하기 어려울 수 있다. 이런 상황이라면 게임 시스템에 적합하게 스토리를 수정해야 한다. 게임 스토리를 만드는 것은 일반적인 스토리를 만드는 것과는 다르다는 점을 명심하자.

1~9단계가 재미있는 스토리를 만들기 위한 작업이었다면, 10단계는 게임으로 개발 가능한 스토리를 만들기 위한 작업이다. 숙련도가 높아지면 스토리의 사건을 어떤 게임 시스템으로 전달할지를 고려해 작업한다. 굳이 10단계를 거치지 않더라도 게임 개발에 적합한 스토리를 만들어낼 수 있게 된다. 그 수준에 이르기 전이라면 게임으로 구현된 모습을 생각하면서 스토리를 만들도록 하자.

5.1.3 게임 시나리오다운 글쓰기

'게임 시나리오다운 글'이라는 개념이 생소하게 느껴질 것이다. 10단계에서 대략적으로 설명했지만 이해를 위해 보충하려 한다. 게임 시나리오다운 글을 쓰지 못하는 가장 큰 이유는 소설적인 글쓰기에 너무 익숙하다는 데 있다. 소설의 형식은 매우 자유로워서 어떻게 쓰더라도 허용된다. 하지만 게임이라면 가급적 플레이를 통해 전달하는 것이 원칙이다. 소설처럼 자유롭게 쓰여진 글을 게임 시나리오의 형태로 수정하는 작업을 예시로 들어보겠다. 『로빈 후드』 중에서 1991년에 제작된 영화의 스토리를 기본으로 했다.

사법관 노팅엄은 사자왕 리처드가 십자군 원정으로 자리를 비운 상황에서 세금을 올려 자신의 욕심을 채운다. 이를 로빈의 아버지가 바로잡으려 하자 노팅엄과 주교는 간교한 술수를 써서 그와 일가를 멸문시킨다. 이후 십자군 원정에서 포로로 있던 로빈이 탈출했다는 소식이 전해지자 그를 잡아오라는 명령을 내린다. 로빈도 아버지가 노팅엄의 손에 죽었음을 알게 되고, 복수를 다짐한다. 로빈은 노팅엄의 횡포를 피해 도둑이 된 농민들을 규합해 그들의 우두머리가 된다.

설정과 상황 설명이 주를 이루는 소설적인 글쓰기의 전형적인 예다. 내용 자체는 쉽게 파악할 수 있지만, 이 스토리를 바탕으로 실제 게임을 만들려고 한다면 뭘 어떻게 해야 할지 난감할 것이다. 게임 시나리오를 처음 쓴다면 대부분 이런 형태의 글을 쓸 확률이 높다. 이 글을 실제 게임 시나리오로 탈바꿈시켜보자.

앞의 글을 고쳐 쓰려면 우선 스토리의 맥락을 파악하고 내용상 중요한 부분이 어디인지 찾아야 한다. 다음은 필자가 스토리에서 중요하다고 생각한 내용이다.

- 공간적 배경은 사자왕 리처드가 십자군 원정으로 자리를 비운 영국
- 사법관 노팅엄은 자신의 이익을 채우려 반대 세력인 로빈의 가문을 멸문시킴
- 노팅엄은 로빈이 살아 있음을 알고 체포하라는 명을 내림
- 아버지의 사망을 알게 되면서 복수를 계획하는 로빈
- 노팅엄의 횡포에 마을을 떠나 도둑이 되는 농민들
- 도둑이었던 농민들을 모아 의적이 되는 로빈

그다음 할 일은 정리된 내용을 사건을 통해 전달하면서 게임 플레이로 연결될 수 있도록 재구성하는 것이다. 게임 플레이는 장르에 따라 그 형태가 다르다. 설명을 위해 필자는 MMORPG의 퀘스트를 만든다는 가정으로 수정했다. 플레이 타입은 가장 무난한 전투를 활용했다.

◆

로빈은 십자군 원정을 나갔다가 포로로 잡히지만 탈출해서 고향으로 돌아온다. 로빈은 셔우드 숲 입구에서 병사들을 만난다. 도적이 아니냐는 의심을 받자 자신은 귀족 신분이라며 아버지의 이름을 댄다. 로빈의 신분을 알게 된 병사들은 다짜고짜 덤벼든다. 그들을 물리치고, 살아남은 병사에게 이유를 묻자 노팅엄의 명을 따른 것뿐이라고 대답한다. 로빈은 병사를 통해 아버지가 노팅엄에게 죽음을 당했다는 사실을 알게 된다.

로빈은 병사의 말이 사실인지 확인하기 위해 자신의 저택으로 향하던 중 도둑을 만난다. 도둑과 전투가 벌어지고, 도둑의 우두머리가 나타난다. 한창 싸우던 중에 우두머리는 로빈을 알아본다. 그는 로빈의 가문에 속해 있던 존이라는 이름의 농민이었다. 로빈은 존을 통해 병사들이 했던 말이 사실임을 알게 된다. 노팅엄은 리처드 왕이 없는 상황을 악용해서 세금을 올리다가 이를 바로잡으려던 로빈의 아버지를 죽음으로 몰아넣었고, 존은 그때 간신히 도망쳤다고 알린다. 그렇게 피해를 본 이들이 한둘이 아니어서 많은 농민이 자신처럼 도둑이 된 상황이라 전한다. 로빈은 노팅엄에게 복수를 다짐하고, 도둑이 아닌 의적으로 그에 대항하려 한다.

행동하거나 말을 하는 캐릭터의 입장에서 쓴 문장이라 글의 읽는 재미는 떨어질 수 있다. 그러나 게임으로 어떻게 구현하면 될지 파악하는 일은 훨씬 쉬워졌다. 크게 두 번의 전투가 있다. 전투 전후의 대화를 통해 상황을 설명해주는 구성이다. 수정된 스토리는 크게 '플레이'와 '전달할 내용'으로 나눌 수 있다. 중요한 것은 플레이에 해당하는 사건이다. 사건이 있어야 게임의 플레이로 상황을 구체화할 수 있다. 사건 전후에 등장하는 대사는 다소 길더라도 게이머들이 쉽게 받아들인다.

약간의 차이가 있다면 처음 스토리에서는 찾아볼 수 없던 존이라는 캐릭터의 등장이다. 로빈 가문의 비극을 지켜봤을 뿐만 아니라 노팅엄을 피해 도망친 농민을 대표하는 캐릭터다. 이러한 상징성을 지닌 캐릭터는 스토리의 몰입도를 높인다. 캐릭터는 스토리텔링에서 효과적인 장치이기 때문에 적극적으로 활용하면 좋다. 재구성된 스토리를 파악하기 쉽도록 '플레이'와 '전달할 내용'으로 구분해보았다.

표 5-1 재구성된 『로빈 후드』 스토리 정리

항목	수정된 스토리의 내용
플레이	• 병사들이 다짜고짜 덤벼든다. • 도둑의 우두머리가 나타난다. 한창 싸우던 중에 우두머리는 로빈을 알아본다.
전달할 내용	• 병사는 노팅엄의 명을 따른 것뿐이라고 한다. 로빈은 병사를 통해 아버지가 노팅엄에게 죽음을 당했다는 사실을 알게 된다. • 노팅엄은 리처드 왕이 없는 상황을 악용해서 세금을 올리다가 이를 바로잡으려던 로빈의 아버지를 죽음으로 몰아넣었다. • 피해를 본 이들이 한둘이 아니어서 많은 농민들이 도둑이 된 상황이다. • 로빈은 노팅엄에게 복수를 다짐하고, 도둑이 아닌 의적으로 그에 대항하려고 한다.

이처럼 구체적인 사건이 있어야 게임의 플레이로 만들 수 있다. 재구성한 스토리에서는 존을 향해 덤벼드는 병사와 도둑으로 인해 사건이 만들어진다. 병사가 로빈을 잡으려 한 이유는 노팅엄의 명령에 따른 것이다. 농민들은 먹고살기가 어려워지면서 도둑이 되었고 길을 지나가던 로빈을 위협해 금품을 갈취하려 한 것이었다. 두 사건이 벌어질 수밖에 없는 이유가 스토리상에 존재한다. 재구성된 내용을 실제 게임으로 구현할 때, 단계를 구분하면 다음과 같이 정리할 수 있다.

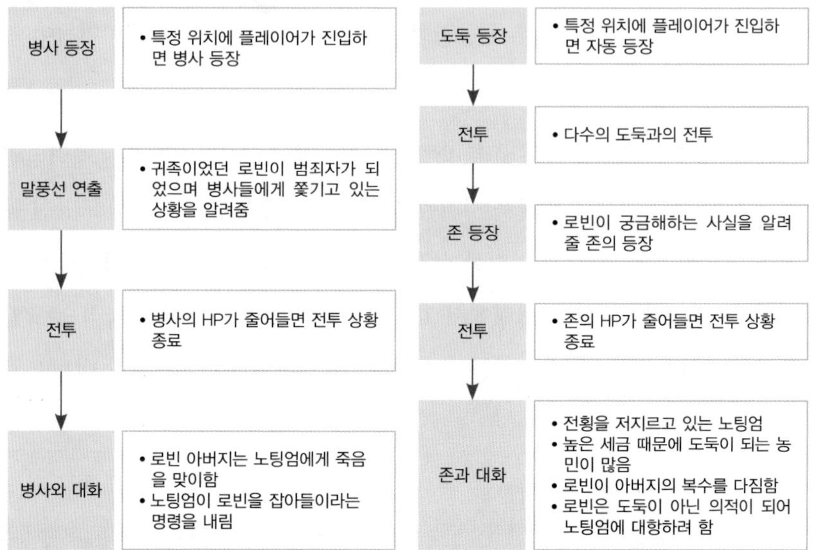

앞의 도식화는 스토리가 구체적인 사건으로 구성되어 있었기에 가능했다. 이 상태라면 추가 기획 없이도 퀘스트로 만들 수 있다. 처음의 스토리였다면 절대로 불가능했을 일이다. 이처럼 게임 시나리오는 실제 게임에서 구현할 모습을 구체적으로 그려낼 수 있어야 한다. 이는 시각화될 수 있는 게임 시나리오를 써야 한다는 뜻이다. 게임 시나리오는 게임을 만들기 위한 작업이므로 그 목적에 맞는 형태로 글이 만들어져야 한다.

5.2 스토리 중심 스토리텔링

스토리가 중요한 대표적인 장르로는 RPG와 어드벤처를 꼽을 수 있다. 작업 방법은 크게 두 가지다. 첫 번째는 스토리에 맞는 게임 시스템을 만드는 것이고,

두 번째는 게임 시스템에 맞는 스토리를 만드는 것이다. 스토리 자체가 중시되는 어드벤처는 첫 번째 방법으로 제작되는 경우가 많고, 게임 시스템이 중요한 수집형 RPG는 보통 두 번째 방법으로 제작한다. 참고로 싱글 RPG와 어드벤처 게임의 방향성은 같다. 지나치게 RPG 위주인 것 같아 어드벤처로 스토리를 먼저 작업하는 게임의 방법론을 설명할 뿐이다.

5.2.1 스토리 작업 후 게임 시스템 기획 – 추리 어드벤처

고전적인 어드벤처 게임은 스토리가 게임의 전부라고 할 수 있을 만큼 스토리의 비중이 높다. 한때 가장 인기 있던 장르 중 하나였지만 더 이상 같은 수준의 인기를 끌지는 못한다. 게이머들의 취향이 바뀐 것이 가장 큰 이유일 것이다. 또 다른 이유는 제작의 난도가 높은 것에 비해 수익을 내기 어렵다는 점이다. 시스템만으로도 콘텐츠를 만들 수 있는 RPG에 비해 어드벤처는 양산이 어렵다. 스토리를 구상하고 구체화하는 데 시간이 오래 걸릴 뿐만 아니라 스토리에 맞는 플레이까지 만들어야 해서 제작 편수가 많지는 않다. 어드벤처 장르는 스토리가 바로 콘텐츠로 연결되기 때문에 게임 시나리오 작가의 역량이 그대로 드러난다. 게임 시나리오가 게임의 완성도에 직접적인 영향을 미치는, 말 그대로 스토리 중심 게임이다.

게임을 만들 때 스토리 작업부터 할 것 같지만 현실은 다르다. 플레이를 중시하다 보니 게임의 핵심 시스템을 먼저 만드는 것이 일반적이다. 반면 어드벤처 장르는 스토리 자체가 메인 콘텐츠이므로 스토리가 확정되어야 게임 시스템을 기획할 수 있다. 그럼에도 스토리를 풀어나갈 핵심 플레이에 대한 대략적인 방향은 정해져 있어야 한다. 최소한의 플레이 콘셉트가 있는 상태에서 작업을 시작해야 한다. 게임 시스템을 고려해 구현될 모습에 대한 밑그림을 그릴 수 있어야 한다. 계속 강조한 '게임으로 구현 가능한 스토리'가 되어야 한다.

어드벤처 장르는 그 안에서 세분화될 수 있는데, 'SF 액션 어드벤처'라면 SF가 소재인 액션성 강한 어드벤처 게임을 가리킨다. 이 책에서는 수많은 하위 장르 중에서 추리 어드벤처로 설명하려 한다. 추리라고 하면 어려워 보이지만, 공식화할 수 있는 구조를 가지고 있기 때문에 오히려 쉬울 수 있다. 추리는 장르의 규칙이 명확한 편이다. 실제로 게임으로 만들 때의 비용도 적은 편이라 인디 게임 회사에서 제작하기에 유리한 측면이 있다. 기술적으로도 복잡하지 않기 때문에 게임 시나리오만 있다면 완성된 게임의 형태로 만들기도 쉽다. 뿐만 아니라 게임 시나리오만으로 게임의 구체적인 모습을 보여줄 수 있다는 점에서 습작으로 작업하기 적합하다.

1) 장르 분석

게임 시나리오 작업에서 가장 먼저 해야 할 일은 장르의 특성을 파악하는 것이다. 추리의 개념부터 살펴보자. 추리는 '전제를 바탕으로 결론에 도달하는 것'이라 생각하면 쉽다. 풀어서 설명하면 '단서를 바탕으로 문제를 해결하는 것'이 추리다. 완성도 높은 추리물을 살펴보면 **'단서-결론'이라는 추리의 가장 기본적인 원리**가 잘 적용되어 있다. 스토리의 도입부부터 결론과 연관된 단서가 촘촘히 잘 배치되어 있음을 확인할 수 있다. 반면에 완성도가 떨어지는 추리물은 결론이 뻔히 예상되거나 전혀 짐작할 수 없는 경우가 많다. 트릭의 문제일 수도 있겠지만 스토리 구조의 설계가 잘못되었기 때문에 나타나는 결과다. 기본적으로 추리 콘텐츠 스토리 구조의 특징은 단서를 쌓아두었다가 결론에 도달했을 때 그 단서들이 가진 궁금증을 해소해주는 것이다. 결론 시점에서의 쾌감은 단서가 적절하게 쌓여 있을수록 높아진다.

추리 어드벤처 역시 이 같은 추리의 기본 개념이 그대로 적용된다. '단서-결론'이 아니라 '힌트-문제 해결'이기는 하지만 맥락은 같다. 힌트를 주고 이를 바탕으로 문제를 해결하도록 만드는 것이 추리 어드벤처 게임의 진행 방식이다.

예를 들어 방에 갇혀 있는 상황이라면 플레이어가 문을 여는 방법을 문제로 만들어야 한다. 자물쇠가 잠겨 있고 열쇠를 찾도록 하는 것이 가장 쉬운 문제 형태다. 망치 같은 물건으로 자물쇠를 내리쳐서 문을 열도록 하는 문제로 구성할 수도 있다. 자물쇠에 비밀번호가 있다면 번호를 알아내기 위한 또 다른 플레이로 연결할 수 있다.

지금까지 문제라고 설명한 개념은 게임에선 '미션'이라 부른다. 플레이어가 풀어야 할 문제는 플레이어에게 주어진 임무라 할 수 있다. 이후부터는 편의상 미션이란 용어를 사용해 설명한다.

2) 추리 어드벤처 시나리오 작법

1단계: 기반 작업

추리 어드벤처의 스토리를 만드는 아주 특별한 방법이 있는 것은 아니다. 우선 세 가지 사건을 만든다. 예상한 대로 3막 구조의 적용이다. 시작 단계에는 사건 세 개가 필요하다. 첫 번째 사건은 1막의 구성점 1에 해당하는 내용으로 주인공이 어떤 이유로 범인을 추적하게 되는지를 설명할 수 있어야 한다. 두 번째 사건은 구조적으로 2막에 해당한다. 그동안 추적하고 모은 단서로 범인을 밝혀내야 한다. 클라이맥스에 해당하는 사건을 만드는 것이다. 세 번째 사건은 3막으로, 주인공이 모든 사건을 해결함에 따라 달라진 결과를 보여준다. 1막과 3막에서 플레이가 들어가도 좋지만 그렇지 않아도 구조적으로 문제될 것은 없다.

'캐릭터-스토리' 모델 작업을 하면서 주인공 설정을 확실하게 할 필요가 있다. 추리물의 주인공은 누군가의 의뢰를 받아 사건을 해결하는 경우가 많다. 굳이 따진다면 그 사건을 해결하지 않아도 된다. 그렇기 때문에 주인공에 대한 강력한 설정이 필요하다. 탐정으로 설정하면 충분하지만 추리와 어울리는 다른 직업군이 있다면 주인공이 되어도 된다. 중요한 것은 탐정이 되기에 적합한 '지적 능력'이다. 추리물의 캐릭터라면 당연히 가지고 있어야 할 능력이다. 아니면 플레이어를 탐정으로 설정하는 것도 방법이다.

중요 사건을 만들면서 그 외의 기반 작업을 같이 한다. 추리 어드벤처의 세계관은 현재일 확률이 높지만, 다른 경우 관련 세계관 작업을 한다. 중요 캐릭터 각각의 '캐릭터-스토리 모델'이 필요하다. 등장 캐릭터의 관계를 한눈에 파악할 수 있는 캐릭터 관계도 작업도 같이 한다. 게임 스토리에서 추구하는 테마가 있다면 처음부터 설정한다.

2단계: 1막 구성

1막에서는 세계관, 주인공, 해결해야 할 사건이 중심이 되어야 한다. 일반적인 스토리라면 주인공의 갈등이 소개되어야 하지만, 추리물이기 때문에 '해결해야 할 사건'이 된다. 1막에서 어떤 일이 벌어지고 있고, 뭘 해야 하는지를 명확하게 전달하는 것이 무엇보다 중요하다.

추리 어드벤처에서 흔하게 사용되는 연출 중 하나가 1막을 진행한 다음에 타이틀을 출력하는 것이다. 본격적인 사건이 시작된다는 사실을 알려준다. 게임이 아닌 다른 추리물에서도 1막과 2, 3막 사이를 의도적으로 구분하는 경향이 있다. 단순히 게임 중에 타이틀이 뜨는 간단한 연출임에도 효과는 상당하다.

3단계: 2, 3막 구성

세 가지 중요 사건을 도식화한다. 이 작업을 통해 스토리의 전체적인 맥락을 한 번에 파악할 수 있다. 중요 사건, 그 사건의 기능적인 역할, 함께 해결해야 할 미션, 이렇게 세 가지 항목으로 정리하면 된다.

그다음에는 2막의 클라이맥스가 되는 사건으로 가기까지의 과정을 만들어준다. 범인에 관한 정보가 조금씩 쌓이면서 범인이 누구인지 드러나도록 한다. 사건을 어떻게 연결시킬 것인가를 계속 고민하면서 스토리의 완성도를 높여준다. 긴장감을 높이는 장치로 범인처럼 보이는 캐릭터를 등장시키는 것은 좋은 선택이다. 이때 주의해야 할 점은 사건 하나가 지나치게 많은 정보를 가져서는 안 된다는 것이다. 정보의 양이 많다면 사건 역시 많이 만들어내야 한다. 앞서 설명한 '훅'의 개념을 활용해서 사건 하나가 하나의 훅을 가지도록 한다. 그래야만 사건이 기억될 수 있다. 사건 하나를 플레이 단위, 이벤트 단위로 설정한다.

[그림 5-4]는 일본의 소설을 원작으로 국내에서 만든 영화 〈화차〉의 초반 스토리를 도식화한 것이다. 스토리 진행에 필요한 중요 사건을 정리하고, 그중 일부만 미션화했다. 만약 〈화차〉를 게임으로 만든다면 플레이에 해당하는 미션의 수가 더 늘어나야 할 것이다.

그림 5-4 〈화차〉의 초반 스토리 도식화

사건	기능	미션
• 동우의 전화를 받은 선영이 갑자기 사라짐	• 스토리의 시작, 선영이 사라진 이유에 대한 궁금증 유발	• 선영의 흔적 찾기 (근무하던 회사로 이동)
• 선영이 다니던 회사에 찾아감	• 선영의 이력서를 얻음(중요한 실마리가 될 단서)	
• 동우와 만남	• 선영은 4년 전에 파산 신청을 한 적이 있음 • 본인은 이 사실을 모르고 있었던 것처럼 보임	
• 선영이 졸업한 고등학교에 전화함	• 고향 주소를 확인함	
• 선영의 이력서에 적힌 이전에 일한 회사에 전화함	• 이력서에 적힌 이전에 일하던 회사 정보는 거짓이었음	
• 4년 전에 선영이 파산 신청 당시에 상담한 변호사를 찾아감	• 변호사가 상담한 사람이 선영이 아님을 알게 됨 • 강선영은 어머니가 죽고 보험금을 탄 적이 있음	• 이력서와 탄원서의 글자가 다르다는 사실 확인
• 운호가 형사였던 사촌 형 종근에게 선영을 찾아달라고 함	• 추리 장르에서 필수적인 탐정류 캐릭터의 등장(장르적 장치)	
• 종근이 선영이 살던 집을 조사함	• 선영은 자신의 흔적을 모두 없애고 도망감 (살던 곳에서 자신의 지문도 지워버림)	• 선영의 집에서 지문 수색
• 선영이 남긴 짐을 찾아옴	• 선영의 과거 흔적을 짐작하게 하는 단서 획득(화장품, 술집 라이터, 납골당, 피부과 진료 기록 등)	
• 종근이 모은 단서로 운호의 약혼녀인 가짜 선영의 의도 파악	• 약혼녀는 진짜 강선영을 대신해서 살려고 했음 • 선영 어머니의 죽음도 의심스러운 구석이 있음	

〈화차〉는 사라진 선영의 흔적을 쫓는 스토리다. 따라서 선영이 사라져야만 스토리가 시작된다. 그 계기가 되는 사건이 선영에게 걸려오는 한 통의 전화다. 문호의 친구인 동우는 선영에게 과거에 파산 신청을 한 적이 있는지를 묻는다. 그 말을 들은 선영은 자취를 감춘다. 지금까지 선영인 것처럼 살아왔지만 동우에게 자신이 선영이 아니라는 사실을 들킬 수 있다고 생각했기 때문이다. 이때 중요한 것은 동우의 설정이다. 동우가 금융 관련 일을 하고 있어서 선영이 과거에 파산 신청을 했던 사실을 알게 되었고, 동우는 문호의 친구이기도 해서 그 사실이 문호에게 전해진다. 〈화차〉에서 동우는 선영이 도망칠 수밖에 없는 상황을 만드는 장치다. 사건을 만든다는 것은 이런 맥락이라고 생각하면 된다. 스토리 전개를 위해서는 이러한 기능적인 역할을 하는 사건이나 인물이 필요하다. 그리고 그 내용은 앞에서 도식화된 것처럼 정리되어야 한다. 그 후에 사건의 순서를 바꾸거나 사건을 추가하면 된다.

4단계: 사건 점검

여기까지 정리되었다면 스토리의 기본적인 작업은 모두 끝났다. 마지막으로 사건이 기능적으로 어떻게 작용하는지를 점검한다. 만약 이 과정에서 정보 전달의 기능마저 없는 사건으로 판단된다면 삭제하는 것이 맞다. 그다음에는 똑같은 기능을 수행할 수 있는 다른 사건을 찾아본다. 만약 처음 만든 사건보다 극적인 효과가 뛰어난 사건이 있다면 당연히 수정해야 한다. 〈화차〉의 원작에서는 약혼녀가 사라진 상황을 대화로 전달해준다. 반면 영화는 선영의 시부모님이 될 문호의 부모님을 함께 뵈러 이동하는 차에서부터 시작한다. 결혼을 앞둔 선영은 누구보다 행복해하지만, 어느 날 한 통의 전화를 받고 갑자기 사라진다. 장대비가 쏟아지는 상황에 우산도 없이 떠났기에 더욱 궁금증을 유발한다. 약혼녀가 사라진다는 스토리는 같지만 영화가 훨씬 극적이다. 이처럼 더 흥미롭고 재미있는 사건을 선택할수록 극의 몰입도가 높아진다. 1장에서 설명한 뛰어난 '텔링'의 예라 할 수 있다.

5단계: 플레이의 방향성 구상

기본적인 스토리와 사건이 완성되었다면 게임 시스템을 기획한다. 게임 시스템이라고 하면 복잡할 것 같지만 추리 어드벤처 게임의 플레이 타입을 기획하는 것이라고 생각하면 된다. 일반적으로 단서를 바탕으로 제시된 미션을 해결하는 것이 추리 어드벤처 게임의 플레이 패턴이다. 화면에서 특정 아이템 찾기, 아이템 증거로 제시하기 등이다. 예를 든 것은 추리 어드벤처 게임의 가장 일반적인 타입에 지나지 않는다. 게임에 따라 정말 다양한 형태로 나타난다. 〈역전재판〉 시리즈의 경우 법정에서 증인의 진술에 이의를 제기하는 방식으로 미션을 해결한다. 추리 어드벤처 게임의 스토리 비중이 높지만, 모든 문제를 개별적으로 구현하기는 어려우므로 반복해서 활용 가능한 플레이 타입의 기획도 필요하다.

6단계: 플레이 구체화

플레이 타입의 기획이 끝났다면 사건에 맞는 미션을 만들고, 미션에 어울리는 플레이 타입을 매칭한다. 그래서 '사건-기능-미션-플레이 타입'으로 정리해야 한다. 게임 시나리오에서 긴 호흡은 스토리의 몰입도를 떨어뜨리기 때문에 사건을 하나의 스토리 흐름 단위로 생각하는 것이 좋다. 훅 단위로 스토리를 구성하는 것으로 이해하면 되는데, 수많은 훅이 연결되어 게임 전체의 스토리가 완성되는 구조다.

그림 5-5 추리 어드벤처의 훅 단위 스토리 구성

스토리 흐름 단위는 대부분의 경우 하나의 사건, 하나 이상의 미션의 형태로 정리 가능할 것이다. 사건은 하나지만 그 사건의 미션은 다수 존재할 수도 있다. 만약 한 장소에 여러 사건이 벌어진다면 같은 흐름으로 생각할 수 있다. 이때

사건이 어떤 기능을 수행하는지를 판단 기준으로 삼으면 된다. 기능마저 같다면 군이 다르게 구분할 필요는 없다. 단순 정보 전달이 목적이어서 사건 없이 대화만 존재하거나 연출로 보여줘야 하는 경우도 있다. 이 역시 스토리의 흐름에 해당하므로 같이 정리한다. 이 단계에서 정리한 내용으로 스토리 전체의 흐름을 파악할 수 있어야 하며, 스토리가 어떤 미션을 통해 전달되는지도 확인 가능해야 한다.

〈화차〉에서 미션과 플레이 타입 매칭의 예시를 하나 들어보겠다. 문호가 변호사를 찾아가는 사건의 기능은 4년 전 파산 신고를 한 선영과 문호가 결혼하려던 선영이 서로 다른 인물이라는 걸 알려주기 위함이다. 영화가 이 내용을 전달하는 방법은 이력서와 탄원서의 글씨체가 다르다는 점을 발견하도록 하는 것이다. 플레이어가 풀어야 할 미션도 이력서와 탄원서의 글씨체가 다르다는 것을 확인하는 플레이로 구체화하면 좋다. 수상한 점을 물었을 때, 이력서와 탄원서 아이템을 제시하면 미션이 해결되는 방식으로 구체화한다. 이 미션의 플레이 타입은 '아이템 제시'일 것이다.

만약 사건을 미션으로 만들기 어렵다면 사건을 수정하거나 미션을 수정한다. 미션에 맞는 플레이 타입이 없다면 플레이 타입을 기획한다. 사건, 미션, 플레이 타입이 유기적으로 연결되어야 게임의 완성도가 높아진다. 추리 어드벤처 게임의 시나리오 작업을 한다면 이 단계가 가장 중요하기 때문에 가장 많은 시간과 노력을 들여야 한다.

7단계: 스토리 최종 점검

스토리의 사건, 기능, 미션, 플레이 타입이 유기적으로 연결되어 있는지를 마지막으로 확인하고 점검한다. 문제점이 발견되면 수정한다. 테마와 '캐릭터-스토리 모델'이 스토리에 잘 드러나는지를 확인하고, 수정한다. 이때 대사 작업을 대략적으로 계획한다.

지금까지 추리 어드벤처의 게임 시나리오 작법을 설명했다. 기본적인 흐름 자
체는 스토리 창작 10단계와 크게 다르지 않다. 작업 순서를 요약하여 정리하면
다음과 같다. 각 단계의 목적을 확실하게 이해한다면 어렵지 않게 게임 시나리
오를 완성할 수 있을 것이다.

1단계 기반 작업
- 세계관 설계
- 테마 설정
- 캐릭터-스토리 모델, 캐릭터 관계도
- 1막, 2막, 3막의 사건 구성

2단계 1막 구성
- 1막 구성(세계관 소개, 주인공 소개, 해결해야 할 사건 소개)

3단계 2, 3막 구성
- 스토리 도식화
- 1막의 구성점 1에서 2막의 클라이맥스로 가기 전 단계의 사건 추가
- 사건, 기능, 미션으로 구분해서 정리

4단계 사건 점검
- 사건 순서 재배치
- 같은 기능을 수행하는 극적인 사건이 없는지 확인
- 점검 후 수정

5단계 플레이의 방향성 구상
- 스토리와 사건에 맞는 플레이 타입 구상
- 구상한 내용을 플레이 타입으로 기획

6단계 플레이 구체화
- 미션과 플레이 타입의 매칭
- 하나의 스토리 단위를 '사건-기능-미션-플레이 타입'으로 정리
- 마땅한 플레이 타입이 없다면 플레이 타입 기획

5.2.2 게임 시스템 기획 후 스토리 작업 – 수집형 RPG

대부분의 게임은 이미 핵심 시스템을 기획한 상태에서 만들어진다. 예를 들면 어드벤처 퍼즐 게임 〈레이튼 교수와 이상한 마을〉 등이 있다. 얼핏 보면 스토리를 먼저 만든 것 같지만, 스토리와 퍼즐 간의 연관성이 높지 않아서 굳이 스토리부터 작업해야 할 이유는 없다. 같은 이유로 어떤 퍼즐을 만들어도 버려질 일은 없다는 점에서 개발 과정에서의 부담이 줄어든다. 게임 하나를 만드는 데 드는 비용을 생각한다면 당연한 선택이다. 추리 어드벤처 게임처럼 스토리에 맞는 게임 시스템이 필요한 게임이 아니라면, 게임 시스템이 정해진 상태에서 제작하는 경우가 대부분이다. 가장 대표적인 장르가 지금부터 설명할 모바일 RPG다.

가장 먼저 해야할 일은 당연하게도 게임 시스템의 철저한 분석이다. 그러기 위해서는 플랫폼과 장르부터 파악해야 한다. 게임 플랫폼과 장르는 게임의 방향성을 결정한다. 반대로 게임의 방향성이 플랫폼과 장르를 결정하기도 한다. 그 순서가 어찌 되었건 플랫폼과 장르가 게임 시스템에 결정적인 영향을 미친다는 사실은 변함이 없다. 많은 모바일 RPG의 게임 시스템이 비슷한 이유도 여기에 있다. 따라서 모바일 RPG의 스토리텔링을 위해서는 플랫폼인 '모바일'과 장르인 'RPG'를 더 분석적인 시각에서 파악하는 것이 중요하다.

1) 플랫폼 분석

모바일은 곧 스마트폰을 말한다. 스마트폰의 본질은 '전화기＋컴퓨터'다. 전화기에서 시작되었지만 지금은 개인용 컴퓨터의 기능이 더 중요해졌다. 게임은 스마트폰으로 할 수 있는 여러 기능 중 하나다. 처음부터 게임을 위해 만들어진 플랫폼은 아니라는 점이 가장 큰 특징이다. 스마트폰의 인터페이스는 게임에 최적화되어 있지 않아서 장시간 집중해서 플레이하기 어렵다. 그래서 모바일 RPG에는 '자동 전투'가 등장한다. 이에 대해 부정적인 시각도 있지만, PC나 콘솔 게임처럼 피로도가 높은 조작을 스마트폰으로 요구하는 것은 애초에 무리다. 따라서 같은 장르라도 모바일 환경에서는 플레이의 비중이 점점 줄어든다. 특히 오랫동안 실시간 조작을 하는 것은 생각만큼 쉽지 않다.

RPG를 뜻 그대로 해석하면 '역할 분담 게임Role-playing Game'이다. 그러나 어느 순간부터 RPG는 '성장'에 초점이 맞춰졌다. 어떤 게임에서 RPG적 요소가 있다고 하면 성장 요소가 있다는 뜻으로 받아들이는 게 일반적이다. 성장을 수치화하는 시스템은 굉장히 강력하다. 아무것도 아닌 듯 보이는 클리커 게임Clicker Game[1]을 하는 이유도 성장이 주는 재미 때문이다. 콘텐츠로 만들기 쉬울 뿐만 아니라 과금에도 유리하다. 이런 이유로 모바일에서는 장르를 불문하고 RPG의 성장 요소와 결합하게 된다. 〈모두의 마블〉은 캐릭터를 얼마나 성장시켰는가에 따라 게임의 승부가 결정된다. 초기의 〈모두의 마블〉은 보드게임이었지만 지금의 〈모두의 마블〉은 성장 위주의 RPG에 가까워진 상태다. RPG가 아닌 게임조차 이런 상황이다 보니 RPG에서 성장 요소가 극대화되는 것은 당연하다.

---

1 특별한 조작이 없어도 재화가 증가하는 방치형 게임을 말한다.

이런 이유로 모바일 RPG는 캐릭터로 직접 플레이하는 것이 아니라 캐릭터와 아이템을 성장시키는 쪽에 초점을 맞춘다. 과거의 RPG와 비교한다면 스토리와 플레이의 비중이 더욱 낮아진 상태다. 다른 관점에서 본다면 모바일이라는 플랫폼에 RPG가 적응해서 만들어진 게임이라 할 수 있다. 이런 변화에 대해 부정적인 시각도 있지만, 플랫폼에 따라 장르의 특성이 변하는 것은 어쩌면 당연하다. RPG의 여러 요소 중에서 유독 '성장'의 비중이 절대적으로 커져버렸는데, 문제는 이런 변화가 모바일이라는 플랫폼에서는 지나치게 강력하다는 점이다. 기존에 검증된 성장 시스템을 가져오는 것만으로도 일정 수준 이상의 재미와 수익이 보장된다. 이런 이유로 그래픽만 다른 거의 유사한 형태의 모바일 게임이 계속해서 만들어지는 중이다.

2) 장르 구분 – 수집형 RPG

모바일 RPG라고 하면 〈세븐나이츠〉로 대표되는 성장 중심의 '수집형 RPG'로 인식하는 편이다. 하지만 싱글 RPG도 존재하기 때문에 따로 구분할 필요가 있다. 같은 RPG임에도 성장과 모험이라는 방향성의 차이가 분명하다.

수집형 RPG로 분류하는 게임은 자동 전투를 기본으로 하는 성장 중심의 온라인 상태에서만 플레이 가능한 RPG를 말한다. 이 모든 조건을 포함하는 게임이 〈세븐나이츠〉와 같은 RPG다. 모바일 액션 RPG로 분류되는 게임 역시 위의 조건을 모두 포함한다. 수동 조작의 재미가 조금 더 있는 정도일 뿐 플레이 메커니즘의 차이는 크지 않다. 자동 전투와 반복 전투를 기본으로 하고 콘텐츠 구성도 거의 같으므로 수집형 RPG로 분류해도 무방하다. 액션 RPG라는 원래의 장르명이 가진 의미는 이미 퇴색되었다. 결투장의 승패가 액션이 아닌 성장 정도로 결정된다는 점만 봐도 그렇다. 여러 이유 때문에 이 책에선 수집형 RPG라는 장르명만 사용하려 한다.

수집형 RPG에서 가장 중요한 건 성장의 재미인데, 대부분 검증된 게임 시스템을 그대로 활용하는 편이다. 게임마다 다를 수는 있지만 그 차이는 크지는 않다. 게임을 만드는 시점부터 많은 것들이 결정되어 있는 상황이기에 시나리오 작업 역시 이에 맞추어야 한다.

3) 수집형 RPG 게임의 방향성

수집형 RPG의 콘텐츠는 크게 일회성 콘텐츠와 반복 콘텐츠로 나눌 수 있다. 일회성 콘텐츠는 스테이지 클리어 형식으로 진행된다. 순서대로 플레이하면서 자연스럽게 게임에 익숙해지도록 한다. 반복 콘텐츠는 성장에 필요한 여러 재화를 획득할 수 있다. 이 중 PvP가 엔드 콘텐츠가 되는 경우가 일반적이다. 싱글 RPG가 캐릭터를 직접 조작하는 형태였다면 수집형 RPG는 스탯을 관리하는 플레이에 초점이 맞춰져 있다.

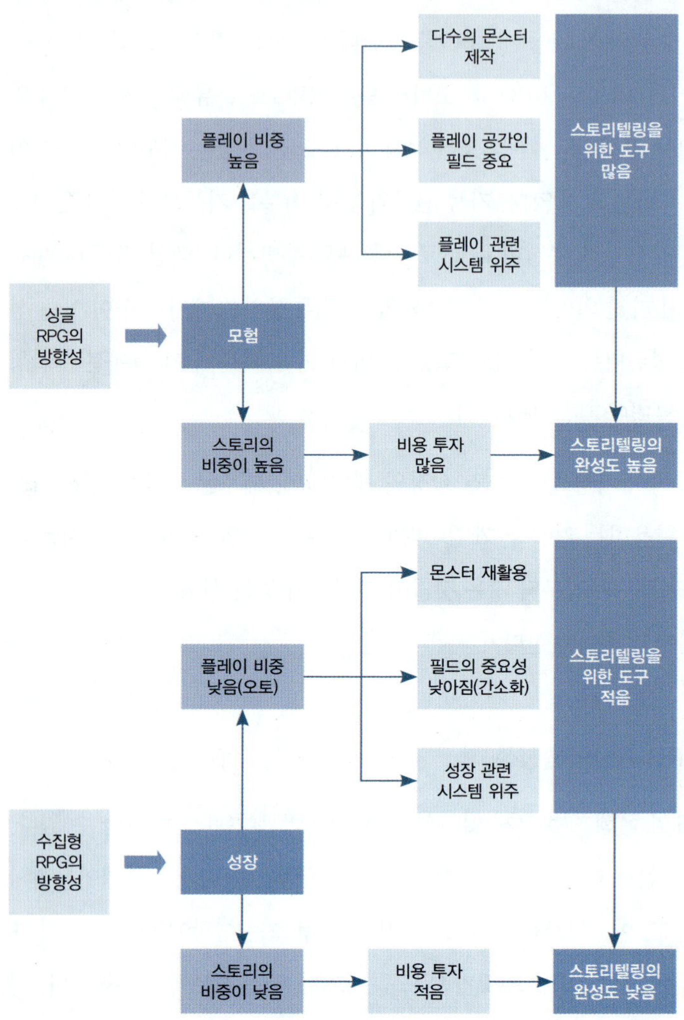

수집형 RPG는 플레이를 직접 하기보다는 자동 전투가 기본이 되면서 플레이가 이루어지는 공간의 중요성이 차츰 낮아졌다. 게임을 만드는 입장에서 굳이 필드 제작에 공을 들일 이유가 없어지면서 '필드'가 사라지게 된다. RPG의 경험은 필드로 불리는 공간에서 이루어진다. 스토리텔링의 측면에서도 중요한 역할을 차지하고 있지만, 수집형 RPG의 필드는 그 역할을 하지 못한다.

또 다른 문제는 수집형 RPG의 플레이가 전투 위주인 데다가 등장 몬스터도 반복된다는 점이다. 플레이가 전투로 한정되면서 사건을 해결하는 방식도 적을 상대하는 것에서 벗어나기 어렵다. 이는 전개 가능한 스토리의 폭이 좁아진다는 의미다. 전투 경험의 중요도가 낮아지면 몬스터의 효용 가치가 떨어져 몬스터 제작에 공을 들일 이유가 사라진다. 하지만 스토리를 만드는 입장에선 플레이 패턴과 몬스터 수와 같이 스토리텔링에 활용 가능한 도구는 많을수록 좋다.

'필드'와 '플레이'가 사라진 수집형 RPG의 스토리텔링은 쉽지 않다. 반대로 생각한다면 싱글 RPG의 '필드'와 '플레이'를 부활시키면 이 어려움을 해결할 수 있다. 하지만 추구하는 방향성이 다르기도 하고 제작비도 무시할 수 없기에 게임 시나리오 작업은 제한적일 수밖에 없다. 모험의 과정에 성장이 있는 싱글 RPG와 달리 수집형 RPG는 성장 자체를 최우선 가치로 여기는데, 이 차이도 스토리텔링에 영향을 미친다.

싱글 RPG에서 플레이어는 필드를 돌아다니며 다양한 몬스터를 상대하게 되고, 스토리는 그 이유를 만들어준다. 스토리의 비중이 높은 것은 당연하며 관련 비용이 투자된다. 직접 캐릭터를 조작해서 이동하고 전투를 하는 것과 같은 플레이 위주의 시스템이 그 특징이다. 이처럼 싱글 RPG는 상대적으로 스토리텔링을 위한 도구가 많다. 구조적으로 스토리텔링의 완성도가 높을 수밖에 없다.

그에 반해 수집형 RPG는 콘텐츠를 플레이하면서 얻은 보상으로 캐릭터를 성장시키는 즐거움에 초점이 맞춰져 있다. 강화나 각성과 같은 성장 위주 시스템의 비중이 높다. 목적 자체가 성장이라는 점에서 자동 전투가 기본이다. 필드는 단순한 스테이지 개념으로 축소되어 공간이 아닌, 말 그대로 배경으로만 존재한다. 수집형 RPG는 스토리텔링을 위한 도구가 적고 스토리의 비중도 낮아서 관련 비용의 투자가 적다. 스토리텔링의 완성도가 높기 어려운 구조다.

4) 수집형 RPG의 스토리 전달

수집형 RPG의 스토리는 스테이지에서 전개된다. 스테이지는 '스토리–전투–스토리' 순으로 진행된다. 전투 이후에 스토리가 생략되거나 일부 스테이지에 스토리가 존재하기도 하는 등 게임에 따라 차이가 난다. 스토리 진행을 위해 영상이나 이미지 컷을 출력하기도 하지만 대부분 대사를 통해 스토리를 전달하는 편이다.

그림 5-8 〈세븐나이츠〉의 대사를 통한 스토리 전개 화면

수집형 RPG에서 플레이를 통한 스토리 전달을 하기 위해선 전투와 스토리를 연결해야 한다. 중요 갈등을 해결하는 방법은 몬스터를 처치하는 것이다. 하지만 몬스터의 수가 적기 때문에 스토리를 전투로 풀어내기가 쉽지 않다. 이런 이유로 스토리와 전투의 연관성이 떨어지는 게임이 만들어진다.

다수의 캐릭터가 등장하는 수집형 RPG에선 캐릭터 개인의 스토리나 캐릭터의 관계를 알려주는 스토리를 콘텐츠로 만들기도 한다. 스토리를 보여주는 것 자체는 좋지만, 대부분 대사를 출력하는 선에서 끝난다. 하지만 중간에 간단한 전투만 포함해도 스토리의 몰입도가 높아진다. 이것이 플레이가 포함된 스토

리와 그렇지 않은 스토리의 차이다.

5) 수집형 RPG의 주인공 설정

수집형 RPG 스토리 작업의 어려움 중 하나는 스토리를 전개할 주인공을 설정하기 힘들다는 점이다. 높은 확률로 스토리 전개상 필요한 주인공은 무료로 획득 가능한 캐릭터의 몫이다. 그러나 계속해서 강한 캐릭터가 등장해야 하는 수집형 RPG의 특성상 약한 캐릭터는 계속 플레이되기 힘들다. 주인공이라는 특별한 역할을 가졌음에도 파티에는 제외되는 상황이 발생한다. 스토리 전개를 위한 캐릭터를 강제로 플레이하도록 하는 것도 하나의 방법이다. 하지만 주인공이 약하다면 그 자체로 주인공의 역할을 못하고 있는 셈이며, 스토리의 몰입도 역시 떨어진다.

또 다른 방법은 전투에 참여하지 않는 캐릭터를 주인공으로 만드는 것이다. 이를테면 주인공이 퇴마사이기 때문에 요괴를 부린다는 설정이 가능하다. 아니면 용병 대장이어서 용병을 고용하는 설정도 가능하다. 이런 설정을 가진 캐릭터는 전투에 참여하지 않으므로 사건을 해결하는 주체가 되지는 못한다는 점에서 불완전한 주인공이다. 그러나 스토리에 계속해서 등장할 수는 있다는 장점이 있다. 〈데스티니 차일드〉에서 주인공은 이 게임에서 전투 캐릭터인 차일드를 부리는 주인으로 등장한다. 〈무기미도〉 역시 비슷한 설정인데, 주인공은 전투 캐릭터인 수감자를 제어할 수 있는 국장이다.

이는 수집형 RPG 중 서브컬처 게임에서 많이 활용하는 방법인데, 플레이어에게 어떠한 역할을 부여할 수 있다. 〈블루 아카이브〉는 선생님, 〈니케〉는 지휘관, 〈우마무스메〉는 트레이너 등으로 불린다. 역할 놀이를 가능케 하면서 몰입도를 높여주는 효과도 있다.

6) 수집형 RPG의 시나리오 작법

수집형 RPG는 이미 확정된 게임 시스템에 맞춰 작업하기 때문에 스토리부터 작업하는 추리 어드벤처 게임과는 방법론에 차이가 있다. 수집형 RPG라면 캐릭터 설정이 무엇보다 중요하다. 스테이지 진행은 스토리 중심이라 할 수 있지만, 캐릭터가 다수 등장한다는 점에서 캐릭터 중심이기도 하다. 캐릭터에 관한 내용은 5.3절 '캐릭터 중심 스토리텔링'을 참고하길 바란다.

지금부터는 수집형 RPG 시나리오 작법을 위한 작업 순서를 살펴보자.

1단계: 사전 작업 – 지역

대부분의 경우 게임이 어느 정도 만들어지고 난 후에 게임 시나리오 작업이 시작된다. 중세 판타지, 무협, SF처럼 세계관의 커다란 범주만 정해져도 몬스터 제작에 크게 문제될 것은 없다. 만약 이미 많은 것이 결정되어 있는 상황이라면 다른 작업을 하면서 조금씩 보강하는 작업 방식이 낫다.

가장 먼저 해야 할 작업은 지역 설정 보강이다. 지역 설정에 따라 몬스터와 배경이 제작되기 때문에 중요도가 높다. 수집형 RPG는 필드의 개념이 약하기 때문에 지역 설정을 복잡하게 할 필요는 없다. 배경이나 몬스터 제작이 가능한 수준이면 충분하다. 그럼에도 다른 지역과 구분되는 하나의 명확한 콘셉트는 가지고 있어야 한다. 일반적으로 지역 하나를 하나의 스테이지로 구성하는 편이라 지역이 열 개면 스테이지도 열 개가 된다.

2단계: 사전 작업 – 몬스터

지역 설정을 바탕으로 만들어진 몬스터를 지역에 맞게 분류해야 한다. 순수하게 외형으로만 판단해서 지역과 캐릭터의 아트 콘셉트를 일치시키는 작업이다. 특정 지역의 몬스터가 부족하거나 필요 이상으로 많다면 적절한 수준으로 조절해야 한다. 몬스터를 추가하거나 기존 몬스터의 콘셉트를 바꾸면서 지역별로 몬스터 수의 균형을 맞춘다. 베리에이션 몬스터의 경우 전투 메커니즘은 같지만, 외형이 다르므로 별도로 구분한다. 몬스터를 빠르게 만드는 것이 중요하다 보니 지역을 고려하지 않고 만들면서 특정 지역에만 몬스터가 많이 생기는 불상사가 자주 발생한다. 이 단계에서 지역별로 수를 조절하고 다른 작업에 참고할 수 있도록 리스트로 정리한다.

3단계: 기반 작업

수집형 RPG는 제약이 많은 편이라 복잡한 스토리와는 어울리지 않는다. 구조가 명확하고 선이 굵은 스토리, 흔히 말하는 왕도물이 적합하다. 게임을 하는 목적에 스토리가 차지하는 비중이 적다는 걸 감안해야 한다. 게임의 특성을 생각한다면 대사에 의존해야 할 확률이 높으므로 창작자로서의 욕심을 조금 줄일 필요가 있다.

스토리의 기본적인 방향성이 정해졌다면 3막 구조에 맞는 세 가지 사건을 만든다. 첫 번째 사건은 1막의 구성점 1에 해당하는 내용으로 주인공이 모험을 떠나는 계기가 되어야 한다. 두 번째 사건은 클라이맥스로 적대자와의 대결과 관련된 내용이어야 한다. 3막은 적대자가 사라진 결과에 대한 것이다.

이 단계에서 다양한 기반 작업을 마무리 지어야 한다. 우선 세계관을 보강해 완성도를 높인다. 수집형 RPG라면 세력 설정에 많은 공을 들여야 한다. 세력 설정이 구체적이고 명확할수록 캐릭터를 추가할 때 드는 시간과 노력이 줄어든다. 중요 캐릭터의 '캐릭터–스토리 모델'과 캐릭터 관계도 작업을 하고, 스토리에서 추구하는 테마가 있다면 설정한다.

4단계: 1막 구성

수집형 RPG에서 1막은 튜토리얼로 구성하는 편이다. 구성점 1의 사건을 얼마나 효과적으로 전달할 것인가가 핵심이다. 게임에 따라 1막을 영상으로 대체하기도 한다. 하지만 튜토리얼은 게임에 반드시 포함되어야 한다는 점에서 굳이 분리할 이유는 없다. 플레이 과정에서 필요한 정보를 알려주는 것이 인지하기 좋다는 점도 생각해야 한다. 그래서 1막은 튜토리얼이라고 생각하고 스토리를 구성한다.

튜토리얼에서 알려줘야 할 정보를 리스트업한 후에 그 항목들이 자연스럽게 등장할 수 있는 스토리를 만든다. 튜토리얼 자체가 스토리와 플레이의 흐름을 끊기 때문에 '아, 이런 게 있구나' 정도를 인지시키는 수준의 설명이면 충분하다. 수집형 RPG의 게임 시스템은 전반적으로 비슷한 편이어서 모든 걸 설명해야 한다는 생각은 접어두자. 어떤 메커니즘의 전투를 하는지와 게임만의 특별한 전투 시스템이 있다면 이를 알려주는 정도면 충분하다. 그 외의 것들은 1막 이후에 별도로 알려주자.

1막 구성에서 무엇보다 신경 써야 할 건 세계관, 주인공, 주인공의 갈등을 소개하는 일이다. 특히 주인공이 앞으로 뭘 하려고 하는지 명확하게 알려주어야 한다. 이 사실을 초반에 제대로 알려주지 않으면 스토리의 몰입도가 생기지 않는다. 의외로 많이 하는 실수가 적대자를 구체적으로 드러내지 않는 것이다. 모호하게 넘어가기보다 적대자의 존재를 확실하게 인식시킬 필요가 있다.

대사와 전투만으로는 전달 가능한 스토리의 한계가 있기 때문에 필요하다면 1막에 영상이나 각종 연출을 추가하는 것도 좋다.

5단계: 2, 3막 구성

수집형 RPG에서 스토리는 스테이지를 진행하며 전달된다. 우선 스테이지의 진행 순서를 정해야 하는데, 기준이 되는 것이 2막의 클라이맥스다. 적대자와 대적하기에 적합한 지역을 선정해서 마지막 스테이지로 결정한다. 그다음은 클라이맥스로 가기까지의 과정을 스토리로 만들어야 한다. 밝은 분위기의 평야나 숲과 같은 지역은 초반에 플레이하도록 하고, 어두운 분위기를 풍기는 지역이 있다면 후반에 플레이하도록 한다. 기본적인 스테이지 진행 흐름을 만든 상태에서 본격적인 스토리 작업을 시작한다.

수집형 RPG에서는 사실상 공간의 개념이 없다. 설정적으로나 배경으로 필드가 등장하기는 하지만 단순한 이미지 이상의 의미를 가지지는 못한다. 그래서 캐릭터의 관계로 스토리를 전개해야 하는데 그 캐릭터가 스테이지의 마지막에 등장하는 보스 몬스터다. 지역과 보스 몬스터가 연결되면 좋겠지만, 공간이 가지는 의미가 적기에 캐릭터와의 관계를 통해 스토리를 전개하도록 한다. 각 지역의 보스는 주인공이 적대자에게 가는 것을 방해하는 존재들이기 때문에 그 맥락을 만들어주면 스토리가 완성된다.

스테이지의 순서에는 레벨의 개념도 존재한다. 약해 보이는 몬스터가 처음에 등장하고, 강해 보이는 몬스터가 뒤에 등장해야 한다. 배치되는 지역의 스테이지가 몇 번째인지에 따라서 몬스터의 외형도 달라질 필요가 있다.

3막에선 모든 갈등이 해결된 이후의 결과를 보여주면 된다. 영상이나 이미지 연출을 활용할 확률이 높다. 수집형 RPG는 어찌되었건 온라인 게임이기 때문에 스토리의 모든 갈등이 해결되는 싱글 RPG와 같은 엔딩은 아니다. 또 다른 갈등을 예고하는 스토리로 끝을 맺는 것이 좋다.

6단계: 캐릭터-스토리 모델 및 테마 점검

2막과 3막의 스토리가 완성되었다면 처음 작업한 '캐릭터-스토리 모델'을 확인해 최종 점검한다. 테마가 있다면 스토리에서 잘 드러나는지 같이 살펴본다. 다소 부족한 부분이 있다면 수정한다.

7단계: 스테이지 외 콘텐츠 설정

수집형 RPG는 스테이지의 진행 정도에 따라 다른 콘텐츠가 개방된다. 이를테면 결투장, 무한의 탑, 요일 던전, 레이드, 길드전 등인데 이름이나 규칙은 다를 수 있지만 콘텐츠의 방향성은 거의 비슷한 편이다. 이런 콘텐츠가 처음 개방될 때 튜토리얼도 함께 추가된다면 세계관이나 게임의 스토리와 엮도록 하자. 필요에 의해 만들더라도 이왕이면 게임 세계의 일부로 보여야 한다. 이때 콘텐츠의 특성을 반영하면 더욱 좋다. 예를 들어 결투장이라면 '경쟁'이나 '실력의 증명'과 같은 키워드와 연결되는 식이다. 콘텐츠를 상징하는 캐릭터를 활용하는 것도 좋은 방법이다.

수집형 RPG에는 다양한 캐릭터가 등장하므로 캐릭터와 관계를 활용한 콘텐츠가 존재한다. 특정 캐릭터를 모두 수집하면 보상을 주고, 캐릭터들의 스토리를 보여주는 식이다. 캐릭터 개인의 스토리와 성격이 드러난다는 점에서 수집형 RPG에선 어느 정도 비중이 있는 콘텐츠일 수 있다. 특히 서브컬처 게임이라면 대부분 존재하는 편이다. 기반 작업 시 세력 설정과 캐릭터 관계도 도식화를 잘 해두었다면 작업에 큰 어려움이 없을 것이다.

지금까지 수집형 RPG의 게임 시나리오 작법을 설명했다. 기본적인 흐름 자체는 스토리 창작 10단계와 크게 다르지 않으며 게임의 특성을 고려한 약간의 차이는 존재한다. 작업 순서를 정리하면 다음과 같다.

1단계 사전 작업 – 지역

- 계획된 스테이지 수에 맞는 지역 설정
- '지역 = 스테이지'로 구분

2단계 사전 작업 – 몬스터

- 몬스터의 외형을 기준으로 지역 설정에 맞게 분류
- 지역에 따른 몬스터의 수를 조절, 수가 부족하면 추가 몬스터 제작
- 지역별로 몬스터 구분한 후에 리스트로 정리

3단계 기반 작업

- 세계관 설계
- 캐릭터–스토리 모델 작업
- 스토리 초안

- 캐릭터 설계

- 테마 설정

- 1막, 2막, 3막의 사건 구성

4단계 1막 구성

- 튜토리얼에서 전달할 항목 정리 및 스토리 반영

- 1막의 기능적인 역할에 충실해야 함(세계관 소개, 주인공 소개, 주인공의 갈등 소개)

- 적대자의 존재를 확실히 부각시킴

5단계 2, 3막 구성

- 2막 클라이맥스의 사건이 벌어지는 지역을 마지막 스테이지로 결정

- 각 스테이지별 보스 몬스터 확정

- 클라이맥스까지 과정을 스토리로 구성(보스 몬스터 활용)

- 3막에선 갈등이 해결된 이후의 결과를 보여줌

6단계 캐릭터-스토리 모델 및 테마 점검

- 테마와 캐릭터-스토리 모델이 스토리에 잘 드러나는지 확인 및 수정

- 대사 작업에 대한 계획

7단계 스테이지 외 콘텐츠 설정

- 세계관, 콘텐츠 특성을 반영

5.3 캐릭터 중심 스토리텔링

5.3.1 AOS 장르의 이해

캐릭터 중심 게임의 대표적인 장르로 대전 액션 게임과 AOS를 꼽을 수 있다. 두 장르의 게임 모두 캐릭터 비중이 극도로 높다. 많은 사람이 캐릭터 중심 게

임에는 시나리오가 없다고 생각한다. 게이머뿐만 아니라 게임 개발자[2]조차 이런 생각을 가지고 있다. 하지만 이는 스토리를 텍스트와 동일시한 결과라 할 수 있다. 캐릭터 중심 게임에 텍스트가 제대로 등장하지 않는 것은 사실이다. 하지만 1장에서 살펴본 것처럼 텍스트는 게임 시나리오의 일부에 불과하다. 안타깝게도 게임 시나리오를 텍스트로 한정 짓는 인식이 지배적이고, 이런 이유로 지금까지 캐릭터 중심 스토리텔링에 대한 논의가 거의 이루어지지 않았다. 앞서 설명한 스토리 중심의 게임과는 다른 접근법이 필요하다. 다행인 점은 캐릭터 중심 게임의 스토리 작법은 게임마다 크게 달라지지 않는다는 것이다. 이 책에서는 AOS로 캐릭터 중심 스토리텔링을 설명하겠지만 대전 액션 게임에 그대로 적용해도 전혀 문제될 것은 없다.

1) AOS 장르명의 유래

AOS[Aeon of Strife]라는 장르명은 국내에서만 사용되는 것으로 전 세계적으로 통용되는 장르명은 MOBA[Multiplayer Online Battle Arena]다. 국내에서는 AOS가 익숙하지만, AOS가 좋은 장르명이 아닌 이유는 게임의 특징이 전혀 드러나지 않기 때문이다. MOBA라는 장르명이 더 넓은 뜻을 가지는데, 1인칭 슈팅 게임인 〈오버워치〉도 여기에 포함된다. 그러나 〈오버워치〉를 AOS라고 하기에는 맞지 않는 부분이 있다. AOS는 MOBA에 속하지만 더 세분화된 개념이며 〈리그 오브 레전드〉와 같은 게임 정도로 생각하면 된다.

그렇다면 어떻게 AOS가 장르명이 되었는지를 잠깐 살펴보겠다. AOS는 실시간 전략 시뮬레이션인 〈스타크래프트〉의 유즈맵에서 시작되었다. 맵 편집기 자체의 확장성이 좋다 보니 본 게임인 〈스타크래프트〉와 규칙이 전혀 다

---

2 일반적으로 개발자라고 하면 프로그래머에 국한해 생각하는 사람이 많다. 일반인뿐만 아니라 현업 종사자의 상당수도 그렇게 생각한다. 그러나 분명 잘못된 쓰임새다. 게임 개발자는 게임을 만드는 데 참여하는 사람 모두를 지칭하는 말이다. 이 책에서 게임 개발자는 '게임을 만드는 사람'이라는 포괄적인 의미로 사용된다.

른 게임을 만들 수 있었는데, 그중 하나가 '영원한 투쟁'으로 알려진 'Aeon Of Strife'다. AOS는 이 맵의 첫 글자를 딴 것이다. 특정 게임의 유즈맵이라는 한계에도 불구하고 AOS는 엄청난 인기를 끌었는데, 맵의 이름과 게임의 규칙이 고착화되면서 급기야 하나의 장르가 되어버렸다. 일반적으로 장르를 형성하는 주체가 게임 자체인 것과 달리, AOS는 게이머들이 주도했다는 점 그리고 장르의 역사가 짧아 장르에 대한 정의가 명확히 이루어지지 않았다는 점도 장르명에 혼란을 주는 이유다.

2) AOS 장르의 생성 과정

이번에는 AOS가 만들어진 흐름을 간단하게 살펴보겠다. AOS의 원형인 〈스타크래프트〉에서 유닛은 모두 동일한 존재다. 예를 들어 다크 템플러는 모두 이름과 능력치가 같다. 그러나 전투를 하다 보면 킬kill 수가 많은 영웅 다크 템플러가 등장하기도 한다. 게이머는 이런 유닛에 감정 이입을 한다. 다른 다크 템플러와는 차별화가 이루어지면서 유닛이 아닌 캐릭터가 된다. 특별한 존재인 캐릭터에만 집중하고 싶다는 게이머의 욕구가 생기면서 실시간 전략 시뮬레이션 게임의 핵심이었던 자원과 병력 관리가 AOS에서 사라졌다. 〈스타크래프트〉의 인기가 줄어든 이유 중 하나는 자원 생산과 병력 관리에 드는 플레이의 비중이 높기 때문이었다. 게임에 승리하기 위해선 높은 숙련도가 요구되는데, 지금의 게이머들은 많은 학습과 연습이 필요한 게임을 선호하지 않는다. 장르의 핵심이자 장점이 단점이 되어버린 셈이다. 시간이 흐르면서 트렌드가 달라졌다고 할 수 있다.

이렇듯 실시간 전략 시뮬레이션에서 파생돼 또 다른 니즈로 탄생된 장르가 AOS다. 그 니즈란 하나의 캐릭터를 조작해서 전투 자체에 집중하는 것이다. 당연히 캐릭터 설계가 무엇보다 중요하기 때문에 'AOS=캐릭터'라는 공식이 성립된다. 사실 AOS만큼 캐릭터의 비중이 높은 게임도 없다.

5.3.2 AOS 시나리오 작법

1) AOS의 세계관

AOS도 다른 게임과 마찬가지로 세계관에서 시작한다. 장르 특성상 AOS는 다양한 캐릭터가 등장한다. 그래서 작업할 때 '어떤 캐릭터라도 등장할 수 있는 세계관'을 방향성으로 잡는 경우가 많다. 얼핏 보기에는 맞는 것 같다. 하지만 어떤 캐릭라도 등장할 수 있다는 말을 반대로 생각하면 그 캐릭터가 아니어도 된다는 얘기다. 다양한 캐릭터가 등장 가능한 세계관이 되어야 하는 것은 맞지만 그렇다고 완전히 열어두어서도 안 된다. 비유적으로 표현하자면 '잡탕'이 된다. 잡탕의 의미는 이것저것 섞여 있어 어떤 맛인지 구분하기 어려운 상태를 말한다. 고유의 색이 없기 때문에 세계관 자체의 매력이 떨어진다. '포괄적 세계관'은 AOS의 세계관 설정에서 하나의 선택지가 될 수는 있지만 정답은 아니다. 게임에서 세계관은 그 게임에만 존재하는 고유의 것이어야 한다는 사실을 잊지 말자.

일부 AOS에는 완전히 다른 콘셉트를 가진 캐릭터가 등장하기도 한다. 그것이 장점이 될 수도 있지만 세계관 자체의 몰입도를 떨어뜨린다. 블리자드의 〈히어로즈 오브 더 스톰〉 같은 경우 블리자드의 캐릭터들이 워낙 강력하기 때문에 앞서 말한 단점은 무시될 수 있다. AOS는 아니지만 닌텐도의 〈대난투 스매시 브라더스〉 역시 같은 맥락에서 문제될 것이 없다. 다만 오리지널 캐릭터가 등장하는 게임이라면 위험한 선택일 수 있다. AOS에서 스토리의 비중이 낮다고는 하나 그 낮은 비중마저 사라질 가능성이 높아진다. 외형 콘셉트가 전혀 다른 캐릭터가 등장한다면 하나의 세계로 보이기 어렵다. 그걸 인지하는 순간 몰입도가 떨어진다.

캐릭터가 모이게 되는 이유, 싸워야 하는 이유 설정

그렇다면 AOS의 세계관은 어떻게 작업하는 것이 좋을까? 우선 캐릭터들이 싸워야만 하는 이유를 만드는 것에서 시작한다. 이는 AOS의 스토리텔링에서 요구되는 필수 전제다. 세계관의 맥락에서 캐릭터의 개인적인 목적이 설명되어야 한다는 뜻이다. 이를테면 '대회' 같은 것이다. 대전 액션 게임 중 우리에게 잘 알려진 〈더 킹 오브 파이터즈〉 시리즈나 〈철권〉에서 최종 보스로 등장하는 캐릭터는 특별한 이유로 강자를 모으는 대회를 연다. 식상하다고 생각할 수도 있지만 설득력은 충분하다. 고대 그리스의 올림픽 같은 종교적인 행사도 좋다. 당시 그리스는 수많은 도시국가로 구성되어 전쟁이 끊이질 않았는데 올림픽 기간만큼은 전쟁이 금지되었다. 실제 역사이면서 게임에 가져와도 충분히 매력적인 설정이다. 전쟁 금지는 그 자체로 평화로 연결되기 때문에 상징적인 의미를 부여할 수 있다.

같은 맥락에서 우리나라의 민속놀이인 '석전(石戰)'도 AOS의 세계관으로 가져올 수 있다. 석전은 한자 풀이 그대로 '돌로 하는 싸움'을 뜻한다. 개천이나 길과 같은 지형을 경계로 돌을 던져서 상대방을 쫓아내면 승리하는 방식이다. 주로 정월 대보름에 한 해의 안녕과 풍년을 기원하기 위해 행해졌다. 놀이라고는 하지만 다치거나 심하면 돌에 맞아 죽는 일도 발생했다. 그러나 석전 중에 일어난 일은 처벌받지 않았다. 실제로 전쟁이 나면 석전꾼들이 동원되기도 했다는 점에서 단순한 놀이는 아니다. 석전을 바탕으로 AOS의 세계관과 연계해 생각한다면 다음과 같이 정리할 수 있다.

전쟁을 준비하기 위한 놀이(대회)가 일정 주기로 열리며, 그때 벌어지는 불상사에 대해서는 아무런 책임을 지지 않는다.

짧은 내용이지만 AOS의 세계관으로 발전시키는 것에는 전혀 문제가 없다. 여기에 북유럽 신화의 라그나로크 설정을 덧붙이면 스토리에 변화를 줄 수 있다.

이 세계는 오래전부터 최후의 날에 대한 예언이 전해 내려왔다. 새로운 세계를 창조하기 위해 신이 내려와 세계의 모든 생명체를 소멸시킨다는 내용이었다. 얼마 전부터 곳곳에서 전에 없던 불길한 조짐이 발견되면서 세계는 혼란에 휩싸인다. 세계의 지도자들은 논의를 거쳐 신과 싸울 전사를 길러내기 위한 제전을 열게 된다. 제전의 승자에게는 최고의 영광이 주어졌다. 그뿐만 아니라 제전의 참가 자격을 얻은 자에게는 과거에 저지른 죄도 묻지 않았다. 전 세계의 강자들이 제전에 몰려든 것은 당연한 결과였다.

기본적으로 AOS에서 요구되는 세계관의 전제는 '다양한 캐릭터가 모일 수 있어야 한다'는 것이다. 모이는 이유는 당연히 전투를 하기 위함이다. 답이 어느 정도 정해져 있기 때문에 세계관에서 아주 특별한 차별화를 보여주기는 어렵다. 앞에서 예를 든 세계관도 어디서 본 것 같은 생각이 들었을 것이다. 실제로 '대회'라는 범주에서 벗어나기가 쉽지 않은데, 캐릭터들을 모으는 데 대회만큼 강력한 설정이 없기 때문이다. AOS의 게임 규칙이 스포츠와 성격이 유사한 측면이 있다는 것도 이유가 된다.

만약 AOS의 세계관을 설정하며 '대회'라는 기존 클리셰에서 벗어나고 싶다면 반대로 대회라는 설정이 계속해서 사용되는 이유를 생각해보면 답을 찾을 수도 있다. 다소 뻔하더라도 세계관에는 게임이 추구하는 방향성을 반영해야 한다. 차별화를 위한 차별화는 피해야 한다. 어차피 게임 내에서 드러나지 않는 부분이라 너무 많이 고민할 필요는 없다. 대회가 되었건 뭐가 되었건 세계관에서 요구되는 전제만 충족시키면 된다. AOS 세계관이 게임에 많이 드러나진 않

는다. 그렇지만 세계관의 기본인 시간적, 공간적, 사상적 배경까지는 갖추어야
한다.

게임의 배경이 되는 공간 설정

AOS에서 공간적 배경은 전장이라 불리는 맵 제작과 연결된다. 설정에 그치는
것이 아니라 구체적인 모습으로 시각화할 수 있어야 한다. 작업하면서 '공간=
맵(전장)'이라고 인식하는 것이 중요하다. 어떤 공간에서 전투하게 만들 것인
지 세계관 작업을 하면서 생각하고 반영해야 한다.

세력 설정

캐릭터들이 모이고 전투할 이유를 만든 이후에 할 일은 세력 설정이다. 세력 간
다른 목적을 만들어 서로 갈등이 생겨날 수 있도록 하자. 다수의 캐릭터가 등장
하는 게임에서 세력 설정은 중요하다. 세력 설정이 확실하지 않으면 기존 캐릭
터와 관계를 맺기 어려워 뜬금없이 등장한 캐릭터가 될 확률이 높다.

예를 들어 서열이 중요한 암살 조직이 있다면 서열 1위와 2위를 등장시키는 것
만으로 두 캐릭터의 개인 스토리가 만들어진다. 이 둘은 경쟁 관계일 확률이 높
기 때문에 그와 관련한 스토리로 확장하면 된다. 개인 스토리에 세력의 성격까
지 더해지면서 캐릭터에 깊이가 생긴다. 그렇다고 모든 캐릭터가 세력에 속할
필요는 없다. 직간접적으로 연관만 되어 있어도 충분하다. 앞에서 예로 든 암
살 조직과 관련 있는 또 다른 캐릭터를 다음과 같은 설정으로 추가할 수 있을
것이다. 편의상 캐릭터 이름은 K라고 한다.

암살자였던 K는 연인을 위해 조직을 나온다. 조직 탈퇴는 곧 죽음이었기 때
문에 조직은 계속해서 추격자를 보낸다. 오랫동안 도망을 다녔지만 과거의
동료들에게서 벗어날 수는 없었다. 결국 연인은 목숨을 잃고 K만 온몸에 상

암살 조직의 서열 1위와 2위 캐릭터는 K의 복수 대상이다. 세 캐릭터 모두 서로에게 적대적인 관계다. 이 상태에서 K의 복수극이 성공해 조직이 와해되는 스토리로 발전시킬 수 있다. 만약 이 상황에서 암살자 캐릭터를 새로 추가해야 한다면 K의 목숨을 살려준 캐릭터를 등장시키는 것을 생각해볼 수 있다. K를 암살하기 위해 파견한 추격자였지만 평소 그를 존경했기 때문에 K가 죽은 것으로 조직에 거짓 보고를 해서 살려준다는 식의 스토리 전개가 가능하다. 이처럼 세력 설정을 바탕으로 캐릭터 간 관계가 만들어진다면 그 상태에서 스토리를 확장하는 것은 쉬운 작업이다. 주의할 점이 있다면 설정한 세력만 독립적으로 존재해서는 안 된다는 것이다. 어떤 식으로든 다른 세력과의 관계가 있어야 한다. 그 관계가 적대적인지 우호적인지는 중요하지 않다. 일반적인 스토리에서 캐릭터끼리 서로 관계를 맺고 있는 것과 같은 맥락이라 할 수 있다.

세력 설정 시에도 캐릭터는 역시나 중요하다. 세력마다 대표 캐릭터를 만들고 그와 관계있는 다른 캐릭터를 만드는 식으로 작업한다. 같은 목적을 지닌 캐릭터를 추가하면서 세력 설정을 확장해나간다. 세력 간의 관계를 만든 이후에 대표 캐릭터를 설정해도 문제될 건 없다. 중요한 건 세력이 있다면 그 세력을 대표하는 캐릭터가 반드시 필요하다는 점이다. **'세력=대표 캐릭터'**라는 공식이 존재함을 잊지 말자. 캐릭터 수가 늘어난다면 대표 캐릭터가 아닌 다른 캐릭터와의 관계를 만드는 식으로 확장한다.

〈리그 오브 레전드〉의 여러 세력 중 프렐요드 세력의 설정이 전반적으로 완성도가 높다. 스토리의 핵심은 '프렐요드의 패권을 차지하기 위한 부족 간 내전'이다. 대표 캐릭터는 각각의 부족을 대표하는 '애쉬, 세주아니, 리산드라'인데, 퀘스트로 이들의 관계를 보여주기도 한다. [그림 5-10]에서 알 수 있듯이 프렐요드의 세력에 속한 캐릭터들을 살펴보면 애쉬, 세주아니, 리산드라 세 명의 대표 캐릭터와 직간접적으로 연결되어 있다. 뿐만 아니라 눈과 얼음으로 뒤덮여 있다는 지역 설정이 아트 콘셉트와 전투 메커니즘에서 잘 드러난다. 프렐요드에 속한 캐릭터는 대체로 푸른색 계통이며 스킬도 얼음과 관련 있는 경우가 많다. 애쉬, 리산드라, 세주아니, 누누, 애니비아, 트런들, 브라움, 볼리베어 등의 캐릭터들이 여기에 해당한다.

그림 5-10 〈리그 오브 레전드〉 프렐요드 세력의 캐릭터 관계도

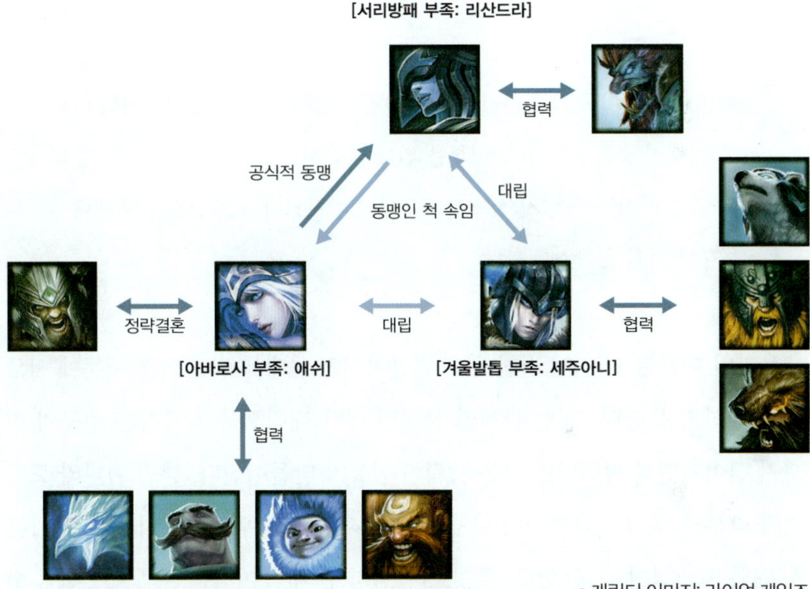

• 캐릭터 이미지: 라이엇 게임즈

세력 관계도, 캐릭터 관계도

이렇듯 세력 설정은 캐릭터들이 하나의 세계에 속할 수 있도록 묶어주는 장치다. 세력 설정의 일관성이 유지된다면 캐릭터들이 쌓일수록 그 세력에 대한 이미지가 명확하게 그려진다. 프렐요드의 세력 설정은 스토리, 외형, 전투 메커니즘에 그치지 않고 맵으로도 연결된다는 점에서 참고할 만하다. 이러한 기본 구도를 바탕으로 콘텐츠를 확장해나갈 수 있다. 만약 이 상태에서 신규 캐릭터를

제작해야 한다면 캐릭터 수가 적은 서리방패 부족의 캐릭터를 추가하면 된다.

세력 관계도와 캐릭터 관계도를 만들어 한눈에 파악할 수 있도록 한다. [그림 5-10]처럼 관계가 있는 캐릭터나 세력이 있다면 우호적인지만 정리해도 충분하다. 관련 작업을 하는 데 엄청난 도움이 될 것이다.

게임은 아니지만 AOS 세계관을 설명하기에 적합한 예를 하나 들어보려고 한다. 소설을 원작으로 만화, 애니메이션, 영화까지 만들어진 〈바질리스크 ~코우가인법첩~〉의 스토리를 대략 정리하면 다음과 같다.

도쿠가와 막부의 후계자 자리를 놓고 파벌 싸움이 벌어진다. 도쿠가와 막부는 직접적인 충돌을 피하고 명분을 위해 대리전을 치르기로 한다. 그 대리인이 원수 사이인 두 닌자 집단인 코우가와 이가였다. 10인 대 10인 대리전으로 후계자를 정하기로 한다.

코우가와 이가는 천 년에 걸친 원수 지간이지만 선대에 맺은 약정 때문에 서로를 공격하지 못했다. 대립 관계인 상황인 데다 대리전을 치르라는 주군의 명까지 떨어지면서 싸워야만 하는 강력한 이유가 만들어진다. 뿐만 아니라 도쿠가와 막부의 후계자 다툼이나 닌자 모두 역사적 사실에 근거한다는 점도 다른 AOS와 차별점이 될 수 있다. 무엇보다 '닌자 간 대결'이라는 콘셉트로 만들 수 있는 요소가 많아서 AOS의 세계관이 되기에 적합하다. 대표적인 것이 닌자가 사용하는 '인법'이나 '인술'로 불리는 초인적인 능력이다.

실제로 〈바질리스크 ~코우가인법첩~〉에 등장하는 여러 닌자의 특기는 평범하지 않다. 그중 카스미 교부라는 캐릭터는 지형을 자유자재로 이동할 수 있는 특기가 있다. 쉽게 말해 벽을 통과할 수 있는 캐릭터다. 이 설정을 게임상에서 스킬로 구체화한다면 〈리그 오브 레전드〉의 캐릭터인 케인의 '그림자의 길'과 같은 스킬이 될 것이다. 이처럼 〈바질리스크 ~코우가인법첩~〉은 AOS 세계관에 필요한 설정 대부분을 포함하고 있다. 만화 원작의 애니메이션 〈종말의 발키리〉 역시 같은 이유로 참고할 만하다.

그림 5-11 AOS로 만들기에 적합한 스토리를 가진 〈바질리스크 ~코우가인법첩~〉

• 나무 위키

AOS의 세계관 작업의 순서를 정리하면 다음과 같다.

---

① 캐릭터가 모이게 되는 이유, 싸워야 하는 이유 설정

- AOS 세계관의 기본 전제이며 출발점

② 게임의 배경이 되는 공간 설정

- 맵 제작까지 고려, 이미지화 가능한 설정이어야 함

③ 세력 설정

- 명확한 목적을 가진 집단으로 설정

④ 세력 관계도, 캐릭터 관계도

- ①에서 설정한 전제를 고려한 세력 간 이해관계 설정, 캐릭터 간 관계 설정
- 세력 관계도, 캐릭터 관계도 작업(화살표를 활용한 단순한 형태)

---

2) AOS 캐릭터 설계

가장 이상적인 AOS 캐릭터의 제작 방법은 제작 초기부터 전투, 아트 파트 담당자와 함께 논의해서 진행하는 것이다. 캐릭터를 구성하는 '외면적 요소(외형)', '내면적 요소(스토리)', '기능적 요소(전투 메커니즘)' 모두를 고려한 캐릭터의 완성도는 높을 수밖에 없다. 제작 과정에서 가장 중요하게 생각해야 할 점은 각 요소의 유기적인 연결이다. 캐릭터의 성격처럼 사소해 보이는 것도 외형과 전투 메커니즘으로 드러날 수 있어야 한다. 스토리에서 배신을 일삼는 캐릭터라면 날카롭거나 음흉한 외형에 전투 메커니즘도 공격적이어야 한다. 캐릭터의 외면적 요소, 내면적 요소, 기능적 요소의 접점을 늘림으로써 캐릭터에 대한 몰입도와 일관성을 높일 수 있다. 이는 AOS 캐릭터뿐만 아니라 모든 캐릭터에 적용되는 내용이기도 하다.

그림 5-12 캐릭터 스토리텔링의 방향성

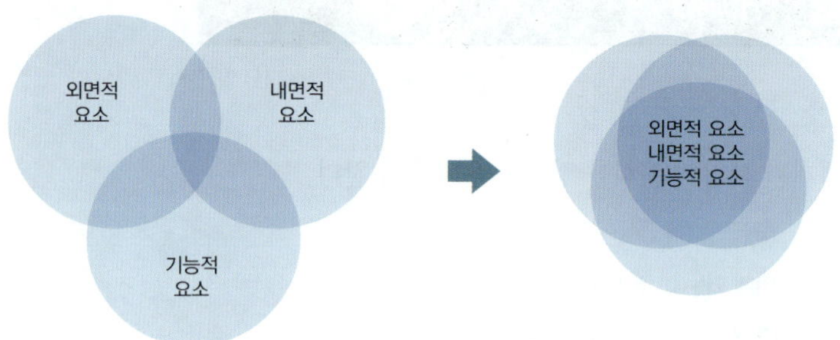

일반적으로 AOS 같은 캐릭터 중심 게임에서 시나리오 작가는 캐릭터가 모두 만들어지고 난 이후에 참여할 가능성이 높다. 스토리 작업을 나중에 하는 편이 효율이 높다고 생각해서 끼워 맞추는 형태로 작업한다. 얼핏 보면 잘못된 방식처럼 보인다. 하지만 캐릭터를 만드는 방법은 외형, 전투 메커니즘, 스토리 중에서 중점을 두는 부분의 차이만 존재할 뿐이다. 시작점은 다르지만, 큰 맥락이 다른 것은 아니다. AOS의 핵심 플레이가 전투인 만큼 전투 메커니즘 먼저 생각하는 것이 맞지만, 그렇다고 같은 방법론으로만 만드는 것도 좋은 선택은 아니다. 외형이나 스토리 역시 게임 캐릭터를 구성하는 중요한 요소이기 때문이다.

외형 먼저 작업

아트 파트 주도로 캐릭터를 만드는 경우, 게임을 고려하지 않고 매력적인 캐릭터만 만들려는 경향이 있다. 기획 파트의 관여가 적을수록 아트 작업자의 자유가 보장돼 완성도 있는 캐릭터를 만들 수 있다는 논리다. 하지만 게임 캐릭터는 단순히 보여주기 위한 용도로만 쓰이지 않는다. AOS처럼 전투가 중요한 게임이라면 캐릭터가 어떤 플레이를 할 수 있는지가 무엇보다 중요하다. 게임 캐릭터는 게임의 맥락 내에서 존재해야 하므로 최소한의 방향성은 필요하다.

외형을 먼저 작업할 때의 장점은 분명하다. 그렇다고 기획적인 내용까지 아트 작업자에게 떠넘겨선 안 된다. 외형 작업은 최소한의 전투 메커니즘과 세력은 결정한 상태에서 시작되어야 한다. 전투 메커니즘이라고 하면 어렵게 생각할 수 있지만 무기와 포지션만 정해도 충분하다. 이 두 가지는 캐릭터의 전투를 결정하는 전투 메커니즘의 시작점이다. 나중에 전투 메커니즘을 설계하더라도 이 범주 내에서 진행하면 문제될 것이 없다. 세력은 스토리와 아트 콘셉트에 영향을 미친다. AOS에는 개성 있는 다양한 캐릭터가 필요하지만, 적어도 같은 게임의 캐릭터라고 느낄 수 있어야 한다. 그리고 그 기준이 되는 것이 세력이다. 따라서 외형 작업 전에 어떤 세력의 캐릭터인지는 정해두어야 한다.

초안이 완성된 시점에서 그 세력에 맞는 캐릭터인지 점검한다. 세계관이나 세력과 잘 맞지 않는 부분이 있다면 아트 작업자와 논의해서 최소한이라도 수정하는 편이 좋다. 전투 메커니즘이 결정되었다면 이에 맞춰 스토리를 만든다. 방패를 사용하는 탱커 캐릭터가 있다면 뭔가를 지키려고 하는 우직한 성격을 가진 스토리가 어울린다. 특히 패시브 스킬은 캐릭터의 특성을 나타내는 경우가 많으니 참고하자.

세력이 정해진 상태에서 캐릭터의 스토리를 전개하기란 너무나 쉬운 작업이다. 세력의 대표 캐릭터와 관계를 고민한다면 스토리는 자연스럽게 만들어진다. 대표 캐릭터가 아니더라도 세력 내의 다른 캐릭터와 관계를 만들어도 좋다. 그 관계가 적대적이건 우호적이건 크게 상관없다. 아니면 세력 자체의 설정이 잘 드러나기만 해도 된다. 앞에서 예로 든 암살 조직의 설정상의 키워드를 정리한다면 '배신을 허용하지 않는 조직의 규율', '서열 중심의 조직 운영', '도구로 소모되는 조직원' 등이 될 것이다. 이런 키워드를 캐릭터 개인 스토리와 세력 스토리로 연결한다. 이때 4장의 '캐릭터─스토리 모델'을 활용하면 외형과 전투 메커니즘을 스토리와 연결하는 데 도움이 된다. 이 과정을 통해 캐릭터의 성격을 명확하게 할 수 있다.

그림 5-13 AOS 캐릭터 설계: 외형 먼저 작업

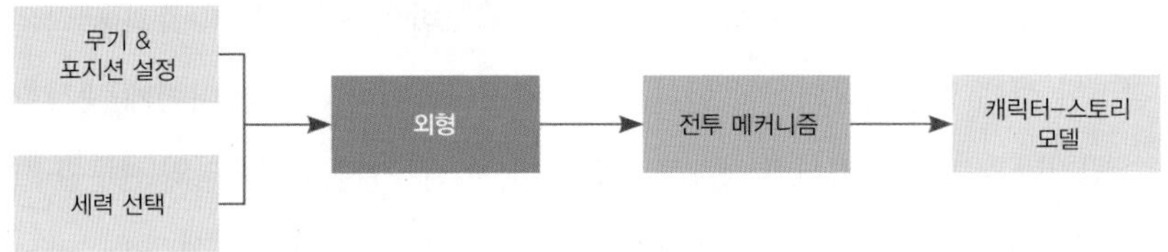

전투 메커니즘 먼저 작업

전투 메커니즘은 캐릭터성을 결정한다. 외형이나 스토리도 AOS에서는 부수적인 요소에 불과하다. 〈리그 오브 레전드〉의 캐릭터인 '마스터 이'의 캐릭터성역시 전투 메커니즘에서 만들어진다. 한바탕 전투가 벌어진 뒤라면 상대 캐릭터의 체력이 낮아져 있거나 직전에 스킬을 사용해서 약해진 상태일 확률이 높다. 이때 전장에 진입해 마무리하는 것이 마스터의 전투 메커니즘이다. 그 쾌감이 확실하기에 인기가 높다. 이처럼 마스터 이가 특별한 캐릭터가 된 이유에외형이나 스토리의 비중은 낮다. 승리가 목적인 AOS에서 게이머들은 강한 캐릭터를 선택할 확률이 높지만 전투 메커니즘이 매력적인 경우에도 선택한다.

일부 캐릭터가 '충'으로 불리는 등 비하의 의미로 사용되지만 바꿔 말하면 그만큼 많이 선택되는 캐릭터라는 뜻이기도 하다.

그림 5-14 랭크 게임과 선택 기준이 다른 〈리그 오브 레전드〉의 일반 게임 픽률

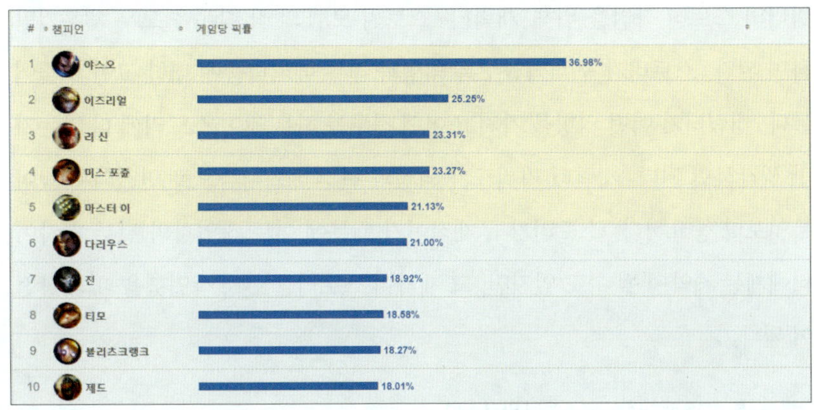

• op.gg

이처럼 전투 메커니즘은 AOS의 캐릭터를 구성하는 가장 중요한 방향성이기 때문에 먼저 작업하는 편이 유리하다. 무엇보다 외형 작업에 소모되는 시간이 줄어들 뿐만 아니라 전투 메커니즘이 반영된 외형을 갖출 수 있다. 앞에서 설명한 외면적 요소(외형)와 기능적 요소(전투 메커니즘)의 접점이 많아지면서 캐릭터성이 좋아진다. 스토리 작업은 외형 작업 때와 크게 다르지 않다. 역시나 '캐릭터-스토리 모델'을 활용한다. 이때 가능하면 외형 작업 전에 캐릭터의 세력을 선택한 상태에서 작업하는 편이 좋다.

그림 5-15 AOS 캐릭터 설계: 전투 메커니즘 먼저 작업

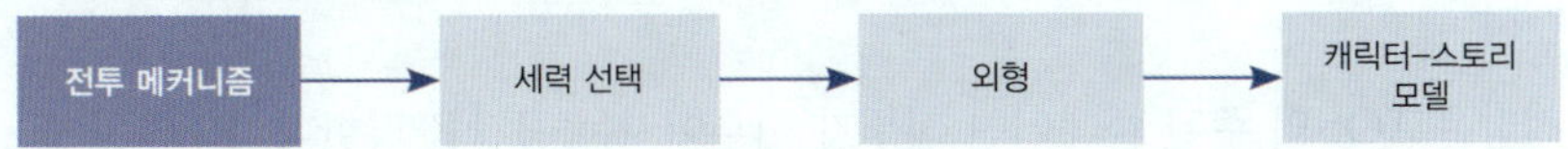

스토리 먼저 작업

스토리의 개연성을 높이고자 할 때 스토리상 특정 역할을 하는 캐릭터가 필요

할 수 있다. 또는 특정 세력의 캐릭터 수가 부족해서 신규 제작할 수도 있다. 이때 스토리부터 작업한다면 아무래도 세계관에 잘 맞는 캐릭터가 만들어질 확률이 높다. 그러나 시작이 스토리일 뿐, 실제 작업 과정은 크게 다르지 않다. 캐릭터의 스토리 작업을 위해 '캐릭터-스토리 모델'의 각 항목을 모두 채우기만 하면 된다. 스토리가 구체적일수록 외형과 전투 메커니즘에 대한 고민이 줄어든다. 캐릭터가 어떤 외형을 가지고 어떤 전투를 하는 것이 스토리에 더 맞는지만 생각하면 된다. 캐릭터 키워드가 외형과 전투 메커니즘으로 연결되는 것이 무엇보다 중요하다. 스토리가 구체적이기 때문에 아트 작업자와 전투 디자이너에게는 제약이 될 수도 있지만, 그 제약이 스토리를 먼저 작업했을 때의 장점이 된다.

그림 5-16 AOS 캐릭터 설계: 스토리 먼저 작업

3) 캐릭터를 제외한 게임 내 스토리텔링

AOS에서 스토리텔링을 위한 도구는 많지 않다. 전투 주체인 캐릭터의 비중이 거의 절대적이다. 캐릭터를 제외한다면 다음과 같은 요소를 활용할 수 있다.

전장

전장은 AOS의 주된 플레이인 전투가 이루어지는 공간을 말한다. RPG의 필드와 개념적으로는 같지만 장르의 특징에 맞게 전장이라 부른다. 전장의 레벨 디자인은 플레이 경험을 결정하기 때문에 그 자체로 중요하다. 스토리텔링 측면에서 보더라도 게임에서 AOS의 세계관을 보여줄 수 있는 몇 안 되는 도구

중 하나다. 앞서 수집형 RPG의 스토리텔링이 힘든 중요한 이유로 필드의 부재를 꼽았다. 다행히 AOS에는 필드는 존재한다. 반면 대전 액션 게임의 경우에는 필드에 해당하는 스테이지는 단순히 보여지는 용도로만 사용한다. AOS와 대전 액션 게임 스토리텔링의 유일한 차이가 바로 게임 공간이다. 따라서 전장을 스토리텔링에 적극 활용할 필요가 있다.

전장으로 세계관을 드러낼 수 있는데, 이때 세력을 활용하면 된다. 세계관에서 상징성이 큰 세력을 선택하고 해당 세력과 관련된 요소로 전장을 구성한다.

〈리그 오브 레전드〉의 여러 세력 중 프렐요드는 '얼음'이라는 확실한 키워드를 가지고 있다. 캐릭터의 아트 콘셉트, 전투 메커니즘은 물론 전장의 아트 콘셉트까지 연결했는데, 그렇게 만들어진 전장이 '칼바람 나락'이다. 세력 설정과 전장을 연결하기 어려운 게임이 있다면 세계관의 중요 키워드를 바탕으로 설정하자. 전장 설정에서 중요한 건 세력보다는 세계관과의 연결성이다. 세력도 결국엔 세계관의 일부다. 작업 편의상 세력을 강조했을 뿐이다.

그림 5-17 〈리그 오브 레전드〉의 전장인 '칼바람 나락'

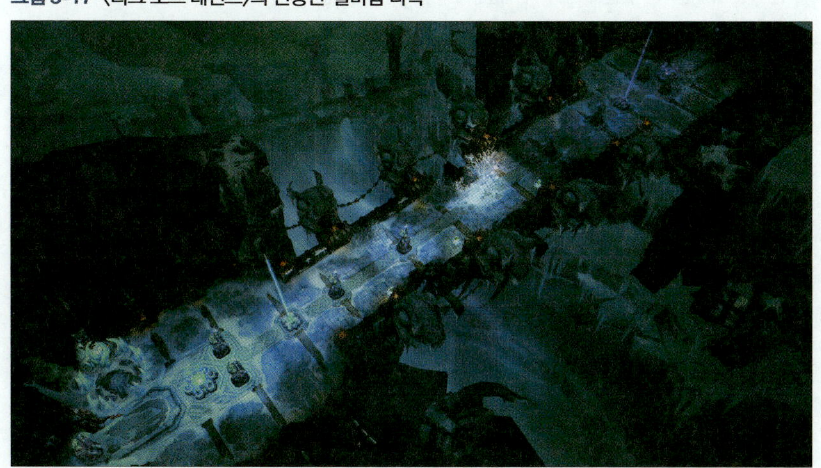

• 라이엇 게임즈

앞서 예로 든 〈바질리스크 ~코우가인법첩~〉으로 AOS를 만든다고 가정해보자. 키워드로 접근한다면 '닌자 가문', '원수 지간' 등일 것이다. 거대한 가문을 형성하는 닌자 집단이라는 점에서 활용할 수 있는 요소들이 많아 포괄적으로 설정할 수 있다. 코우가와 이가의 진영으로 나눈다면 대립적인 두 세력의 모습을 전장에서 시각적으로 보여줄 수 있다. 각 진영의 분위기를 세력 특유의 문양 혹은 건축 양식으로 차별화한다면 세력의 특징을 보여줄 수 있다. 그 외에도 닌자가 연상되는 대나무 숲 같은 자연 지형이나 일본식 정원과 같은 콘셉트도 활용할 수 있다.

보이스

보이스voice는 일반적인 게임에서 있으면 좋은 정도의 요소라면 AOS에서는 필수다. 캐릭터가 출력하는 사소한 보이스 하나가 스토리텔링을 위한 강력한 도구가 될 수 있다. 보이스는 '대사'를 성우가 연기하여 음성으로 녹음한 것이다. 성우의 연기가 무엇보다 중요하지만, 대사의 완성도 역시 보이스에 큰 영향을 미친다. 좋은 대사일수록 세계관과 캐릭터의 성격이 잘 드러난다. 그 외에도 캐릭터 간 관계나 캐릭터 개인의 스토리 등 캐릭터를 둘러싸고 있는 여러 요소까지 반영되면 좋다.

보이스 작업은 철저하게 기능적인 관점에서 접근해야 한다. 무턱대고 대사를 쓰기보다는 보이스의 출력 시점부터 먼저 결정하는 것이 좋다. 캐릭터와 상황만 결정되어도 대사 작업의 방향이 정해진다. 캐릭터를 선택하거나 특정 스킬을 사용할 때 보이스가 출력되는 경우가 많다. 보이스가 가장 효과적인 시점이라고 생각해도 좋다. 〈리그 오브 레전드〉에서는 지정된 키로 춤, 도발, 농담, 웃음 등의 키워드 동작과 더불어 보이스를 출력할 수 있다. 어떤 의미에서는 상호작용으로 게임의 몰입도를 높이는 아주 강력한 시스템이다. 보이스는 활용하기에 따라 다양한 상황에서 출력할 수 있다. 비전투 상태에서 랜덤으로 출력하거나 특정 캐릭터와 만났을 때에도 출력 가능하다. 아니면 전장 설장과 관련된 캐릭터가 특정 지역에 도착하거나 특정 몬스터를 상대할 때에도 출력할 수 있다.

보이스 작업은 기능적인 필요성이 중요하지만 감성적인 부분도 고려할 필요가 있다. 〈리그 오브 레전드〉 티모의 보이스인 '티모 대위 명 받들겠습니다'나 문도의 '문도! 이쪽으로 간다!'와 같은 보이스는 기능적인 역할이 있다고 보기는 어렵지만, 캐릭터의 성격을 드러내는 보이스가 게이머들에게 주는 감성적인 효과는 아주 크다. 지나치게 남발하면 안 되지만 가능한 범위 내에서 적극적으로 활용하는 것이 좋다.

퀘스트 형태의 이스터 에그

〈리그 오브 레전드〉에는 스토리를 바탕으로 하는 이스터 에그[3]Easter Egg가 일부 존재한다. 이스터 에그의 특성상 다양한 형태로 만들어질 수 있지만 퀘스트처럼 플레이로 인식되는 것이 스토리텔링의 효과가 좋다. 대표적인 것이 '프렐요드 패권 전쟁'이라는 퀘스트다. 이 퀘스트는 두 가지 조건을 만족하면 발생한다. 우선 관련 캐릭터인 애쉬, 리산드라, 세주아니가 서로 중복되지 않게 양팀에 한 명씩 있어야 한다. 그리고 두 캐릭터의 킬과 어시스트의 합이 20을 넘어야 한다. 상대 캐릭터를 킬하거나 어시스트를 얻으면 퀘스트를 완료할 수 있다. 보상으로 '프렐요드의 여왕'이라는 버프와 얼음 왕관이 생겨서 프렐요드의 패권을 차지했음을 상징적으로 보여준다. 스토리를 전혀 모르는 상태라도 프렐요드라는 지역 이름과 두 캐릭터가 대립하고 있다는 사실을 인지하도록 만들 수 있다.

AOS에서 활용 가능한 스토리텔링의 도구가 제한적이기 때문에 퀘스트의 활용 자체는 좋지만 남발한다면 효과는 떨어진다. 보상이 있어도 문제될 것은 없

---

3 게임 개발자가 재미로 숨겨놓은 메시지나 기능을 말한다. 게임 플레이와는 상관없는 경우가 대부분이다.

으나 게임에 영향을 미치면 안 된다. 퀘스트라고 해서 거창하게 생각할 필요는 없으며 **캐릭터 간의 관계**를 보여주는 것에 초점을 맞춘다. 우호적인 관계도 좋지만 전투의 비중이 높은 AOS의 특성을 생각한다면 서로 적대 관계인 것이 퀘스트에 더 맞을 수 있다.

스킬 이름

스킬 이름은 게임 플레이에 전혀 영향을 미치지 않는다. PC 플랫폼의 AOS라면 키보드 자판의 이름을 따서 'Q 스킬, W 스킬, E 스킬, R 스킬'이라고 부르는 경우가 일반적이다. 모든 캐릭터의 스킬을 설명할 때 통용될 수 있다는 점에서 편의성은 확실하다. 굳이 스킬 이름에 신경 쓸 필요가 있는지 의문을 가질 수 있겠다. 스킬 하나하나의 특성이 게임의 승패에 영향을 끼치는 AOS의 특성상 게임 중이 아니더라도 스킬 정보를 확인할 확률이 높다. 만약 누군가 어떤 캐릭터의 스킬에 대해 설명한다면 해당 스킬 이름이 사용될 수밖에 없다. 의외로 노출 빈도가 높다 보니 스토리텔링을 위한 훌륭한 도구로 활용할 수 있다.

스킬 이름은 스킬 자체의 특성을 설명하면서 캐릭터의 성격도 드러낼 수 있어야 한다. 이처럼 방향성은 확실하지만 실제로 작업해보면 생각만큼 쉽지는 않다. 스토리에는 구조라는 명확한 기준이 있지만, 스킬 이름을 정하는 작업은 기준이 명확하지 않다. 작업의 특성상 감성에 의존하기 때문에 작업자에 따라 결과물이 완전히 달라진다. 이름에 대한 평가도 개인 취향에 따라 달라서 완전히 객관적이기 힘들다. 이런 이유로 의외로 어려운 작업이 될 수 있다.

스킬 이름에 캐릭터 개인 스토리를 활용하는 것도 방법이다. 필자가 작업한 AOS인 〈아이언리그〉의 홀린이라는 캐릭터의 궁극기는 '토르난티아!'이다. 홀린이 속한 국가인 토르난테의 이름을 따온 것으로 일종의 기합 소리다. 홀린은 종교 국가의 기사단으로 국가에 대한 충성심이 강한 캐릭터이기 때문에 가능한 설정이었다. 하나의 예시일 뿐이니 참고만 하자.

4) 캐릭터를 제외한 게임 외 스토리텔링

캐릭터 중심 게임은 구조적으로 세계관이나 캐릭터의 스토리를 전달할 만한 수단이 많지 않다. 이런 어려움을 해결하기 위해 블리자드는 〈오버워치〉를 출시하면서 애니메이션을 제작했다. 영상 그 자체는 게임답지 않지만 스토리 전달에 효과적인 수단인 것만은 분명하다. 그러나 게임 중에 출력되는 영상은 게이머들이 스킵할 확률이 높다. 블리자드는 이런 문제를 해결하기 위해 게임을 하지 않더라도 영상을 유튜브로 시청할 수 있도록 했다.

그림 5-18 게임 스토리 전달에 효과적인 〈오버워치〉 애니메이션

• 블리자드

유튜브의 짧은 영상은 거부감이 적다. 게다가 애니메이션 자체의 완성도가 높아서 〈오버워치〉의 세계관과 캐릭터를 자연스럽게 노출할 수 있었다. 블리자드의 이 같은 시도는 유튜브라는 플랫폼과 잘 맞아떨어지면서 엄청난 시너지 효과를 냈다.

〈리그 오브 레전드〉 출시 초기에는 스토리 자체에 크게 신경을 쓰지 않았다. 정확하게는 스토리까지 신경 쓸 여력이 없었다. 캐릭터 자체가 콘텐츠인 AOS의 특성상 일정 수 이상의 캐릭터는 반드시 필요하다. 콘텐츠 업데이트의 방향도 빠른 캐릭터 제작에 맞춰지는 것이 어쩌면 당연하다. 그러나 회사 규모가 어느 정도 커지면서 라이엇 게임즈는 〈리그 오브 레전드〉의 스토리를 보강하기

시작했다. 특히 빌지워터 지역의 리뉴얼 업데이트 당시에는 갱플랭크라는 캐릭터의 외형과 스킬까지 스토리에 맞추어 수정할 정도였다. 이때 갱플랭크 리메이크의 작업 방식은 앞서 설명한 방법 중에서 스토리를 먼저 작업한 예라고 볼 수 있다. 갱플랭크는 빌지워터라는 세력을 대표하는 캐릭터가 되면서 해적이라는 키워드에 맞는 성격을 부여받았다. 스킬에서 화약을 사용하게 된 것이나 더 어두운 외형을 가지게 된 것도 스토리를 반영한 결과다.

어떤 면에서 굳이 들일 필요가 없는 비용을 감수했다는 점에서 볼 때 라이엇 게임즈가 〈리그 오브 레전드〉 스토리에 많은 비중을 뒀다는 것을 알 수 있다. 최근에는 신규 캐릭터와 일부 캐릭터에 한해 애니메이션과 소설까지 제작하고 있다. 〈리그 오브 레전드〉 세계관이 바탕이 된 애니메이션 〈아케인〉이 만들어질 수 있었던 건 이러한 노력의 결과다.

그림 5-19 스토리 보강으로 달라진 〈리그 오브 레전드〉의 갱플랭크

• 라이엇 게임즈

게임의 흥행 여부를 확신하기 어려운 상황에서 게임이 아닌 콘텐츠 제작에 비용을 투자하기란 쉽지 않지만, 추가 콘텐츠를 통한 스토리텔링의 효과는 확실하다. 따라서 여건이 된다면 영상 형태로 제작해 유튜브로 노출하는 것이 좋다. 영상이 좋은 이유는 높은 파급력 때문이다. 물론 소설이나 웹툰의 형태라도 상관없다. 핵심은 게임이 아닌 경로로 스토리를 전달하는 것이다. 어떤 면에서는 트랜스미디어 스토리텔링Transmedia Storytelling[4]의 일환이라 볼 수도 있다. 게임과 연장선에 있으면서도 독립적인 콘텐츠여야 하며 접근성이 높아야 한다. 이런 식의 콘텐츠 제작으로 캐릭터 중심 게임이 가진 스토리텔링의 약점을 어느 정도 보완할 수 있다.

---

4 트랜스미디어 스토리텔링은 원소스 멀티유즈(One-Source Multi-Use, OSMU)와 비교해서 이해하는 것이 좋다. OSMU는 플랫폼이 달라져도 스토리 자체는 같다. 반면 트랜스미디어 스토리텔링은 플랫폼마다 다른 스토리를 전개한다. 〈매트릭스〉의 경우 영화와 애니메이션은 같은 세계관을 공유하지만 스토리는 다르다. 이것이 트랜스미디어 스토리텔링의 개념이다. 만약 영화와 애니메이션이 같은 스토리로 만들어졌다면 OSMU라고 볼 수 있다.

중간적 관점
- MMORPG의 스토리텔링

일부에서는 해외의 싱글 RPG와 국내의 MMORPG를 비교하면서 국내 게임의 시나리오를 지적한다. 그러나 스토리 구조가 다른 3인칭 관점과 중간적 관점의 게임을 동일 선상에 놓고 비교하는 것은 문제가 있다. MMORPG는 온라인이라는 환경에서 만들어진 새로운 장르인 만큼 스토리텔링의 방법론 역시 달라져야만 한다. 그러나 지금까지는 3인칭 관점의 스토리 작법을 그대로 중간적 관점에 적용해왔다. 잘못된 방법론으로 만들어진 MMORPG의 퀘스트가 재미가 없는 것은 당연하다.

6장에서는 MMORPG의 스토리 구조를 이해하기 위한 방법으로 〈월드 오브 워크래프트〉와 〈블레이드 앤 소울〉을 살펴본다. 〈블레이드 앤 소울〉은 스토리텔링만 따진다면 확실한 성과를 거둔 게임이다. 그것이 가능했던 이유는 〈블레이드 앤 소울〉만의 독특한 스토리 구조 때문이다. 같은 듯 보이지만 〈월드 오브 워크래프트〉와 〈블레이드 앤 소울〉의 스토리 구조는 다르다. 두 게임이 어떻게 다른지를 이해하는 과정에서 MMORPG의 스토리 구조를 완전히 파악할 수 있을 것이다.

MMORPG의 스토리텔링은 퀘스트를 통해 이루어진다. 퀘스트는 구조적으로 스토리와 연결된 미션 형태이기 때문에 게임 플레이의 목적을 부여하기 좋다. 진행 정도에 따라 콘텐츠를 개방하고, 플레이어의 동선을 유도할 수 있으며, 보상도 지급할 수 있다. 퀘스트는 여러 시스템이 결합된 아주 강력한 콘텐츠다. 〈월드 오브 워크래프트〉의 성공 이후로 MMORPG에서 퀘스트를 통한 스토리텔링은 일반화되었다.

안타까운 점은 지금 만들어지는 MMORPG의 퀘스트들이 2004년에 출시된 〈월드 오브 워크래프트〉의 퀘스트보다 특별히 나은 점이 없다는 사실이다. 게이머 입장에서는 불행한 일이 아닐 수 없다.

퀘스트 제작을 위한 방법론을 찾아보더라도 〈월드 오브 워크래프트〉에서 만들어진 퀘스트의 형식적인 부분을 설명하는 수준에 그치고 있다. 6장에서는 앞서 설명한 '훅'의 개념을 활용해 MMORPG의 퀘스트를 효과적으로 제작하는 방법을 설명하려 한다.

그림 6-1 퀘스트를 통한 스토리텔링으로 성공을 거둔 〈월드 오브 워크래프트〉

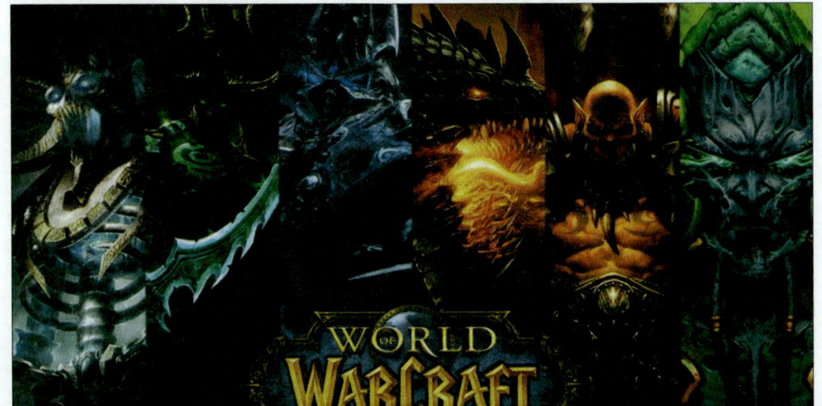

• 블리자드

6.1 중간적 관점의 이해

6.1.1 중간적 관점의 개념

중간적 관점은 MMORPG를 설명하기 위한 분류다. MMORPG의 장르적 특성을 이해하면 그 개념을 구체적으로 알 수 있다. [그림 6-2]는 MMORPG의 방향성과 그에 따른 특징을 정리한 것이다.

그림 6-2 MMORPG의 방향성

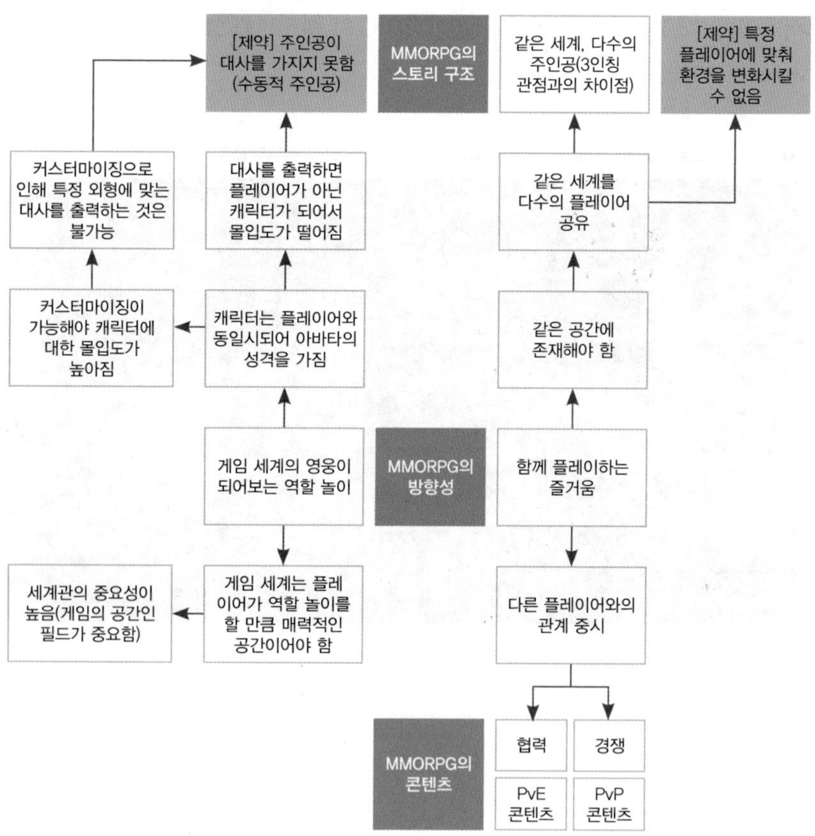

1) MMORPG의 장르적 특징

MMORPG는 MMO로 설명할 수 있다. MMO는 'Massive Multiplayer Online'의 약자로 '멀티 플레이'가 핵심이다. 다른 플레이어와 '함께 플레이할 때의 즐거움'에 초점을 맞춘 장르다. 게임 세계에서 플레이어들은 협력이든 대립이든 서로 관계를 맺는다. 이때 협력을 위한 콘텐츠가 PvE[1] Player vs Environment 이며, 대립을 위한 콘텐츠가 PvP다. 함께 플레이하려면 같은 공간에 플레이어들이 존재해야 한다. 그것을 가능하게 하는 것이 '온라인'이다. 다수의 플레이어가 같은 세계를 공유하는 형태가 되는 것이다. 모든 게임에서 플레이어가 스토리의 주인공이 된다는 점에서 MMORPG는 **같은 세계에 다수의 주인공이 존재**하는 특별한 스토리 구조가 된다. 오직 게임이라는 매체에서만 가능한 스토리 구조다.

MMORPG에서 만들어진 **'같은 세계 다수의 주인공'**이라는 스토리 구조는 제약이 크다. 모든 플레이어가 게임의 주인공이라는 점에서 그 세계에 대한 소유권 혹은 지분이 동일하다고 봐야 한다. 이런 이유로 MMORPG의 환경은 일종의 공공재와 같은 개념이라 특정 플레이어에 맞춰 변화시킬 수 없다. 반면 싱글 RPG의 스토리 구조에서는 주인공이 유일하기 때문에 주인공의 행동에 따라 환경이 달라진다. 새로운 NPC가 등장하거나 사라지기도 하고 어떤 사건에 의해 지형이 달라지기도 한다. 그 변화 자체가 스토리 전개이며, 즐거움을 준다.

반면 MMORPG에서는 이런 전개가 불가능하다. 예를 들어 세상을 파괴하려는 용을 제거해야 하는 스토리가 있다고 할 때 싱글 RPG에서 제거된 용은 다시 등장하지 않는다. 하지만 MMORPG에서 용이 제거되고 다시 등장하지 않는다면 최초로 용을 제거한 플레이어가 아닌 다른 플레이어들은 스토리 진행이 불가능해진다. 퀘스트 진행과 관련된 몬스터라면 제거되더라도 다른 플레

---

1 플레이어 대 환경, AI와 경쟁하는 콘텐츠를 말한다. 사실상 PvP가 아닌 모든 콘텐츠가 여기에 포함된다. 퀘스트도 PvE에 속한다.

이어들을 위해서 다시 등장해야 한다. 게임 세계를 모든 플레이어가 공유한다는 점에서 당연한 선택이다. 플레이어 입장에서 나의 행동 결과로 달라지는 것이 없기 때문에 당연히 스토리의 몰입도는 떨어진다. 이처럼 중간적 관점인 MMORPG의 3인칭 관점인 싱글 RPG는 스토리 구조 자체가 다르다.

MMORPG의 또 다른 방향성은 **'영웅이 되어보는 역할 놀이'**를 하는 것이다. 플레이어들은 캐릭터와 자신을 동일시하며 게임을 진행한다. 캐릭터는 단순한 캐릭터에 그치지 않고 플레이어의 분신이자 대리인인 아바타가 된다. 하나의 인격체가 되어 게임 세계를 경험한다. 3인칭 관점과 같은 간접 경험이지만 1인칭 관점의 직접 경험을 지향한다. 중간적 관점은 3인칭 관점과 1인칭 관점의 성격을 모두 가지고 있다. 아바타인 캐릭터의 몰입도는 플레이어가 원하는 모습이 될수록 강해지는 경향이 있다. 이 때문에 커스터마이징은 필수다. 문제는 커스터마이징으로 인해 캐릭터의 외형이 제각각 달라지므로 모든 캐릭터의 외형에 어울리는 대사를 제작하는 것이 현실적으로 불가능하다는 점이다.

MMORPG의 주인공이 대사를 갖기 어려운 또 다른 이유는 주인공의 대사가 1인칭 관점과는 다소 맞지 않는 경향이 있기 때문이다. 1인칭 관점에서 주인공인 플레이어가 자신의 의지와 상관없는 대사를 가진다면 플레이어의 캐릭터 성격이 더 강해지는 것이 아니라 3인칭 관점에 가까워진다. 플레이어와 캐릭터의 거리를 만들어 역할 놀이를 방해하는 셈이다. 스토리 전개에는 도움이 될 수 있지만 몰입도를 떨어뜨리는 역할을 한다. 이런 이유로 MMORPG의 주인공인 플레이어는 대사를 가지지 못한다. 이를 해결하기 위한 방법이 〈검은사막〉의 흑정령과 같이 플레이어를 따라다니는 NPC를 활용하는 것이다. 대사를 할 수 없는 주인공이자 플레이어를 대신해 스토리 전개에 도움을 준다. 철저하게 기능적인 필요에 의해 만들어진 캐릭터로, 앞서 설명한 '주인공의 친구 역할'을 한다.

2) 〈월드 오브 워크래프트〉와 〈블레이드 앤 소울〉의 스토리 구조

모든 MMORPG는 '같은 세계를 공유하는 다수의 주인공'의 특별한 스토리 구조를 가진다. 따라서 다수의 주인공이 존재해도 어색하지 않아야 한다. 가장 일반적인 형태가 〈월드 오브 워크래프트〉처럼 '어떤 세력의 누군가' 정도가 되는 것이다. 다소 허술해 보이는 주인공 설정이지만, 그렇기 때문에 플레이어가 캐릭터를 '나'로 인식하기 쉬워진다. 사실상 용병이 되는 것이 MMORPG의 일반적인 주인공 설정이다. 어떤 세계가 있고, 누가 되어도 상관없는 용병이 그 세계에 개입하는 형태가 된다. 이 설정의 장점은 게임의 시작부터 속한 세력에 대한 소속감을 심어줄 수 있다는 점이다. 소속감은 MMORPG의 중요 콘텐츠인 RvR[2]의 동기부여로 이어질 수 있다는 점에서 '어떤 세력의 누군가'는 MMORPG에 적합한 설정이다.

〈블레이드 앤 소울〉은 콘솔 게임과 같은 스토리텔링을 지향했다. 겉으로는 스토리의 완성도를 높이겠다는 의지의 표현이지만, 구조적으로는 3인칭 관점을 지향하겠다는 의미였다. 3인칭 관점의 주인공은 캐릭터, 중간적 관점의 주인공은 플레이어다. 〈블레이드 앤 소울〉의 플레이어는 '홍문파 막내'라는 다소 구체적인 설정을 가지면서 3인칭 관점의 '유일한 주인공'이 되었다. 일반적인 MMORPG의 플레이어가 아닌 캐릭터에 더 가까워진 것이다. 용병이 아닌 나의 스토리가 진행되기 때문에 스토리의 몰입도가 높은 것은 당연하다. 문제는 모두가 홍문파 막내가 되면서 사실상 클론이 되어버렸다는 점이다. 설정적으로는 다수의 주인공이 공존할 수 없어야 하는데, 실제 게임에서는 다수의 주인공이 존재한다. 스토리의 세계와 게임 세계가 일치하지 않는다는 점에서 세계관이 붕괴되었다고 볼 수 있다. MMORPG인 〈블레이드 앤 소울〉의 주인공은 커스터마이징으로 만들어진다. 이는 스토리텔링에 대사를 활용할 수 없다

---

2 Realm vs Realm의 약자로, 시스템적으로 진영이 다른 세력들이 전투를 하는 콘텐츠를 말한다. 공성전이나 길드전으로 불리는 콘텐츠가 대표적인 예다.

는 의미다. 결국 〈블레이드 앤 소울〉은 불완전한 3인칭 관점의 스토리 구조가 되었다. 지향점은 3인칭 관점이지만 그렇다고 장르 자체가 가진 스토리텔링의 한계는 극복하지는 못했다.

〈블레이드 앤 소울〉의 스토리 구조가 다소 부정적으로 설명된 듯하지만, 스토리의 몰입도만 따진다면 〈블레이드 앤 소울〉이 다른 MMORPG에 비해 월등히 높다. 〈블레이드 앤 소울〉의 스토리 구조는 장단점이 확실하기에 게임이 추구하는 방향성에 따라 선택해야 할 문제다.

3) MMORPG 스토리텔링의 방향성

MMORPG는 '**영웅이 되어보는 역할 놀이**'를 지향한다. MMORPG의 게임 세계는 플레이어가 역할 놀이로 경험하고 싶을 만큼 매력적인 공간이어야 한다. 게임 세계 자체에 몰입되게 하는 것이 첫 번째 조건이다. 중세 판타지를 세계관으로 하는 RPG가 많은 이유는 그만큼 매력적이라고 느끼는 게이머가 많기 때문이다. 그러기에 MMORPG 스토리텔링의 방향성도 '**매력적인 세계를 만들고, 그 세계관을 잘 보여주는 것**'이 되어야 한다.

MMORPG의 스토리텔링이라고 하면 퀘스트만을 떠올리기 쉽다. 그러나 더 중요한 건 '필드'다. 필드를 단순히 배경이라 생각할 수도 있지만, **MMORPG 의 필드는 세계관의 공간적 배경이 직접적으로 드러날 뿐만 아니라 플레이 경험을 결정**하는 곳이다. 필드가 사라진 수집형 RPG가 스토리텔링에 어려움을 겪고 있다는 점만 봐도 그 중요성을 알 수 있다. 낚시꾼들이 사는 호수 지역의 스토리와 약초꾼들이 사는 산악 지역의 스토리는 다르다. 공간 설정에 따라 스토리가 결정된다고 할 수 있다. MMORPG 개발 과정에서 세계관이 중요한 이유도 필드 구성을 위한 기반 작업이기 때문이다. 그래서 **매력적인 세계관이 반영된 필드를 만드는 것이 MMORPG 스토리텔링의 시작점**이 된다.

MMORPG의 콘텐츠는 '세계관을 알리는 것'에 집중한다. 퀘스트의 스토리 역시 그 목적에 충실할 필요가 있다. 플레이어가 경험하는 세계가 어떤 곳이 며, 어떤 일이 벌어지고 있는지를 보여주면 된다. 특히 세계관을 어떻게 보여 줄 것인지 고민해야 한다. 스토리가 아무리 매력적이어도 세계관과 연관성이 적다면 MMORPG에는 부적합하다. 어느 지역에나 등장할 수 있는 스토리가 아닌, 그 지역에서만 존재하는 스토리로 게임 세계를 알려야 한다. 사실 가장 좋은 건 콘텐츠로 세계관을 보여주는 것이다. 〈리니지〉의 혈맹과 공성전은 세 계관이 시스템화된 콘텐츠의 대표적인 예다. 일부에서는 〈리니지〉 세계관의 빈약함을 언급한다. 세계관을 퀘스트의 스토리로만 생각한다면 맞는 말이지 만, 혈맹과 공성전은 게임 세계를 구성하는 중요한 요소라는 점에서 세계관의 영역으로 봐야 한다.

〈월드 오브 워크래프트〉 세계관의 핵심은 '얼라이언스와 호드의 대립'이다. 게 임을 구성하는 수많은 요소와 콘텐츠가 두 세력의 대립과 연결된다. 〈월드 오 브 워크래프트〉의 시스템이나 퀘스트는 그 사실을 끊임없이 알려준다. 실제 〈 월드 오브 워크래프트〉의 게이머들은 자신이 속한 세력의 소속감이 아주 강해 서 현실에서조차 상대 세력에 대한 적개심을 드러낼 정도다. 그것이 가능했던 이유도 세계관을 스토리의 형태로 전달하는 것에 그치지 않고, 시스템화된 콘 텐츠를 통해 전달했기 때문이다.

6.2 퀘스트 스토리텔링

6.2.1 퀘스트 구조의 한계

퀘스트의 사전적 정의는 게임에서 플레이어가 수행할 임무나 행동을 말한다. 비슷한 개념으로 미션이 있는데 서로 구분하지 않고 혼용해서 사용하는 편이다. 구조적으로 완전히 같아도 게임에 따라 미션이나 퀘스트로 다르게 불리기도 한다. 특히 많은 모바일 게임에서 미션과 퀘스트가 거의 같은 의미로 사용된다.

하지만 이 책에서는 퀘스트와 미션을 명확하게 구분하려 한다. 단순한 임무 수행이 목적이라면 미션의 개념으로 이해하면 된다. 퀘스트가 미션과 다른 점은 스토리텔링이라는 목적성을 가진다는 점이다. 미션이 모여 퀘스트가 된다는 점에서 구조적으로도 상하위 개념이 존재한다. MMORPG에서 가장 일반적인 형태의 사냥 퀘스트를 살펴보면 '퀘스트 수락(대화) → 플레이(전투) → 퀘스트 완료(대화)'의 세 개의 미션으로 구성되어 있다.

퀘스트는 구조적으로 스토리와 연결된 미션 형태이기 때문에 플레이의 목적을 부여하기 쉽다. 플레이어의 동선을 유도할 수 있으며 퀘스트 수행에 따른 보상도 제공할 수 있다. 이 모든 것이 퀘스트라는 하나의 시스템으로 가능하다는 점에서 활용도가 높다. 그 자체로 강력한 콘텐츠이기 때문에 MMORPG에 퀘스트가 없으면 콘텐츠가 없다고 말한다. 하지만 퀘스트를 만들 때 싱글 RPG를 만드는 방식으로 접근하면 어려움을 겪을 수 있다. 앞서 이야기한 것처럼 MMORPG만의 스토리 구조를 가지고 있기 때문이다.

필자도 처음에는 MMORPG의 퀘스트에 기존 스토리 작법을 적용했지만, 왠지 모를 위화감을 느꼈다. 명확하게 맞아떨어지지 않는 느낌이었다. 그러던 중 SF 영화인 〈트랜스포머〉에서 MMORPG 스토리 구조를 발견할 수 있었다. 〈트랜스포머〉는 영상적인 쾌감은 확실하지만 스토리에 대한 평가는 낮다. 그 이유는 주인공보다 강력한 조력자의 존재 때문이다. 〈트랜스포머〉의 주인공은 인간인 '샘 윗위키'지만 스토리의 갈등을 해결하는 것은 대부분 오토봇이다. 시리즈의 첫 번째 작품에서는 주인공에게 역할이 어느 정도 부여되었지만 후속작으로 갈수록 주인공이 할 수 있는 일은 점점 줄어든다. **주인공보다 강력한 조력자가 스토리 구조를 붕괴**시켰다.

〈트랜스포머〉의 주인공은 주인공답지 못하다. 지금까지 스토리의 주인공은 스토리에 드러난 갈등을 직접 해결해왔다. 특히 상업적인 스토리라면 이 구조를 벗어나지 않는다. 하지만 〈트랜스포머〉는 '변신하는 로봇'이 무엇보다 중요하기 때문에 주인공이 스토리의 중심이 되어야 하는 스토리 구조를 희생한 특수한 사례다.

그림 6-4 〈트랜스포머〉의 주인공보다 강력한 조력자, 옵티머스 프라임

MMORPG의 퀘스트도 〈트랜스포머〉와 같은 불완전한 스토리 구조를 가진다. 퀘스트에서 갈등을 가진 주체는 시작 NPC지만 자신에게 닥친 갈등을 해결하지는 못한다. 주인공이지만 주인공의 역할을 하지 못하기 때문에 플레이어의 도움을 받아야 한다. 결국 **플레이어는 조력자로 스토리에 참여**하게 된다. 쉽게 말해 용병에 불과하다. 나의 스토리가 아니기 때문에 스토리에 대한 몰입도가 떨어지는 것은 당연하다. MMORPG 퀘스트 구조의 한계는 플레이어가 조력자의 역할에서 벗어날 수 없다는 것에 있다.

그림 6-5 MMORPG 퀘스트 구조의 한계

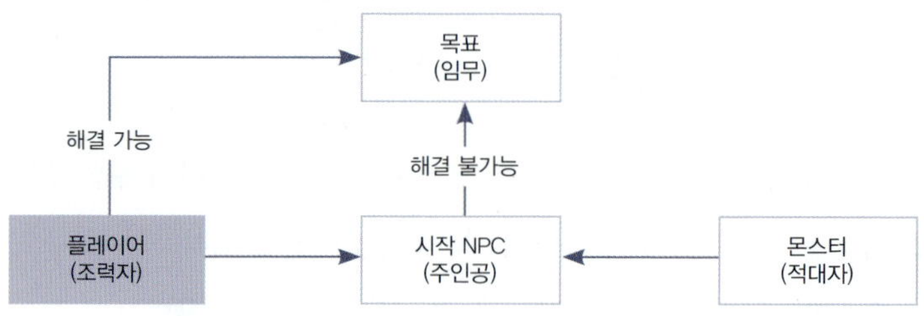

6.2.2 퀘스트 스토리텔링의 방향성

MMORPG의 퀘스트에서 플레이어는 스토리의 주인이 아니다. 〈트랜스포머〉의 옵티머스 프라임처럼 조력자이자 용병에 불과하다. 갈등의 주체가 플레이어가 아니므로 스토리에 몰입하기 어렵다. 쉽게 말해 주인공의 스토리가 아닌 조력자의 스토리가 전개되는 것이다. 주인공인 플레이어가 굳이 퀘스트를 주도해 진행해야 할 명분이 약하다. 아마 다치거나 굶주린 병사의 먹거리를 구해주는 퀘스트를 플레이한 경험이 있을 것이다. 이런 맥락 없는 퀘스트를 만들어선 안 된다. 하지만 그 병사가 플레이어와 어떤 관련이 있거나 문제를 해결하는 단서와 연결된다면 퀘스트를 수행해야 할 이유가 된다. 남(시작 NPC)의 스토리라도 나(플레이어)의 스토리처럼 느껴질 수 있어야 한다. **플레이어가 조력자임에도 스토리의 주인공처럼 보여야 한다**는 뜻이다. 물론 메인 퀘스트라면 스토리의 주인공일 수 있지만, 그래도 시작 NPC를 거쳐야만 한다는 점에서 조력자라는 포지션은 변하지 않는다.

이런 구조의 한계를 극복할 수 있는 실마리는 사극(史劇)에서 찾을 수 있다. 사극은 한자 뜻 그대로 역사를 바탕으로 한 스토리를 가진다. 사극은 역사적 사실을 그대로 극화하기도 하지만 허구의 인물이 등장하기도 한다. 아마 실존 인물이 허구의 인물의 도움을 받아 역사적 사실을 이룬다는 스토리를 본 적이 있을 것이다. 이때 실존 인물과 허구 인물의 목표에는 접점이 존재한다. 서로 밀접한 관계를 맺고 있어 허구의 인물이 자신의 목표를 이루기 위해선 실존 인물의 문제를 해결해야만 한다. 이런 스토리 구조는 MMORPG의 퀘스트를 만들 때도 활용할 수 있다.

실존 인물을 시작 NPC이자 스토리의 주인공으로 볼 수 있으며, 허구의 인물을 플레이어 캐릭터이자 조력자로 생각할 수 있다. 실존 인물을 스토리의 주인공으로 삼을 경우 목표가 개인적이지 않다는 장점이 있다. 국가의 위기를 극복하거나 한 나라의 왕이 되겠다는 식의 다소 거창한 목표는 MMORPG의 메인 스토리에서 추구해야 할 목표와 잘 맞아떨어진다. 이 내용을 잘 설명할 수 있는 사례가 HBO에서 제작한 드라마 〈로마〉이다.

그림 6-6 〈로마〉와 MMORPG의 스토리 구조

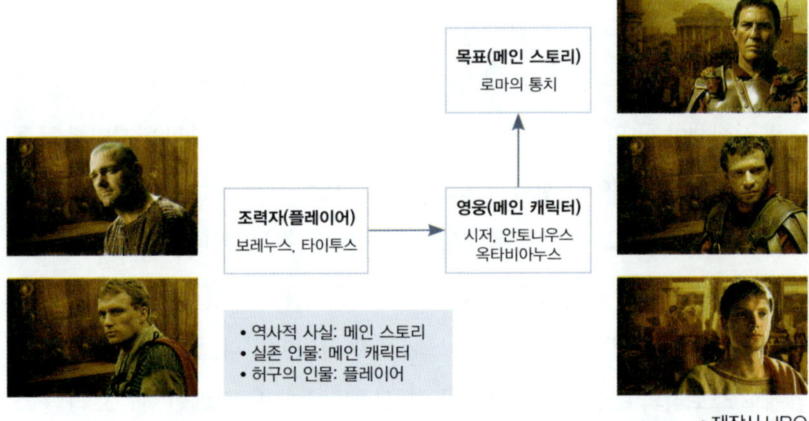

• 제작사 HBO

〈로마〉는 황제가 되어 로마를 통치하려는 실존 인물인 시저, 옥타비아누스, 안토니우스에 관한 스토리다. 허구의 인물인 보레누스와 타이투스가 여기에 관여한다. 허구의 인물은 실존 인물과 직간접적으로 관계를 맺으면서 그들을 돕는다. 실존 인물은 스토리의 주인공이자 시작 NPC에 해당한다. 허구의 인물은 플레이어이자 조력자다. 이때 시작 NPC의 문제를 해결하는 것이 플레이어의 문제를 해결하는 것으로 연결되어야 한다. 앞서 설명한 플레이어가 조력자임에도 스토리의 주인공처럼 보여야 한다는 것과 같은 맥락이다.

〈로마〉를 바탕으로 MMORPG를 만든다고 할 때, 실존 인물의 목표를 메인 스토리로 설정해서 그가 추구하는 목표가 그 세계의 가장 큰 갈등으로 만들어준다. 실존 인물은 게임 내에서 영웅 캐릭터가 되어 메인 스토리를 이끌게 될 것이다. 역할만 따진다면 〈월드 오브 워크래프트〉의 영웅 캐릭터인 아서스, 우서, 스랄, 가로쉬 헬스크림 등과 같다. 이런 영웅 캐릭터는 일반 캐릭터와 차별화가 이루어져야 한다. 한두 번 등장에 그치지 않고 계속해서 등장해 존재감을 드러낼 수 있어야 스토리의 몰입도가 높아진다. 중요한 건 이런 영웅 캐릭터와 플레이어의 관계 설정이다. 가능한 많은 접점을 만들어 같은 목표를 가질 수 있도록 연결시키자.

6.2.3 메인 퀘스트 스토리텔링

퀘스트는 메인 퀘스트와 서브 퀘스트로 나뉜다. 메인 퀘스트가 아니면 전부 서브 퀘스트에 속한다.

메인 퀘스트의 중요한 역할은 크게 두 가지다.

- **스토리: 세계관 전달**
- **기능적 역할: 콘텐츠 개방과 동선 유도**

첫 번째 역할은 스토리다. MMORPG은 공간 설정이 무엇보다 중요하므로 스토리를 통해 세계관을 전달할 수 있어야 한다. 앞서 이야기한 것처럼 세계관과 스토리의 구분은 게임이 시작되는 시점이다. 따라서 하필 그 시점에 일어나야만 하는 가장 극적인 스토리가 되어야 한다. '가장 극적인 스토리'라는 의미는 '재미있어야 한다'는 뜻이기도 하다. 세계관에서 뽑아낼 수 있는 가장 재미있는 스토리가 메인이 되어야 한다. 공간도 그 과정에서 자연스럽게 알게 되는 것이 좋다. 공간 설정은 서브 퀘스트로도 충분히 전달할 수 있기에 플레이어와 중요 캐릭터들 간의 관계에 집중하자. 메인 퀘스트에서 너무 많은 내용을 담으려고 하다간 쉽게 지루해진다.

메인 퀘스트는 스킵이 불가능한 필수 콘텐츠이므로 컷신이나 구현 비용이 드는 연출에도 많이 투자하는 편이다. 컷신으로만 전개 가능한 스토리도 있기 때문에 이런 것들을 최대한 활용할 필요가 있다. 그러나 게임이라는 점에서 컷신에만 의존하는 것도 좋은 선택은 아니다. 플레이 중간의 상황 연출에서 차이를 두어야 한다. 인 게임 연출에 집중해서 서브 퀘스트와 확실히 구분 짓도록 하자.

두 번째는 기능적 역할이다. 메인 퀘스트는 콘텐츠의 개방과 연결된다. 어느 시점에 어떤 콘텐츠를 개방할 것인지의 판단 기준으로 수치화된 레벨이 활용되는 편이다. 레벨보다 설정적인 맥락에서 개방되면 플레이 경험이 좋다. 메인 퀘스트에 콘텐츠에 관한 내용이 포함되어 있고, 스토리의 진행 흐름에 따라 콘텐츠가 확장되는 것이 자연스러운 흐름이다.

메인 퀘스트는 플레이어의 동선을 유도하는데, 이는 사실상 가장 중요한 역할이다. 이런 이유로 메인 퀘스트의 스토리는 공간을 이동할 수 있도록 전개되어야 한다. 메인 스토리의 중요 캐릭터를 만나러 가는 이유를 만들어주고, 그 캐릭터가 있는 공간을 찾아가는 것이 일반적이다. 이 과정에서 스토리의 전개가 억지스러워질 수도 있지만 동선을 최우선으로 해야 한다.

메인 퀘스트의 작업 단계를 살펴보자.

1) 기반 작업 – 세계관 점검 및 보강

가장 먼저 기존에 작업한 세계관을 다시 점검하고 퀘스트가 진행될 지역 설정을 확인한다. 부족한 부분이 있다면 보완하면서 완성도를 높여야 한다. 특히 지역마다 확실한 콘셉트가 있어야 퀘스트나 '필드'를 만들 때 유리하다. MMORPG는 잘 만들어진 필드에 몬스터가 적절히 배치되는 것만으로도 좋은 플레이 경험을 줄 수 있다. 그러기 위해선 지역(공간) 설정에 많은 공을 들여야 한다. 세계관이 제대로 갖춰지지 않으면 작업 시간이 늘어날 뿐만 아니라 완성도 높은 퀘스트를 만들기도 어려워진다.

MMORPG가 비슷해 보이는 건 중세 판타지여서 그렇다기보단 스토리텔링에 실패했기 때문이다. 세계관 설정이 빈약하거나 세계관 설정이 있더라도 게임에 제대로 드러나지 않아서 게이머들이 모를 확률이 높다. 〈테라〉는 로딩 화면에서 세계관을 일러스트와 함께 보여준다. 흥미로운 설정이 많은데, 실제 게임에서 관련 내용을 찾기는 어렵다. 이처럼 설정으로만 존재하는 세계관은 의미가 없다. 실제 게임에 등장할 수 있는 세계관인지를 점검하고 보강할 필요가있다.

2) 기반 작업 – 지역 설정 점검 및 보강

사실상 레벨 디자인 작업이라고 보면 된다. 가장 먼저 각각의 사냥터를 살피고 해당 사냥터와 연관 지을 수 있는 스팟^{spot}[3]을 점검한다. 사냥터에는 스팟에 어울릴 만한 몬스터가 등장해야 한다. 반대로 몬스터에 어울릴 만한 스팟이 준비되어 있어야 한다. 다소 어울리지 않는다면 스팟 설정을 다시 하거나 몬스터를 바꾼다. 약초꾼이 거주하는 스팟이라면 주변에 독버섯 몬스터가 등장하는 것이 자연스럽다. 약초가 있을 만한 곳이 숲이기 때문에 숲에 사는 맹수류 몬스터가 등장해도 좋다. 몬스터는 외형만으로 어떤 지역에 등장하는 것이 적절할지 판단할 수 있다. 퀘스트를 만든다면 몬스터에 의존할 수밖에 없으므로 사냥터마다 적절한 배분이 필요하다.

3) 기반 작업 – 메인 캐릭터 설계

MMORPG는 조력자의 입장에서 스토리가 전개된다. 플레이어는 분명 주인공이어야 하지만, 실제로는 조력자의 역할을 담당한다. 보통의 게임 스토리는 주인공인 플레이어에 몰입되어야 하지만 MMORPG에선 주인공이 플레이어 자체다. 몰입의 대상이라기보단 '나'라고 생각하고 플레이한다. 그래서 다른 몰입 대상이 메인 캐릭터가 필요하다. 이때 메인 캐릭터와 플레이어의 목적을 일치시켜야 한다. 앞서 강조한 것처럼 '남(메인 캐릭터)'의 스토리지만, 나(플레이

---

3 MMORPG에서 스팟은 설정을 바탕으로 기능적인 필요성에 의해 만들어진 공간을 뜻한다. 게임 진행에 필요한 NPC가 배치되어 있어서 게이머들이 거쳐 가게 된다. MMORPG의 동선도 스팟을 중심으로 만들어진다. 게이머에 의해 자연스럽게 만들어지는 스팟도 존재할 수 있다.

어)의 스토리처럼 느껴져야 한다'는 뜻이다. 그것이 가능하도록 만들어진 메인 캐릭터들로 스토리를 구성하는 것이 무엇보다 중요하다. 그렇지 않으면 스토리가 겉돌 수 있다. 이때 작업의 캐릭터 관계도를 만들어두는 것이 좋은데, 캐릭터 관계도는 스토리를 전개하는 과정에서 자연스럽게 다듬어지기 때문에 완벽하게 작업할 필요는 없다.

4) 기반 작업 – 메인 스토리 초안

메인 스토리는 3막 구조로 작업한다. 1막의 구성점 1에서 제시한 갈등을 2막의 클라이맥스에서 해결하는 것이 기본이다. MMORPG의 경우 플레이 타임이 워낙 길어서 구성점 1과 클라이맥스 사이에 엄청난 시간 차가 존재한다. 그래서 MMORPG에서 3막 구조를 적용하는 것이 가능한지 의문을 가질 수도 있다. 그러나 클라이맥스로 가기 위한 단계만 늘어났을 뿐 스토리의 구조 자체가 달라지는 것은 아니다. 1막의 구성점 1에서는 게임의 세계관을 축약해 보여줄 수 있어야 하며, 클라이맥스에서 상대할 적에 대해 알려주어야 한다. 1막은 기능적으로 튜토리얼의 역할을 하는 편이어서 게이머들이 본격적으로 플레이하는 퀘스트는 2막이라 할 수 있다. 3막은 보스를 처치한 후의 상황 변화에 관한 내용이다. 초안에서 굳이 생각할 필요는 없다.

5) 메인 스토리 작업 – 1막 + 튜토리얼

메인 스토리의 초안을 확장하는데, 조금 더 구체적인 형태의 작업이 필요하다. 이미 만들어진 공간이 있다면 거기에 맞춰서 스토리를 만들어야 한다. MMORPG의 시나리오 작업은 공간에 맞는 스토리를 만드는 작업이다. 이때 사건 위주의 스토리를 만든다면 구체화 과정에 드는 시간과 비용을 줄일 수 있다. 스토리를 만드는 것과 퀘스트를 만드는 것은 다른 작업이다. 하지만 사건 위주의 스토리로 구성한다면 퀘스트화하는 것은 어렵지 않다. '설정'이 아닌

'사건'을 만들어야 한다. 사건을 만들 때에는 어떤 플레이를 하게 할 것인가에 대한 계획이 반드시 포함되어야 한다.

1막에서는 당연히 구성점 1에 해당하는 사건이 가장 중요하다. 구성점 1에서 제시된 갈등은 그 세계를 위협할 정도로 거창한 것이 좋다. 만약 개인적인 갈등이라도 그것이 나중에는 세계 전체의 문제로 확장될 가능성이 있어야 한다. 그 갈등은 우연이 아닌 적대자(스토리상 최종 보스)의 의지로 만들어져야 한다. 적대자가 구성점 1에 등장하기 어렵다면, 차선책으로 부하들이라도 출연시켜서 더 강력한 힘이 있다는 암시를 주면 된다. 그것마저 싫다면 이 세계에 어떤 변화가 있다는 것 정도는 알려주어야 한다. 가능하면 극적인 사건이 필요하다. 중요한 점은 1막의 구성점 1에서 제시한 갈등이 2막의 클라이맥스에서 해결되어야 한다는 것이다. 구성점 1과 클라이맥스는 하나의 묶음으로 생각하자.

MMORPG의 1막은 원래 1막에서 해야 할 기능(세계관 소개, 플레이어 캐릭터의 설정, 플레이어 캐릭터의 목표)과 더불어 튜토리얼의 기능도 포함되어야 한다. 게임 초반에 설명해야 할 항목을 리스트업한다. 그 항목들을 사건 형태의 스토리로 연결하는 것이 1막의 스토리 작업이어서 일반적인 스토리 창작과는 분명 다를 수 있다. 게이머들이 튜토리얼을 싫어하는 것은 분명하지만, 아예 제공하지 않아도 불만을 제기할 것이다. 이상적인 튜토리얼은 콘텐츠화를 통해 게이머가 튜토리얼을 진행하고 있다는 생각이 들지 않도록 만드는 것이다. 스토리와 튜토리얼 모두를 고려해야 하므로 작업자의 역량이 무엇보다 중요한 어려운 작업이다.

6) 메인 스토리 작업 – 2막

구성점 1을 참고해서 클라이맥스에 해당하는 사건을 설정한다. 게임과 장르를 고려한다면 '마지막 지역에서 벌어지는 적대자와의 전투'에서 크게 벗어나지 않을 것이다. 다른 스토리 콘텐츠와 달리 MMORPG는 구성점 1과 클라이맥스까지의 텀이 매우 길다. 그러나 구조적으로 본다면 앞의 스토리는 클라이맥스를 위한 과정에 불과하다. 당연하지만 앞의 스토리는 클라이맥스보다 더 극적일 수는 없다.

그다음부터는 클라이맥스 전의 단계를 계속해서 늘려나가는 작업을 한다. 이때 메인 스토리를 1화가 완결된 구조인 에피소드식 드라마처럼 구성하는 것이 좋다. 이런 구성의 장점은 스토리의 시작과 끝을 짧은 시간에 경험할 수 있다는 점이다. 게임들의 전반적인 플레이 타임이 짧아지고 있다는 점에서 에피소드식 구성이 MMORPG의 메인 스토리에 적합하다. 에피소드는 그 자체로 완결된 스토리여야 하지만 너무 독립적인 스토리가 되어서는 안 된다. 에피소드를 통해 테마를 반복적으로 드러낼 수 있도록 한다. 작업 편의를 위해 에피소드의 주요 캐릭터들의 관계를 도식화하고, 캐릭터별로 '캐릭터–스토리 모델'을 정리해두자.

에피소드의 단위는 하나의 콘셉트를 가진 지역을 하나의 에피소드로 구분한다. 지역이 세 개라면 에피소드 역시 세 개가 된다. '1 지역＝1 에피소드'는 에피소드 구성의 예시이며, 에피소드를 어떻게 구분할지는 작업자의 선택에 달려 있다. 에피소드를 세분화할 수 있는 구분도 필요하다. 필자가 에피소드라고 한 단위는 〈블레이드 앤 소울〉에서는 '막'이었다. 막은 다시 장으로 나뉘는데 1막인 '상처받은 자들'의 경우 27개의 장으로 세분화되었다. 이렇게 본다면 〈블레이드 앤 소울〉에서 에피소드에 해당하는 막은 아주 큰 단위다. 만약 지금이라면 막은 더 짧아질 필요가 있을 것이다.

중요한 건 에피소드 자체를 하나의 완결된 구조로 만드는 것이다. 에피소드를 구성할 때 동선까지 고려해서 작업해야 하는데, 이때 동선을 '반드시 거쳐야 할 스팟의 연결'이라 생각하자. 스팟의 이동 순서를 정한 다음, 스팟이 포함된 스토리를 구상하면 동선은 자연스럽게 만들어진다. 가능하다면 세계관이 많이 반영된 공간을 중요 스팟으로 설정해서 비중을 높이자.

7) 메인 스토리 작업 – 3막

3막에서는 2막의 클라이맥스에서 세계의 가장 중요한 갈등이 해결되면서 달라진 결과를 보여주는 것이 정석이다. 그러나 환경을 마음대로 변화시킬 수 없는 MMORPG의 특성상 크게 달라지는 게 없다. 〈블레이드 앤 소울〉은 미션 완료 상태를 체크해서 다른 대화를 출력하는 시스템을 활용했다. 이러면 마지막 퀘스트를 완료한 플레이어에게 칭찬 같은 특별한 말을 해줄 수 있다. 그러나 비용이 만만치 않고 온라인 게임의 특성상 다시 새로운 갈등이 시작되어야 한다는 점에서 무의미할 수도 있다. 이런 이유로 보통은 영상으로 보여주는 것이 일반적이다.

8) 메인 스토리 구조 점검

다음 도식을 보면 앞에서 설명한 내용이 한 번에 이해될 것이다. 가장 먼저 구성점 1과 클라이맥스를 설정하고, 나머지를 채우는 식으로 메인 스토리를 만들어나가면 된다. MMORPG의 메인 스토리의 플레이 타임은 길 수 있지만 결국엔 3막 구조를 벗어나지 않는다.

그림 6-7 MMORPG의 메인 스토리 구조

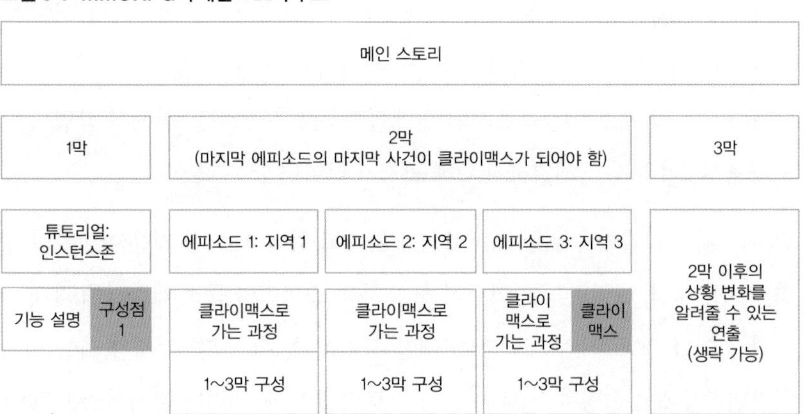

메인 스토리를 점검하면서 확인을 해야 할 사항은 '공간에 적합한 사건으로 스토리가 전개되는가'이다. 사건의 형태가 되어야 플레이로 연결할 수 있기 때문이다. 전투를 통해 어떤 사건을 해결하는 것이 가장 일반적인데, 식상하지만 확실한 방법이기도 하다.

9) 메인 스토리를 메인 퀘스트로 구체화

메인 스토리가 완성되었다면 스토리를 바탕으로 퀘스트의 형태로 만든다. 메인 퀘스트와 서브 퀘스트의 제작을 위한 사전 작업은 크게 다르지 않다. 차이가 있다면 메인 퀘스트는 필수 콘텐츠라서 영상과 같은 연출에 비용을 많이 투자한다는 것 정도다. 메인 퀘스트의 동선은 서브 퀘스트와 함께 맞물려야 하기 때문에 메인 퀘스트로 기본적인 흐름을 잡은 다음 서브 퀘스트 작업을 하면서 동선을 구체화하는 것이 좋다. 퀘스트 제작을 위한 실질적인 방법은 뒤에서 자세히 설명할 예정이다.

6.2.4 서브 퀘스트 스토리텔링

MMORPG의 서브 퀘스트 작업이 어려운 이유는 그 양에 있다. 만들어야 하는 수 자체가 워낙 많아서 완성도까지 갖추기가 쉽지 않다. 앞서 설명한 것처럼 MMORPG의 퀘스트는 구조적인 한계까지 가지고 있다는 점에서 작업의 난도가 높다. 이 문제를 해결하기 위해 필자가 찾아낸 답은 '훅'이다.

필자는 퀘스트 작업을 위한 개인 DB를 가지고 있다. 대단한 것은 아니지만 영화, 소설, 게임, 드라마, 책, 역사적 사실 등의 스토리와 등장 캐릭터를 짧게 정리한 것이다. '스토리와 캐릭터'에 대한 훅이라 할 수 있다. 눈치가 빠른 사람이라면 5장에서 설명한 '스토리 중심 스토리텔링'과 '캐릭터 중심 스토리텔링'

이 떠오를 것이다. 기존의 검증된 스토리와 캐릭터를 모티프^{motif}로 작업 중인 MMORPG에 맞게 재구성하는 것으로 이해하면 되겠다. 다르게 설명하자면 훅이 스토리 창작을 위한 모티프가 된다는 뜻이다. 이를 '모티프 콘텐츠'라 부르는데, 일종의 검증된 콘텐츠다.

구체적인 예를 하나 들겠다. 필자가 〈블레이드 앤 소울〉에서 작업한 퀘스트인 '응답하라 공육이사!'는 〈무간도〉의 훅을 바탕으로 작업했다. 언더커버 스토리는 모두가 알고 있을 것이다. 〈무간도〉에는 원래 세력으로 되돌아가려는 캐릭터와 원래 세력에서 벗어나려는 캐릭터가 존재한다. 그로 인해 만들어지는 갈등이 다른 언더커버 스토리와 확연히 구별된다. 〈무간도〉의 훅은 대립하는 두 세력이 있다면 충분히 활용 가능하다. 물론 새로움을 위한 약간의 변화는 필요하다.

일부에서는 다른 창작물을 접하지 않아야 창의적인 스토리를 만들 수 있다고 주장하기도 한다. 순수 예술을 지향한다면 어느 정도 동의할 여지가 있다. 하지만 게임 시나리오 같은 상업적인 스토리를 만드는 작가라면 대중이 좋아하는 스토리를 만들어야 한다. 이미 검증된 스토리와 캐릭터를 많이 안다면 작업에서 활용할 거리가 그만큼 많아진다. 역사적 사실도 스토리를 만드는 데 좋은 재료가 된다. 평소에 자신이 접한 콘텐츠를 정리하는 습관을 기르자. 그 과정에서 스토리에 대해 한번 더 생각할 수 있을 뿐만 아니라 스토리를 요약하는 과정 자체도 작업 역량을 키우는 데 도움이 된다.

서브 퀘스트 제작을 할 때 무엇보다 중요한 점은 지역 단위로 생각해야 한다는 것이다. 지역의 스토리를 만든다는 관점에서 접근하면 세계관이 녹아든 서브 퀘스트를 만들 수 있다. 다르게 해석하면 그 지역이기에 존재할 수 있는 스토리로 서브 퀘스트를 구성해야 한다는 의미다.

1) 기반 작업 – 스팟 설정 및 몬스터 배치, 스토리 키워드 정리

스팟 설정 및 몬스터 배치

가장 먼저 세계관을 점검하자. 지역과 스팟의 설정, 사냥터와 배치 몬스터와 같은 공간에 관한 내용을 먼저 확인한다. 스팟은 사냥터를 고려해서 퀘스트 동선 단위로 생각하는 것이 좋다. MMORPG의 플레이 경험을 결정하는 건 몬스터다. 지역 설정에 어울리는 몬스터가 배치되고 레벨 디자인만 잘 되어 있다면 특별한 스토리 없이도 완성도 높은 퀘스트를 만들 수 있다. 이러한 환경 자체가 스토리텔링에 아주 중요한 요소가 되기 때문에 레벨 디자이너와 논의하며 원하는 공간을 만드는 데 시간을 들여야 한다.

스토리 키워드 정리

그다음 할 일은 지역에서 전달할 내용을 구체적으로 정리하는 것이다. 퀘스트 동선 단위로 지역을 구분하고, 해당 지역에서 전달해야 할 내용을 리스트로 만든다. 서브 퀘스트를 만든다는 것은 지역의 스토리 키워드를 잘 전달할 수 있는 퀘스트를 만든다는 의미다. 만약 대도시라면 대도시만의 특성을 잘 드러낼 수 있는 설정이 포함되어야 한다. 지역색이 뛰어난 스토리는 그 자체로 의미가 있다. 필요하다면 스팟을 만들 필요가 있다.

스토리 키워드와 함께 지역의 '테마'에 관해서도 생각해야 한다. 스토리 키워드를 통해 보여주고자 하는 것, 말하고 싶은 것이 바로 테마다. 스토리 키워드의 상위 개념이라 할 수 있는데, 이런 테마들이 모이면 그 지역이 어떤 공간을 설명할 수 있다. 즉, '다수의 퀘스트→하나의 테마', '다수의 테마→하나의 지역'으로 구체화된다. 무수히 많은 퀘스트의 중첩을 통해 지역을 드러낸다고 생각하자. 서브 퀘스트라 하면 쉽게 생각하는 경향이 있는데, 실제로는 이런 흐름까지도 생각해야 한다.

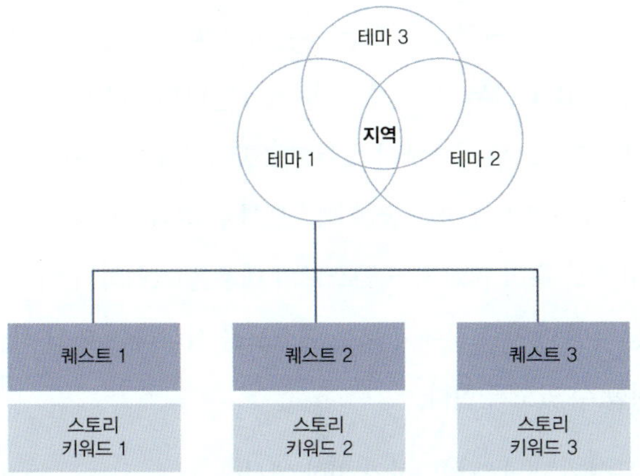

서브 퀘스트를 만든다면 앞서 얘기한 모티프 콘텐츠가 필요하다. 많으면 많을 수록 좋다. 그러나 짧은 문장이나 키워드로 정리되지 않는다면 실제 작업에서 활용하기는 힘들다. '로미오와 줄리엣'의 훅인 '원수 사이인 두 집안 남녀의 사랑'처럼 아주 명확해야 한다. 역사적 사실도 아주 강력한 훅이 될 수 있다는 사실을 잊지 말자. 조선 시대의 이순신, 선조, 원균의 관계는 어떤 스토리보다 극적이다. '왕자의 난'으로 대표되는 당나라와 조선 초기의 역사도 마찬가지다.

2) 기반 작업 – 퀘스트 동선 정리, 스토리 키워드와 훅의 매칭

퀘스트 동선 정리

동선 정리 시에는 두 가지 원칙만 지키면 된다.

첫째, 퀘스트를 완료했던 지역을 다시 가야 하는 동선은 피한다. 정말 특별한 이유가 있다면 어쩔 수 없지만, 그 특별한 이유는 가능한 한 만들지 않는 것이 좋다. 특히 스토리를 매끄럽게 하기 위함이 목적이라면 절대 피해야 한다. 만약 스토리의 완성도를 높인다는 이유로 불편한 동선을 만들었다면 분명 잘못된 선택이다. 스토리와 동선 중에 하나만 선택해야 한다면 동선을 택한다.

둘째, 한 번의 플레이 동선으로 진행하는 퀘스트 수를 적절하게 조정한다. 스토리의 내용을 충분히 파악하면서 진행할 수 있는 수준이어야 한다. 퀘스트의 양에 집착하지 말자. 만약 A, B, C라는 몬스터를 사냥해야 한다면 퀘스트를 세 개 만들 것이 아니라 A, B, C를 모두 사냥해야 하는 퀘스트 한 개를 만드는 것이 낫다. 플레이 경험이 크게 다르지 않다면 굳이 퀘스트를 분리해서 몰입도를 떨어뜨릴 이유가 없다. 퀘스트 수가 많아지면 퀘스트의 내용을 기억하기 어려워진다. 만약 사냥터가 넓다면 메인 스팟에서 모든 퀘스트를 시작하는 대신 서브 스팟을 만들어서 진행할 수 있도록 한다.

[그림 6-9]는 바람직한 동선의 개념을 설명하기 위한 예시다.

그림 6-9 퀘스트 동선 예시

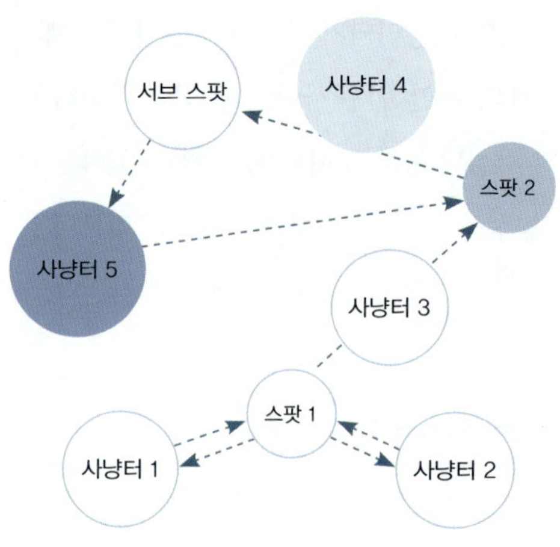

동선의 흐름은 크게 두 가지다.

- 스팟 1 → 사냥터 1 → 스팟 1 → 사냥터 2 → 스팟 1(생략 가능) → 사냥터 3 → 스팟 2
- 스팟 2 → 사냥터 4 → 서브 스팟 → 사냥터 5 → 서브 스팟(생략 가능) → 사냥터 4(생략 가능) → 스팟 2

첫 번째 동선은 아주 무난한 형태다. 스팟 2로 넘어가는 시점에서 다시 스팟 1로 가서 퀘스트를 완료한다면 플레이 흐름을 방해할 수도 있으므로 스팟 2에서 완료하는 것도 괜찮은 선택이다. 그리고 스팟과 스팟 사이에서 단순 이동만 한다면 지루할 수 있기 때문에 사냥터를 배치해 전투가 벌어지도록 하면 좋다. 이때 전투가 아닌 다른 플레이가 추가되어도 '이동이 지루하지 않도록'이라는 목적은 달성할 수 있다는 점에서 문제될 것은 없다.

두 번째 동선처럼 사냥터가 넓다면 서브 스팟을 만들어 한 번에 플레이하는 퀘스트를 분리한다. 간혹 MMORPG의 시작 NPC와 완료 NPC를 일치시키는 과정에서 매끄럽지 않은 동선이 만들어진다. 시작 NPC와 완료 NPC가 같아야 스토리 흐름이 좋은 것이 사실이지만, MMORPG라면 동선을 가장 우선할 필요가 있다.

스토리 키워드와 훅의 매칭

동선이 만들어졌다면 스팟에 속한 사냥터에 배치된 몬스터를 파악하고, 해당 스팟에서 전달해야 할 스토리 키워드를 파악한다. 그것만으로도 어떤 스토리를 가진 퀘스트를 만들어야 할지 대략 감이 올 것이다. 그 스토리를 간단하게 정리한다. '훅이 있는 스토리'를 만드는 것인데, 편의상 그냥 훅이라고 하겠다.

당장 생각나는 스토리가 없다면 모티프 콘텐츠를 참고한다. 스토리 키워드에 맞는 훅을 매칭하는 작업이라 할 수 있는데, 선택한 훅에 따라 퀘스트의 스토리가 결정된다. 예를 들어 '제국군에게 고통받는 마을 사람들'을 보여주는 것이 해당 지역에서 전달해야 할 스토리 키워드라 가정해보자. 〈로빈 후드〉를 모티프로 할 수도 있지만 〈각시탈〉도 모티프가 될 수 있다. 정답은 없다. 같은 이유로 〈로빈 후드〉나 〈각시탈〉이 아니어도 된다. 만약 〈로빈 후드〉라면 제국군과 싸우는 의적 캐릭터가 중심인 스토리로 전개될 것이며, 〈각시탈〉이라면 제국군과 싸우는 정체를 알 수 없는 어떤 캐릭터가 중심인 스토리가 될 것이다. 그냥 '제국군에게 고통받는 마을 사람들'을 가장 잘 보여줄 수 있는 스토리가 된다면 훅이 무엇이 되어도 문제될 것이 없다. 만약 〈로빈 후드〉를 선택했다면

〈로빈 후드〉를 모티프로 해당 지역의 스토리 키워드를 전달할 수 있는 퀘스트를 만들겠다는 의미다. 중요한 것은 훅이 아닌 스토리 키워드다. 훅은 스토리 키워드를 전달하기 위한 하나의 도구에 불과하다는 걸 명심하자.

그림 6-10 스토리 키워드와 훅의 매칭

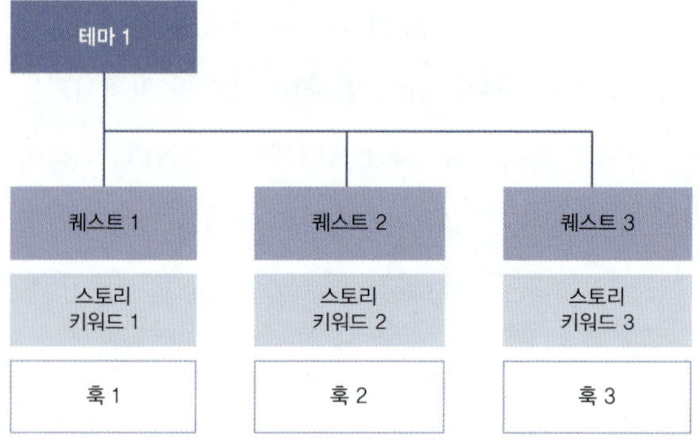

3) 기반 작업 – 지역 전체 스토리 라인

이 단계에서 중요하게 생각해야 할 것은 지역이 하나의 공간, 하나의 사회로 인식되도록 하는 것이다. 그러면서도 다른 지역과는 구분되는 테마가 드러나야 한다. 테마가 모여 지역이 어떤 곳인지를 드러내기 때문에 테마는 완전히 독립적이기보다는 서로 접점이 있어야 한다. 이를 위한 가장 확실한 방법은 지역을 상징할 수 있는 캐릭터가 주인공인 퀘스트를 만드는 것이다. 지역의 핵심 갈등과 관련된 캐릭터의 스토리가 된다면 지역의 테마와 연결될 수 있다. 서브 퀘스트가 게이머들에게 각인되지 않는 이유 중 하나는 서브 퀘스트에 등장하는 캐릭터의 등장 빈도가 낮기 때문이다. 중요한 캐릭터는 그만큼 자주 등장해야 한다. 모든 스토리에 주인공이 가장 많이 등장하는 것도 같은 이유다. 서브 퀘스트의 캐릭터라도 상징성이 있다면 존재감을 드러낼 필요가 있다.

작은 지역이라도 하나의 사회이기 때문에 다양한 캐릭터가 서로 관계를 맺고 있다. 어떤 퀘스트에서는 스토리의 주인공이었다가 어떤 퀘스트에서는 조력자가 되어야 한다. 캐릭터의 일관성만 유지된다면 다른 퀘스트에서 적대자로 등장해도 좋다. [그림 6-11]은 캐릭터 관계도 예시다. 이처럼 테마가 같은 퀘스트의 캐릭터라면 서로 연관되어 있어야 한다. 간혹 드라마를 보면 등장하는 캐릭터 내에서 모든 관계가 이루어진다. 그래서 스토리 전개상 연인이나 원수가 필요하다면 이전에 등장했던 캐릭터가 그 역할을 맡는다. 다소 작위적인 것 같지만 스토리 작법 측면에서는 옳은 선택이다. 많은 캐릭터가 등장하는 것은 제작 비용을 떠나서 그 자체로 몰입을 방해한다. 따라서 가능하다면 하나의 캐릭터가 다양한 역할을 가지고 있는 것이 좋다.

그림 6-11 테마의 캐릭터 관계도 예시

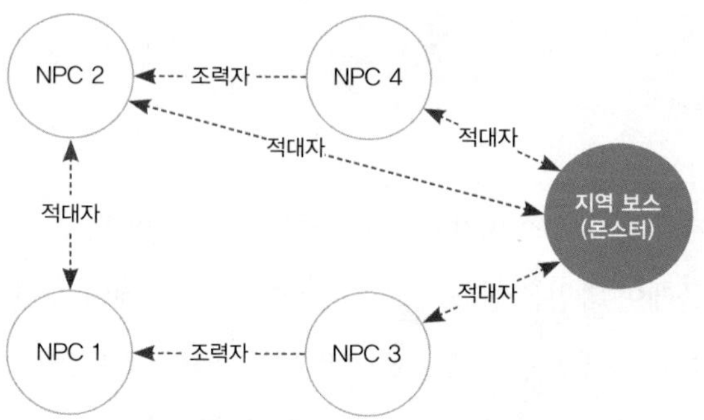

같은 맥락에서 지역의 핵심 갈등과 연결되어 있는 적대자 캐릭터는 반드시 필요하다. 지역마다 핵심이 되는 갈등이 있고, 그 갈등을 일으키는 원흉이 되는 적대자가 있기 마련이다. 서브 퀘스트의 전반적인 갈등을 이 캐릭터와 연관시킨다면 해당 지역만의 특별한 스토리가 만들어진다. 이왕이면 지역 보스로 설정해서 플레이로 연결하는 것이 좋다. 이때 핵심 갈등과 관련 있는 퀘스트가 반복되면 그 지역의 테마가 드러난다. 핵심 갈등과 테마는 연결되어 있어야 한다.

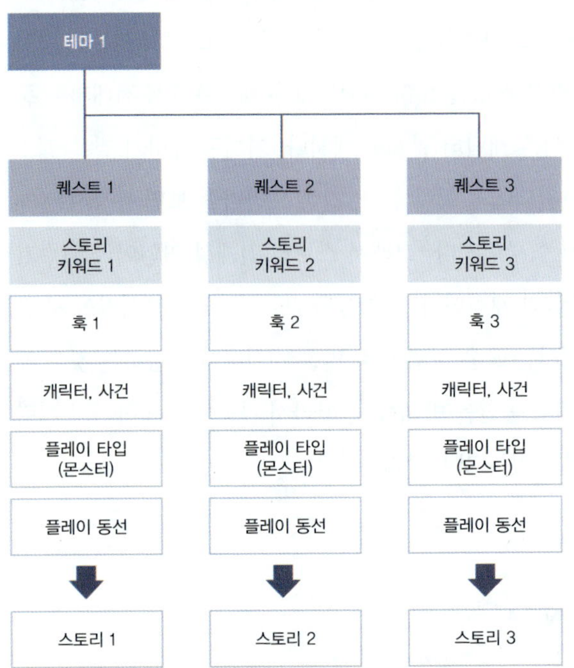

기반 작업이지만 이 단계에서 퀘스트 스토리는 아주 구체적이어야 한다. 스토리 키워드, 캐릭터, 사건, 플레이 타입은 반드시 포함되어야 한다. 플레이 동선에 대한 계획까지 세워서 어떤 플레이 동선에 어떤 스토리를 가진 퀘스트를 수행할지를 도식화한다. 이 과정에서 플레이 동선과 퀘스트 동선을 일치시킨다. 퀘스트와 동선이 어느 정도 파악된 상태에서 사냥터의 배치 몬스터 수나 퀘스트 수를 조정한다. 같은 동선이라면 다양한 플레이 타입이 필요한 퀘스트로 구성하자. 인물 관계도와 플레이 동선은 향후 작업에 참고해야 하므로 정확하게 작업할 필요가 있다. 이 단계에서 [그림 6-12]와 [그림 6-13]의 수준까지 정리되어 있어야 한다. 만약 서브 퀘스트를 다른 작업자가 담당하는 경우에도 기반 작업까지는 정리해서 전달해주는 것이 좋다. 그렇지 않으면 세계관의 일관성이 유지되기 힘들다.

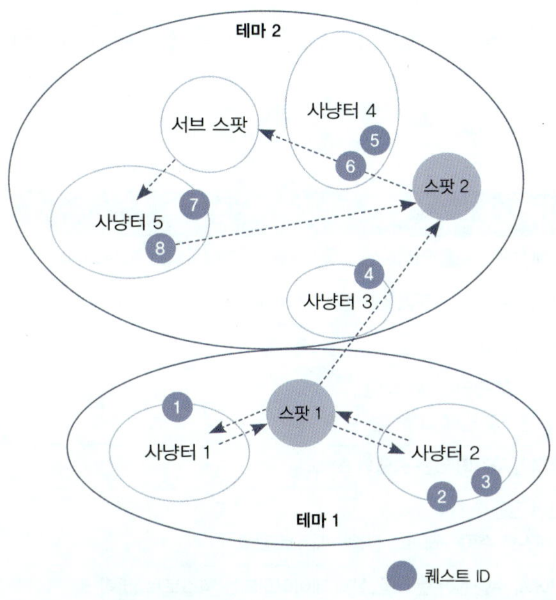

여기까지가 서브 퀘스트의 기반 작업이다. '서브 퀘스트를 만드는 데 이렇게까지 해야 될까'라고 생각하는 사람이 있을지도 모르겠다. 이렇게 공을 들여야 하는 이유는 그만큼 중요하기 때문이다. 기반 작업이 끝난 상태일 경우 작업 시간만 있으면 퀘스트는 그냥 만들어진다. 최근 모바일로 제작되는 MMORPG는 자동 이동이 일반화되어 있어서 동선의 개념도 약하고 서브 퀘스트 역시 단순 반복 퀘스트로 제작되는 것이 일반적이다. 그럼에도 정석으로 제작하는 방법을 아는 것과 모르는 것의 차이는 매우 크다.

4) 퀘스트 리스트

퀘스트 리스트는 퀘스트 제작과 관련된 실질적인 작업 문서라 할 수 있다. 퀘스트를 만들기 위한 모든 내용이 포함되어야 한다. 실제 게임에 반영되는 데이터가 있다면 문서에 그대로 기입해서 파악할 수 있도록 한다. 퀘스트 리스트에 기본적으로 포함되어야 할 대략적인 항목은 다음과 같다. 게임 제작에 사용되는 모든 문서는 게임, 팀, 작업자에 따라 달라진다. [표 6-1]을 참고해서 자신에게 맞게 적용해보자.

표 6-1 퀘스트 리스트 포함 항목

항목	설명
퀘스트 ID	게임에서 퀘스트를 인식하는 고유 넘버링(데이터화되는 퀘스트 ID)
선행 퀘스트	해당 퀘스트를 수행하기 전에 완료해야 하는 퀘스트 ID
테마	퀘스트의 테마
스토리 키워드	스토리에서 전달하려는 내용 ex) 가뭄으로 인해 고통받는 농부
스토리	구체적인 사건이 있는 형태의 스토리
미션 순서	미션의 진행 순서 ex) 퀘스트 수락→퀘스트 진행→퀘스트 완료
미션명	미션에서 수행해야 할 내용(실제 데이터화되는 텍스트로 입력) ex) 늑대를 처치하라.
미션 요구량	해당 미션을 완료하는 데 필요한 행동 수 ex) 다섯 마리의 늑대를 처치하는 퀘스트에서 미션 요구량은 5다.
플레이 타입	미션을 완료하기 위한 플레이 타입 구분 ex) 처치, 대화, 조작 등
미션 완료 오브젝트	미션을 완료하는 데 필요한 오브젝트 ID(실제 데이터) ex) 몬스터 처치인 경우 해당 몬스터의 ID
관련 리소스	퀘스트를 구현하는 데 필요한 리소스 정보(실제 데이터)
연출 및 스크립트 스펙	퀘스트 관련 연출과 스크립트 스펙의 상세 내용
기타	그 외에 게임에 따라 필요한 내용이 있으면 추가

미션의 원래 의미는 해야 할 일이나 임무를 말한다. 그러나 퀘스트를 만드는 입장이라면 플레이어의 행동 단위라고 생각하는 것이 좋다. 플레이어가 퀘스트에서 요구하는 행동을 한다면 해당 미션이 완료된 것이고, 다음 단계의 미션으로 넘어간다. 가장 간단한 형태의 퀘스트라면 '퀘스트 수락→퀘스트 진행→퀘스트 완료'에 해당하는 세 개의 미션으로 구성된다. 사실상 3막 구조의 1막, 2

막, 3막에 정확하게 대응하기 때문에 퀘스트를 만드는 과정에서도 끊임없이 점검해야 한다. 퀘스트 리스트에서도 미션 단계의 구분을 명확하게 해야 한다.

표 6-2 퀘스트와 3막 구조

막	미션 단계	점검 사항
1막	퀘스트 수락	대화에서 스토리의 주된 갈등을 구체적으로 알려주어야 한다.
2막	퀘스트 진행	플레이어 행동의 결과로 갈등이 해소될 수 있어야 한다.
3막	퀘스트 완료	대화에서 플레이어가 갈등을 해소했기 때문에 나타난 변화를 보여준다.

퀘스트 리스트 작업을 하면서 스토리, 플레이, 연출을 비롯해 퀘스트와 관련된 많은 것이 구체화된다. 이때도 작업의 방향성이자 기준이 되는 것은 스토리 키워드라는 것을 잊지 말자. 처음 구상한 스토리가 아니더라도 스토리 키워드에 적합한 스토리가 있다면 언제든 수정하자. 필요하다면 플레이를 변경해도 된다.

6.2.5 퀘스트 제작의 실제

앞서 메인 퀘스트와 서브 퀘스트의 제작 방향성을 흐름 위주로 설명했다. 그 과정에서 건너뛸 수밖에 없었던 내용을 키워드로 설명하려고 한다.

1) 플레이 타입

스토리는 반드시 플레이로 전달되어야 한다. 이를 위해 다양한 플레이 타입이 활용되는데, 스토리텔링을 위한 도구라 생각하자. 퀘스트의 플레이 타입이 전투 위주인 것은 당연하지만 전투만으로는 퀘스트가 단조로워진다. [표 6-3]과 [표 6-4]는 각각 퀘스트 플레이 타입과 플레이 타입의 완료 조건을 정리한 내용이다. 게임마다 조금씩 다를 뿐만 아니라 같은 플레이 타입도 구현을 어떻게 하는가에 따라 차이가 난다. 어떤 플레이 타입을 선택하느냐에 따라 플레이 경험이 결정되기 때문에 정확하게 이해할 필요가 있다.

표 6-3 퀘스트 플레이 타입

대분류	소분류	설명
대화	대화	특정 NPC와 대화하면 미션 완료
	전달	[조건] 특정 아이템을 가진 상태에서 특정 NPC와 대화 미션 완료
전투	처치	특정 몬스터를 처치하면 미션 완료
	HP 체크	특정 몬스터의 HP가 일정 수치 이하가 되면 미션 완료
오브젝트	채집	특정 오브젝트를 획득하면 미션 완료
	조작	특정 오브젝트를 조작하면 미션 완료
	파괴	특정 오브젝트를 파괴하면 미션 완료
스킬	스킬 사용	특정 대상에게 특정 스킬을 사용하면 미션 완료
변이	아이템 사용, 의상 착용, 스킬 사용	[트리거 활용 예시] 다른 캐릭터로 변이되면 미션 완료 (아이템 사용, 의상 착용, 스킬 사용 등 변이를 위한 플레이는 다를 수 있음)
아이템	아이템 사용	특정 아이템을 사용하면 미션 완료
이동	이동	특정 위치로 이동하면 미션 완료
	잠입	[조건] 적에게 들키지 않고 특정 위치로 이동하면 미션 완료
	미행	특정 캐릭터(몬스터, NPC)와 일정한 거리를 유지한 상태에서 특정 위치까지 이동하면 미션 완료
유인	유인	특정 몬스터를 특정 위치까지 데리고 오면 미션 완료
생존	생존	[조건] 일정 시간 동안 PC의 HP가 0이 되지 않으면 미션 완료
	보호	[조건] 일정 시간 동안 PC와 지정 NPC의 HP가 0이 되지 않으면 미션 완료
	호위	[조건] 일정 시간 동안 PC와 지정 NPC의 HP가 0이 되지 않고 지정 위치로 이동하면 미션 완료

'플레이 타입=갈등을 해결하는 방식'이다. 모든 스토리에는 갈등이 있고 그 갈등을 해결하는 방식이 플레이 타입이다. 플레이 타입이 전투인 퀘스트라면 처치해야 할 몬스터로 인해 갈등이 만들어지는 스토리가 된다. [표 6-3]의 플레이 타입은 종류가 많다고 보기는 어렵다. PC가 아닌 모바일 MMORPG에서

활용되는 플레이 타입은 거의 전투에서 벗어나지 않는다. 하지만 같은 전투라 할지라도 어떻게 만드는가에 따라 완성도의 차이가 크다.

퀘스트를 만든다면 크게 두 가지를 신경 써야 한다. 첫 번째는 스토리 키워드가 반영된 스토리여야 한다. 두 번째는 그렇게 만들어진 스토리의 갈등이 적절한 플레이 타입으로 해결되어야 한다. 이 두 가지 조건을 만족하는 퀘스트라면 기본적인 완성도는 갖춘 것이다.

퀘스트를 완료하기 위해선 미션에서 요구하는 플레이를 해야 한다. 그렇기에 퀘스트의 미션을 통해 플레이어의 행동을 제어할 수 있다. 이는 플레이 타입의 구성에 따라 플레이 경험이 달라진다는 의미가 된다. 미션의 완료 조건에 특정 아이템이 필요하도록 한다면 플레이 타입은 전달된다. 구조만 따진다면 큰 차이가 없지만 플레이 경험은 미묘하게 다르다.

대화와 전달은 구조적으로 같은 플레이 타입이지만, 다른 플레이 경험을 제공한다. 반대로 다른 플레이 타입이지만 같은 플레이 경험을 주는 경우도 있다. '변이'의 플레이 타입은 구조적으로 스킬 사용, 아이템 사용, 의상 착용처럼 다양하게 구분되지만, 어떤 방법을 선택하건 플레이어의 모습이 변한다는 점은 같다. 플레이는 다르지만, 경험은 같은 예다. 중요한 것은 플레이 경험이다. 변이의 경우 '의상 착용'이라는 시스템적 구분이 아닌 '변이'라는 플레이 경험이 기준이 되어야 한다는 의미다.

표 6-4 퀘스트 플레이 타입의 완료 조건

대분류	소분류	설명
조건	시간	설정한 시간 안에 미션 완료
	아이템	특정 아이템을 인벤토리에 보유한 상태에서 미션 완료
	이펙트	특정 이펙트(버프)가 PC, NPC, 몬스터에게 적용된 상태에서 미션 완료
	의상 착용	특정 세력으로 인식된 상태에서 미션 완료
	전투 구분	비전투 상태일 때만 미션 완료

[표 6-4]는 플레이 타입의 미션 완료 조건을 정리한 예시다. 예를 들어 몬스터 처치에 제한 시간이 있다는 조건을 설정하면 플레이 경험이 완전히 달라진다. 활용하기에 따라 큰 힘을 발휘할 수 있다. [표 6-5]는 플레이 타입 중 생존에 조건을 추가한 예다. 지정한 시간 동안 플레이어가 생존해 있다면 미션을 완료시켜주는 것이 기본이다. 여기에 지정한 NPC에 생존이라는 조건을 추가한다면 플레이 타입은 보호된다. 여기에 지정한 NPC가 지정한 위치로 이동해야 하는 조건까지 추가한다면 플레이 타입은 호위가 된다. NPC의 이동 방식을 선택할 수 있는데, 플레이어를 따라가도록 하거나 지정된 경로로 이동하도록 할 수 있다. 어떤 호위 방식을 선택하는가에 따라 플레이 경험과 작업에 소모되는 시간이 달라진다. 조건이 많다는 것은 시스템 역시 복잡하다는 의미로 작업의 난도 역시 높아진다.

표 6-5 생존 타입의 미션 완료를 위한 조건

필터	생존	보호	호위
조건 1	플레이어 생존	플레이어 생존	플레이어 생존
조건 2	제한 시간	제한 시간	제한 시간
조건 3	–	지정한 NPC 생존	지정한 NPC 생존
조건 4	–	–	지정 NPC가 지정 위치까지 이동

2) 트리거와 스크립트

용어가 어려울 수 있어서 간단하게 설명하자면, 트리거^{trigger}는 말 그대로 방아쇠란 의미다. 플레이어가 특정 행동을 하면 지정된 스크립트를 실행하는 개념으로 이해하자. 가장 쉬운 예가 오브젝트를 조작했을 때 몬스터를 스폰^{spawn}[4]하는 것이다. 이때 몬스터 스폰의 트리거가 되는 것이 오브젝트 조작이다. 트리

---

4 어떤 오브젝트를 생성(spawn)하는 것을 말한다. 게임 개발 과정에서 사용되는 용어지만, 지금은 일반 게이머도 많이 사용하는 편이다. 반대의 개념으로 디스폰(despawn)이 있다.

거가 발동되었을 때 스크립트로 의도한 상황을 만들어주는 식으로 활용된다. 그래서 트리거는 액션, 스크립트는 리액션이라 생각해도 좋다. 이는 우리가 알고 있는 엑셀이나 프로그램 언어의 IF문과 같다. 어떤 조건을 만족했을 때 참과 거짓에 해당하는 상황을 수행하는 것이 기본 원리다.

변신 몬스터를 퀘스트에 등장시킨다고 가정해보자. 몬스터의 HP가 30% 이하가 되었을 때를 체크한 다음 몬스터를 변신시키는 스크립트를 실행할 수 있다. 변신하기 전의 몬스터를 디스폰하고 변신할 몬스터를 스폰시키면 된다. 어색하지 않도록 중간 과정에 연출까지 추가한다면 변신 몬스터를 만들어내는 연출이 가능하다. 추가로 생각해야 할 것이 있다면 예외 처리인데, 말 그대로 예외적인 상황이 발생하지 않도록 대응하는 것을 말한다. 한 번에 강력한 공격을 해서 HP가 30% 이하가 되는 과정을 건너뛰면 트리거가 작동하지 않을 수 있다. 이를 방지하기 위해 몬스터의 HP가 0이 되어도 죽지 않도록 처리한다. 복잡한 퀘스트를 만든다면 예외 처리를 반드시 생각하고 있어야 한다. 호위 퀘스트에서 반드시 해야 할 예외 처리는 중간에 나가더라도 처음부터 다시 플레이하지 않도록 하는 것이다.

그림 6-14 몬스터 변신 트리거 활용 예시

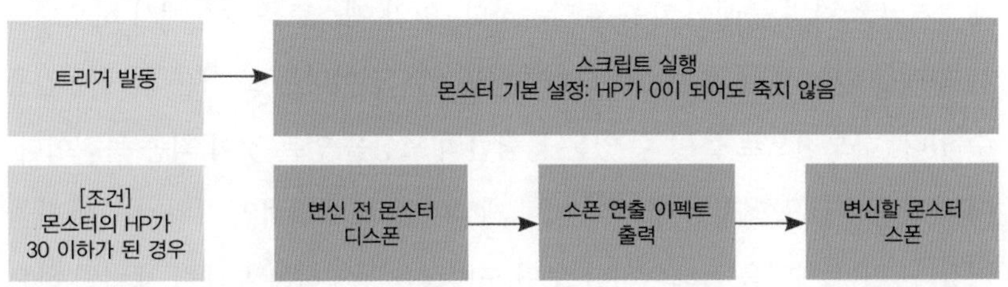

트리거를 적절하게 활용하면 폭넓은 스토리 전개가 가능할 뿐만 아니라 플레이의 몰입도 역시 높일 수 있다. 필자는 트리거와 스크립트를 많이 활용하는 편이었다. 특별한 방법론이 있는 것은 아니다. 플레이 타입과 게임에서 활용되는 시스템을 이해한 상태에서 퀘스트를 만든다면 의식하지 않아도 트리거를 활용할 확률이 높다. 스토리를 전달하기 위해 트리거와 스크립트를 활용한 것이라 할 수 있다. 이는 지금까지 강조해온 게임다운 스토리텔링의 방향성과 정확하게 일치한다. 보다 완성도 있는 퀘스트를 만들고 싶다면 반드시 이해하고 있어야 할 개념이다.

트리거와 스크립트 활용 예시

〈블레이드 앤 소울〉에서 필자가 작업했던 '내깃거리'라는 스팟을 통해 트리거 활용의 실질적인 예를 설명하려 한다. 당시 스팟 설정의 방향성은 하오방이라는 세력의 성격을 보여주는 것이었다. 세력에 대한 설정 중에서 '도박'이라는 키워드가 있었기에 이를 확장하기로 했다. '내깃거리'라는 스팟의 이름도 같은 맥락에서 붙여진 것이었다. 쉽게 생각해서 퀘스트 시스템을 활용해서 미니 게임을 만든 것이다. 구조적으로는 퀘스트지만 일회성 퀘스트가 아닌 반복해서 플레이할 수 있었기에 일반적인 퀘스트와는 차이가 있었다. 돌림판에서만 획득 가능했던 보상인 의상을 얻는 것이 최종 목적이어서 동기부여도 강력했고 미니 게임 자체의 반응도 좋은 편이었다. 아무래도 획일화된 퀘스트에서 벗어난 새로운 형태의 퀘스트라는 점이 가장 큰 이유였을 것이다.

내깃거리 스팟의 플레이 흐름은 단순하다. 일일 퀘스트를 수행해서 하오패라는 화폐를 얻어 미니 게임에서 승리한다면 하오전이라는 또 다른 화폐를 얻을 수 있다. 하오전으로 돌릴 수 있는 돌림판의 보상을 얻는 것이 최종 목적이다. 이 과정에서 필요한 것이 세 개의 미니 게임이었고, 개별적인 기획에 의해 만들어졌다. 미니 게임을 플레이하다 보면 도박장을 운영하는 부패한 세력인 하오방에 대해 자연스럽게 알 수 있었다.

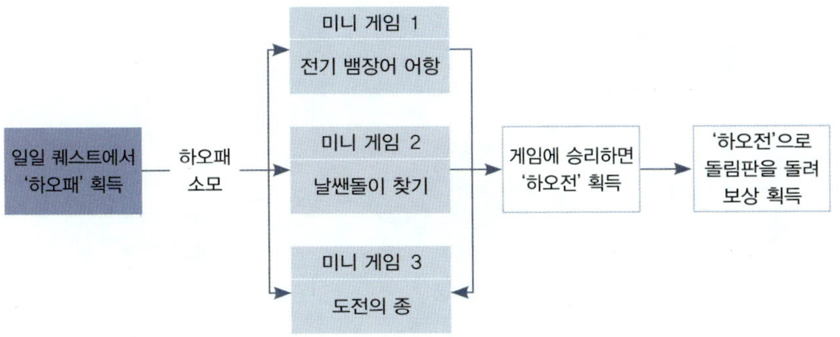

전기 뱀장어 어항

전기 뱀장어 어항의 설정은 전기 뱀장어가 있는 어항의 구슬을 꺼내는 것이다. 실제 구현은 오브젝트를 조작하면 확률로 성공 여부가 결정되는 단순한 형태의 미니 게임이다. 성공하면 폭죽을 터뜨려서 축하해주고, 실패하면 플레이어에게 감전 스킬을 사용하여 실패했음을 알려준다. 이때 전기 뱀장어 어항의 조작이 트리거에 해당한다. 성공 확률은 퀘스트에서 설정된 확률이 반영된다. 성공하면 성공 연출과 관련된 스크립트를 실행하고, 실패하면 실패 연출과 관련된 스크립트를 실행한다. 성공해야 퀘스트를 완료한 것으로 처리되며 퀘스트 보상을 얻을 수 있다.

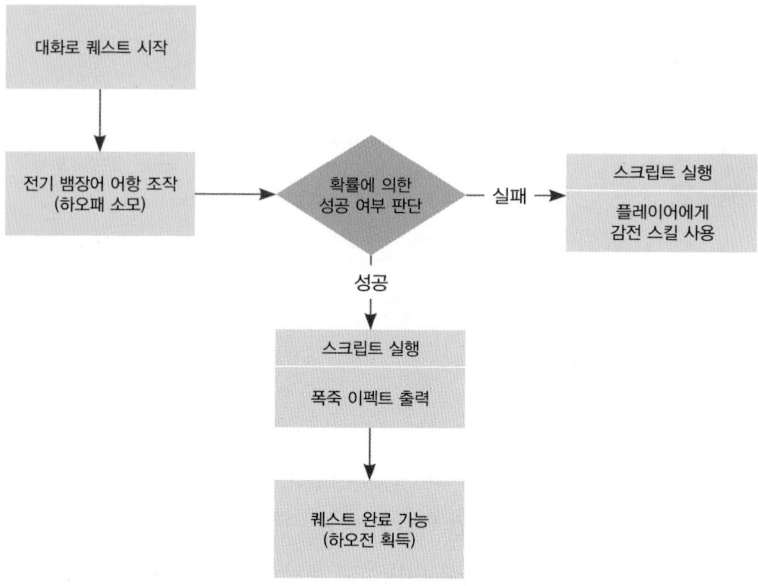

날쌘돌이 찾기

'날쌘돌이 찾기'는 컵에 숨은 뭔가를 찾아내는 야바위를 콘셉트로 만든 미니 게임이다. 날쌘돌이 NPC들이 빠르게 움직이면서 항아리에 숨으면 그중에서 '무지빠름'이라는 NPC를 찾아내야 한다. 찾아내는 방식은 망치로 무지빠름이 숨어 있다고 생각하는 항아리를 깨트리는 것이다. 이 게임의 플레이 타입은 오브젝트의 파괴다. 따라서 퀘스트 수락 상태에서 미션을 갱신해주는 항아리를 망치로 파괴하면 퀘스트가 완료된다. 그러나 게이머들이 이 퀘스트에서 얻는 경험은 오브젝트 파괴가 아니다. 이처럼 트리거를 활용한다면 전혀 다른 플레이 경험을 줄 수 있다. 이 퀘스트의 첫 번째 트리거는 퀘스트 시작 NPC와의 대화다. 대화가 끝나면 스크립트로 날쌘돌이들이 숨는 연출을 보여준다. 두 번째 트리거는 망치로 항아리를 깨트리는 것이다. 이때 성공 여부에 따라 다른 성공 연출과 실패 연출을 보여준다. 성공하면 퀘스트를 완료한 것으로 처리되며, 퀘스트 보상을 얻을 수 있다.

그림 6-17 날쌘돌이 찾기 플레이 흐름

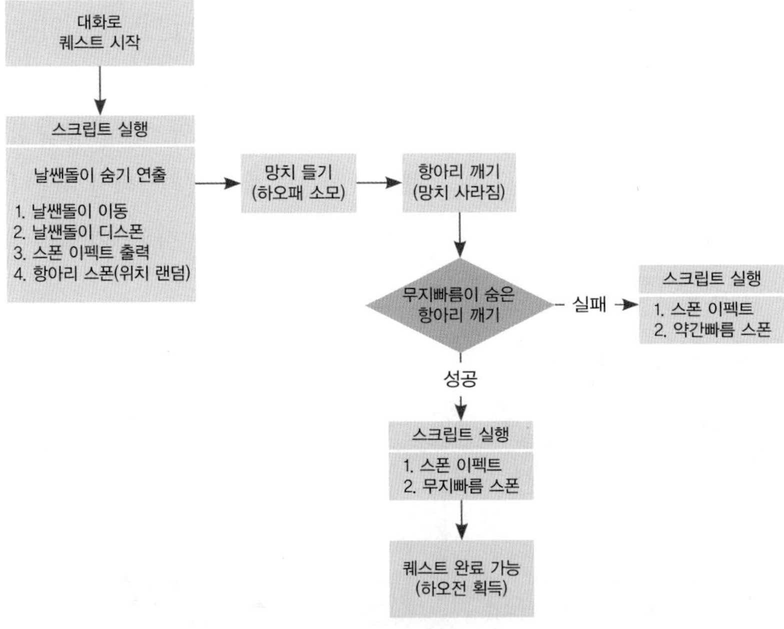

이 미니 게임의 원래 의도는 운에 따라 승리가 결정되는 것이지만, 무지빠름이 숨어 있는 항아리를 예외 없이 알아낼 수 있는 방법이 존재했다. 〈블레이드 앤 소울〉에는 편의를 위해 미션을 갱신하는 몬스터를 클릭하면 관련 퀘스트가 표시되는 시스템이 있다. 그래서 세 개의 항아리 중에서 미션명이 보이는 항아리를 파괴하면 무조건 성공한다. 미니 게임을 별도로 구현한 것이 아니라 퀘스트 시스템을 활용했기 때문에 발생한 어쩔 수 없는 일이었다. 실제로 게임 게시판에 팁으로 올라왔을 때 패치를 우려하는 댓글을 많이 볼 수 있었다. 게시판에 게이머들이 올린 글을 보고 패치가 이루어지는 일은 빈번하다. 그러나 이 경우는 퀘스트 시스템으로 미니 게임을 만드는 이상 어쩔 수 없이 가져가야 할 문제였다.

'도전의 종'은 그 지역의 챔피언을 불러내서 도전하는 형식의 미니 게임이다. 구조적으로 퀘스트는 아니다. 필드 보스로 설정된 몬스터를 처치하면 참여한 모든 플레이어가 보상을 얻을 수 있는 시스템을 활용한 것이다. 퀘스트로 보상을 줄 수도 있지만, 의도한 플레이가 샌드백 설정의 챔피언 '최만식'을 누구나 때리는 것이었기 때문에 성격상 잘 맞았다. 기획적 관점에서 하오패가 없더라도 누구나 참여할 수 있는 미니 게임이 하나 정도는 필요했다.

그림 6-18 도전의 종 플레이 흐름

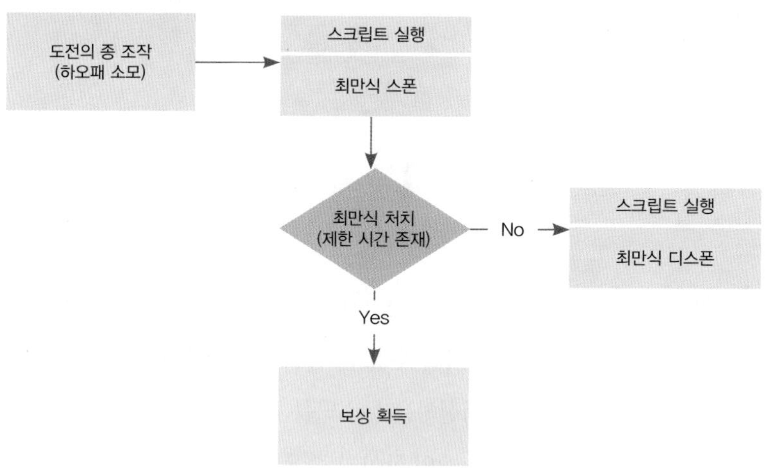

3) 퀘스트의 캐릭터

우리는 스토리가 아닌 캐릭터를 기억한다. 캐릭터에만 몰입되어도 충분히 성공한 스토리라 할 수 있다. 게임 캐릭터라 하면 외형과 대사가 전부라고 생각하는 경향이 있다. 하지만 같은 캐릭터라도 어떻게 활용하는지에 따라 몰입도가 완전히 달라진다. 퀘스트 NPC가 있다고 할 때 대화만 한다면 금방 잊힐 것이다. 하지만 플레이어와 함께 호위 퀘스트에 등장한다면 상대적으로 오래 기억될 것이다. 다르게 말하자면 플레이어와의 접점이 많을수록 몰입도가 높아진다는 의미다. 스토리적인 측면에서도 마찬가지다. 플레이어와 연관이 있을수록 그만큼 오랫동안 기억된다.

필자가 만든 캐릭터 중에 앞에서 설명한 최만식의 원조 격인 '죽방걸'이라는 NPC가 있었다. 누구나 공격 가능한 샌드백 NPC였다. 아리따운 여인이 있다고 해서 찾아갔는데 머리가 긴 남자였고 화가 나서 때리게 된다는 B급 감성으로 만들어진 퀘스트였다. 해당 NPC를 공격할 수 있다는 점과 이름도 죽방을 날리라는 의미를 가지고 있어서 그런지 많은 게이머가 기억하는 캐릭터가 되었다.

만약 중요 캐릭터라면 인스턴스존에 등장시키는 것이 좋다. 단순히 갈등을 제시하는 역할에 머물게 할 것이 아니라 갈등에 직접 참여하도록 한다. 인스턴스존은 환경을 마음대로 변화시킬 수 있다는 점에서 NPC와 플레이를 연결하는데 용이하다. 쉽게 호위나 보호 퀘스트라고 생각하면 된다. MMORPG에서 이런 류의 퀘스트는 도박 만화에 나오는 필승법에 해당하는 퀘스트다. 구현 비용을 떠나 가장 재미있는 퀘스트를 만들어야 한다면 무조건 호위나 보호 퀘스트를 만들어야 한다. 스토리, 캐릭터, 플레이 모든 면에서 몰입도가 높으므로 남발하지 않는 선에서 잘 활용하자. 특히 메인 퀘스트라면 적절한 타이밍에 호위나 보호 퀘스트가 반드시 필요하다. 그때 등장한 NPC는 스토리적으로 중요하지 않더라도 기억될 확률이 높다.

인스턴스존에선 캐릭터 연출이 상대적으로 자유롭다. 필요에 따라 NPC를 등장, 퇴장, 이동시킬 수 있을 뿐만 아니라 타이밍에 맞춰 대사나 행동을 출력할 수 있다. 스토리에 맞는 상황 연출이 가능하다는 의미다. 이를테면 플레이어가 인스턴스존에 진입했을 때 특정 NPC가 뛰어 들어와서 대사를 출력하면서 말을 거는 식이다. 트리거와 스크립트를 활용한 아주 단순한 상황극이다. 별것 아닌 것 같지만 플레이의 연장선에 있다는 점에서 몰입도는 상당히 높은 편이다. 메인 퀘스트에 등장하는 캐릭터라면 이런 상황극을 많이 활용할 필요가 있다.

4) 서브 퀘스트 방향성

세계관과 메인 스토리의 반영

메인 퀘스트에서는 게임에서 다루어야 할 스토리 전부를 다루기 어렵다. 그래서 세계관이나 메인 스토리에 관한 내용을 서브 퀘스트에 반영할 필요가 있다. 〈블레이드 앤 소울〉의 가장 중요한 캐릭터는 '진서연'이다. 필자는 진서연이 서락에서 건너온 노예라는 설정을 알려주는 '길 잃은 꽃'이라는 서브 퀘스트를 만들었다. 퀘스트의 간략한 내용은 다음과 같다.

금완은 오래전 서락에서 온 피난민들을 속여 노예로 팔아서 돈을 벌었던 피도 눈물도 없는 노예 상인이었다. 운명의 장난인지 금완은 도박에 빠져 큰 빚을 지고 자신도 노예가 되어버린다. 그제서야 자신이 과거에 저지른 잘못을 참회한 금완은 무연이라는 여자 노예를 구해주려 한다. 금완은 무연에게서 자신이 노예로 팔아버린 서락의 피난민이었던 어린아이를 떠올렸는데, 유독 자신을 잘 따르던 그 아이의 이름이 바로 진서연이었다.

시작은 〈블레이드 앤 소울〉의 세계가 신분제 사회라는 사실을 알려주기 위한 목적이었다. 그 과정에서 서락에서 건너온 노예라는 설정이 떠올랐고, 노예 시장이라는 스팟까지 추가해 관련 퀘스트를 만들었다. 같은 지역의 퀘스트였던 '내 이름은 나대'도 〈블레이드 앤 소울〉의 메인 테마인 '복수와 용서'의 연장선에서 만들어진 서브 퀘스트다. 플레이어가 의도치 않게 나대의 아버지를 죽이면서 플레이어 역시 복수의 대상이 되는 상황을 만들어 메인 테마를 부각하려 했다. 이처럼 서브 퀘스트도 어떻게 만드는가에 따라 많은 의미를 부여할 수 있다.

불필요한 서브 퀘스트의 수 줄이기

퀘스트는 그 자체로 콘텐츠이기 때문에 양을 채우기 위해 만들어지는 경향이 크다. 억지로 만들어진 퀘스트가 많으면 완성도가 떨어지는 건 당연하다. 하지만 퀘스트는 플레이 경험의 측면에서 생각해야 한다. 플레이 경험은 같은데 콘텐츠의 양을 늘리려고 퀘스트 수를 나누는 건 무의미하다. MMORPG의 인기가 줄어들고 있는 이유 중 하나가 긴 플레이 타임으로 인한 부담감 때문이라는 걸 고려한다면 양에 집착할 필요가 없다. 장르적 특성을 고려한다면 성장 요소는 중요하다. 하지만 스토리와 성장 모두를 가져가는 애매한 방향성보다는 별도의 시스템으로 만들고 편의성을 높이는 편이 더 낫다.

최근 모바일로 만들어지는 MMORPG에선 서브 퀘스트의 수가 줄어든 것이 사실이다. 하지만 편의성을 지나치게 강조한 나머지 자동 진행이 기본이 되었다. 그러면서 메인 퀘스트와 서브 퀘스트의 경계가 모호해졌다. 메인 퀘스트가 진행되는 중간에 서브 퀘스트가 튀어나오면서 몰입을 방해한다. 억지로 서브 퀘스트를 끼워 넣기보다는 과감하게 빼는 것이 플레이 경험이 더 좋을 수 있다. 아니면 메인 퀘스트를 진행한 이후에 서브 퀘스트를 진행하도록 하는 것이 흐름에는 더 맞다.

5) 제한적 패러디 활용

패러디로 퀘스트를 만든다면 효과는 확실해서 〈스타크래프트〉의 스팀팩처럼 일시적으로 반응을 얻을 수 있다. 그래서 퀘스트를 만드는 입장에서 패러디 퀘스트를 만들고 싶다는 유혹에 빠질 수 있다. 큰 노력을 들이지 않고 NPC의 외형만 패러디 대상과 유사하게 바꿔도 최소한의 반응을 이끌어낼 수 있다. 하지만 스팀팩과 마찬가지로 단점 역시 확실하다. 패러디인지 알아채지 못한다면 의도한 효과를 얻기 어렵다. 유행의 주기는 대체로 짧은 편이라 그 효과는 일시적일 수밖에 없다. 특히 국내를 기준으로 만들어진 패러디 퀘스트는 해외에서 발매할 경우에도 문제가 된다. 맥락 없이 외형이나 대사 같은 형식만 가져오는 것은 최악의 패러디다. 제대로 된 패러디는 분석을 기본으로 한다. 소모되는 것에 그치는 것이 아닌 새로운 의미를 창출할 수 있어야 한다.

훅의 활용을 패러디라고 생각할 수 있는데, 패러디는 엄연히 다르다. 예를 들어 '로미오와 줄리엣'의 훅인 '원수 집안인 두 남녀의 사랑'을 활용하는 것 자체는 패러디가 아니다. 끊임없이 반복되는 스토리의 패턴 중 하나여서 원작을 몰라도 스토리가 가진 의미가 퇴색되지 않는다. 그러나 패러디는 원작을 알아야만 의미가 있다는 점에서 차이가 있다.

게이머들은 의외로 단순한 재미를 좋아해서 어느 정도의 패러디는 괜찮지만, 패러디에서도 최소한의 맥락은 있어야 한다. 만약 유명인이 등장한다면 외형만 가져오는 것이 아니라 그 인물의 성격, 특성과 관련 있는 퀘스트로 만들어야 그나마 의미가 있다. 다른 곳의 뭔가를 가져온 것에 그쳐서는 안 된다. 만약 주니어급 작업자라면 패러디 퀘스트는 만들지 않는 것이 개인적인 성장에 도움이 될 것이다.

1인칭 관점
- VR/AR 게임의 스토리텔링

1인칭 관점은 게임 캐릭터가 곧 플레이어인 게임을 말한다. 일단 1인칭 시점 (FPV)의 VR 게임은 전부 1인칭 관점에 속한다. AR 게임 중에서는 〈포켓몬 고〉처럼 현실에서 포켓몬 트레이너가 되는 등 구체적인 역할을 부여받는 게임이 1인칭 관점이다. 다만 모든 AR 게임이 1인칭 관점은 아니다. 단순히 카메라의 이미지 겹침 효과가 핵심인 AR 게임은 1인칭 관점의 특징을 찾기 힘들다. 표면적으로는 같은 AR 게임이라고 할 수 있겠지만 추구하는 방향성이 다르다. 1인칭 관점 AR 게임을 그냥 〈포켓몬 고〉와 같은 게임이라 생각하는 편이 이해가 쉬울 것이다. 이 책에서 말하는 VR/AR 게임은 1인칭 관점으로 분류되는 VR/AR 게임만을 의미한다.

VR/AR 게임이 당장은 아니더라도 게임 산업의 한 축을 담당하게 될 것은 분명하다. 그러나 현재는 기대만큼의 성과를 내지 못하고 있다. 가장 큰 원인은 '킬러 콘텐츠의 부재'다. 〈포켓몬 고〉가 AR 게임의 가능성을 확인해주었지만 그 뒤를 잇는 AR 게임이 만들어지지 못했다. VR 게임을 만드는 회사는 많지만 아직 게이머들의 기대에 미치지 못하고 있다. 킬러 콘텐츠가 만들어지지 못하는 이유는 VR/AR이라는 새로운 형식에 맞는 스토리텔링에 대한 고민이 부족하기 때문이다. 그러다 보니 굳이 VR/AR로 만들 필요가 없는 게임이 만들어지는 것이 현실이다. 게임 스스로가 VR/AR로 만들어져야 하는 이유를 설명하지 못한다.

기존에 없던 새로운 형식인 MMORPG가 등장했을 때 콘텐츠 작업자들은 혼란을 겪었다. 대부분의 선택은 MMORPG의 교과서라 할 수 있는 〈월드 오브 워크래프트〉를 무작정 따라 하는 것이었다. 〈월드 오브 워크래프트〉가 그렇게 만들어져야 했던 이유나 장르 자체의 특성에 관한 고민이 없었다. 퀘스트라는 형식만 가져왔기 때문에 양산형이라 불리는 수준에서 벗어나지 못했다. AR 게임도 마찬가지 상황이 벌어졌다. 〈포켓몬 고〉 성공 이후에 제2의 〈포켓몬 고〉를 꿈꾸던 아류작이 만들어졌다. VR 게임의 경우 아직 〈포켓몬 고〉만큼의 영향력을 가진 게임이 등장하지도 못한 상황이다. 그러나 'VR=1인칭 시점(FPV)=FPS'라는 아주 단순한 공식에서 시작된 수많은 FPS[First-Person Shooter](1인칭 슈팅) 게임이 양산되었다.

VR/AR 게임은 MMORPG와 마찬가지로 또 다른 게임의 문법이 필요하다. 그러나 AR 게임의 경우 성공작인 〈포켓몬 고〉가 IP 게임이라는 이유 때문에 'AR 게임=IP 게임'이라는 단순한 인식에서 벗어나지 못하는 듯하다. 〈포켓몬 고〉에서 IP의 힘이 약하다고는 할 수 없지만 그렇다고 IP가 전부인 게임은 아니다. 〈포켓몬 고〉 성공의 원인은 스토리텔링의 힘이라고 봐야 한다. 이런 새로운 형태의 스토리텔링을 분류하는 기준이 바로 1인칭 관점이다. 〈포켓몬 고〉 분석을 통해 VR/AR 게임 스토리텔링의 방향성에 관해 설명하려 한다. 또한 VR 게임에서 가장 흔하게 만들어지는 FPS 게임의 문제점을 살펴본다.

7.1 1인칭 관점의 이해

7.1.1 VR과 AR의 개념

VR과 AR의 개념부터 확실히 짚고 넘어가자. VR$^{\text{Virtual Reality}}$(가상현실)과 AR$^{\text{Aug-}}$$^{\text{mented Reality}}$(증강현실)은 아주 익숙하게 쓰이는 단어다. 가상현실과 증강현실이라는 용어 자체는 이제 누구나 알고 있다. 그러나 가상현실과 증강현실이 구체적으로 무엇인지 그 개념을 설명하기는 다소 어려울 수 있다. 특히 증강현실의 개념은 헷갈리는 경우가 많다. 사전적인 정의도 중요하지만 게임의 맥락에서 구분할 필요가 있다.

그림 7-1 현실–가상 세계의 개념 포지션

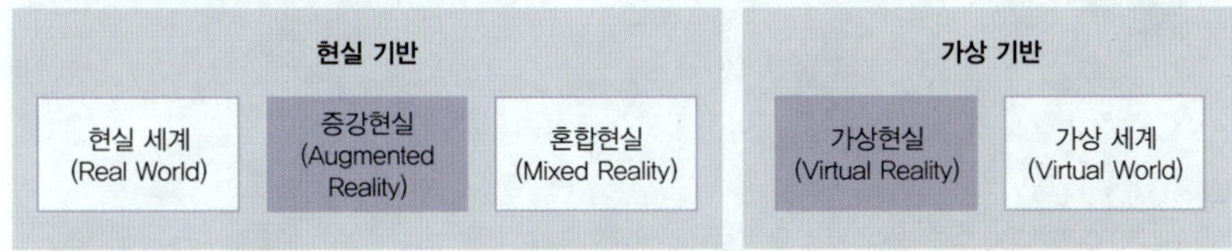

[그림 7–1]에서 알 수 있듯이 AR은 현실 세계에 가깝고, VR은 가상 세계에 가깝다. VR과 AR은 'Reality'라는 같은 단어를 사용하지만, Reality의 기반이 되는 세계가 다르다. 이것이 VR과 AR의 가장 큰 차이라고 할 수 있다. 대표적인 AR 게임인 〈포켓몬 고〉의 게임 세계는 현실이다. 현실에 포켓몬이 있다는 가정하에 현실에서 플레이한다. 반면 VR 게임은 만들어진 가상 세계를 배경으로 플레이한다. 일반적으로 VR과 AR을 묶어서 생각하는 경우가 많은데 분류 기준이 '기반이 되는 세계'라면 따로 구분해야 한다. 한편 MR은 VR과 AR이 혼합된 형태라고 하지만, 현실을 기반으로 한다는 점에서 사실상 AR에 가깝다.

1) 증강현실

증강현실은 현실의 이미지나 배경에 가상 이미지를 겹쳐서 하나의 영상으로 보여주는 기술을 말한다. 이 개념은 기술이 구현되기 이전부터 상상 속에서 존재했다. 〈드래곤볼〉의 스카우터가 가장 대표적인 예다. SF 영화라면 거의 빠지지 않고 등장하는 것이 증강현실이다. AR을 **'증강현실=현실 기반'**으로만 기억하면 충분하다.

그림 7-2 〈어벤져스〉에서 볼 수 있는 증강현실

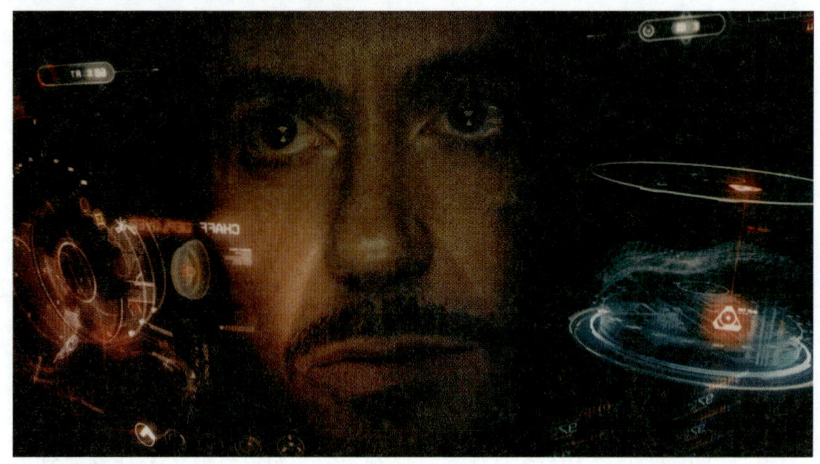

2) 가상현실

가상현실은 인공으로 만들어낸, 실제와 유사하지만 실제가 아닌 세계와 기술을 말한다. 개념 자체는 아주 오래되었으나 최근에서야 구체화되었다고 보면 된다. **'가상현실=가상 기반'**이기에 헷갈릴 이유도 없다.

7.1.2 1인칭 관점의 개념

게임 업계에서 자주 등장하는 용어가 '차세대 게임'이다. 과거 소니의 플레이스테이션과 세가 새턴의 경쟁 구도를 가리켜 '차세대 게임기 전쟁'이라 부르기도 했다. 그러나 플레이스테이션과 새턴이 이전의 게임기보다 나았던 점은 그래픽과 사운드 정도였고, 사실상 경험 자체가 달라졌다고 보기는 어려웠다. 반면 1인칭 관점 게임이 줄 수 있는 경험은 완전히 다르다. 그 세계의 완전한 구성원이 되는 것이며, 플레이어(나)의 행동이 게임에 직접적인 영향을 미친다.

1인칭 관점은 3인칭 관점, 중간적 관점과는 달리 매개체인 캐릭터가 존재하지 않는다. 물론 정확하게 따지면 간접 경험이기는 하지만, VR이 추구하는 방향성은 직접 경험이다. 실제로 VR 게임에 몰입한 플레이어는 게임을 하고 있다는 사실을 잊는다. 게임이 추구하는 방향성과 게임이 주는 경험 자체가 기존의 게임과는 완전히 다른 것이다. 예를 들어 〈아이언맨〉을 소재로 게임을 만든다고 가정해보자. 기존 게임이라면 아이언맨을 컨트롤러로 조정하는 형태의 게임이 되겠지만, VR/AR 게임이라면 내가 아이언맨이 되는 경험을 제공하는 게임이 될 것이다. 기존과 완전히 다른 경험을 줄 수 있다는 점에서 1인칭 관점 게임은 진정한 의미의 차세대 게임이라 할 수 있다. 3인칭과 중간적 관점 게임은 간접 경험이고, **1인칭 관점 게임은 직접 경험**이다. 그러니 1인칭 관점의 키워드를 '직접 경험'으로 기억하자.

VR 게임에서 플레이어는 〈아바타〉에서 나비족의 일원이 되는 것과 같은 역할을 부여받는다. **일종의 상황극**이라고 보면 된다. 그렇기 때문에 **플레이어가 게임 세계에 속해서 게임을 하고 있다는 생각조차 들지 않아야 한다.** 플레이어에게 적절한 환경을 만들어주는 것만으로도 충분히 게임에 몰입할 수 있다. 헷갈리지 말아야 할 것은 모든 VR 게임이 1인칭 관점으로 분류되는 것은 아니라는 점이다. 3인칭 시점(TPV)의 VR 게임은 매개체인 캐릭터가 존재하며, 플레이어가 캐릭터를 조작하는 형태로 진행되므로 직접 경험이 아닌 간접 경험이다. 따라서 1인칭 관점이 아닌 3인칭 관점에 속한다.

필자가 생각하는 가장 멍청한 VR 게임은 3인칭 시점(TPV)의 VR 게임이다. 3인칭 시점(TPV)이 되는 순간 플레이어는 게임 세계에 완전히 몰입하지 못한다. 플레이어와 캐릭터가 일치하지 않기 때문에 거리감이 생긴다. 그래서 VR 게임의 시점이 3인칭이 된다면 같은 VR 게임이 아닌 기존 플랫폼의 게임과 경쟁해야 한다. 그래픽과 조작감이 더 좋고, 콘텐츠 양도 풍부하며, VR 기기를 써야 하는 불편함도 없는 콘솔 게임과 동일 선상에 놓인다는 의미다. 3인칭 시점(TPV)의 VR 게임을 만든 이유는 멀미를 해결하기 위함이었다. 하지만 기술이 좋아진다면 자연스럽게 해결될 문제였고, 그래도 적응이 힘든 게이머는 어차피 VR 게임의 고객이 아니다. 멀미를 최소화하기 위한 노력은 필요하지만 VR의 장점까지 없애버리면 3인칭 시점의 VR 게임을 만들 이유가 없다. 필자는 3인칭 시점의 VR 게임을 보면서 과도기에 만들어질 수 있는 형태라 생각했고, 그 예상이 맞았다. 현재는 3인칭 시점의 VR 게임은 시장에서 거의 사라졌다. 3인칭 시점의 VR 게임은 'VR 게임을 한번 만들어볼까?'라는 단순한 생각에서 출발한 주객이 전도된 사례다. 그럼에도 분석적인 관점에서 살펴보는 건 의미가 있다. VR 게임은 VR 게임으로서의 존재 의미가 있어야 한다.

초기 VR 게임 중에는 게임 패드를 이용하여 진행하는 게임도 있었다. 하지만 3인칭 시점(TPV)의 VR 게임과 마찬가지로 시장에서 사라졌다. 이유는 아주 명확하다. 1인칭 시점(FPV)으로 진행되는 VR 게임을 패드로 조작한다고 가정해보자. 시점은 자유롭지만 조작은 자유롭지 못하기 때문에 답답함을 느낄 수 있다. VR 게임을 한다면 그 세계에만 몰입할 수 있어야 하는데 패드가 이를 방해한다. 3인칭 시점(TPV)의 VR 게임과 마찬가지로 처음부터 잘못된 선택이었던 것이다.

그림 7-4 게임 패드와 모션 컨트롤러

• 오큘러스

지금까지의 설명으로 1인칭 관점이 추구해야 할 스토리텔링의 방향성에 관해 대략적인 감은 잡았을 것이다. 쉽게 생각한다면 **게이머들이 경험하고 싶은 세계를 만들고 주인공에게 역할을 부여**하면 된다. 여기서 말하는 세계란 게임과 관련한 모든 것을 가리킨다. 1인칭 시점(FPV)과 모션 컨트롤러를 사용하는 VR 게임이 되어야 하는 것도 게임에 몰입할 수 있는 환경을 만들기 위함이다.

AR 게임도 크게 다르지 않다. 1인칭 관점 AR 게임에서의 세계는 현실에 스토리텔링의 상징성을 부여한 세계다. 〈포켓몬 고〉를 플레이하는 동안 현실은 포켓몬이 출연하는 세계가 된다. 적어도 게임을 하는 플레이어는 현실을 다른 공간으로 인식한다. 설정된 세계를 바탕으로 게임이 진행된다고 이해하면 된다. 1인칭 관점으로 분류하는 또 하나의 기준은 **플레이어의 행동이 게임에 반영되는 것**이다. 〈포켓몬 고〉에서 포켓몬을 포획하기 위해선 포켓몬이 출몰하는 실제 장소로 이동해야 한다. 이처럼 **현실 공간에서 진행되는 가상의 역할 놀이를** 할 수 있어야 1인칭 관점으로 분류할 수 있는 AR 게임이라 할 수 있다.

7.2 AR 게임

7.2.1 AR 게임의 특성

〈포켓몬 고〉를 분석하는 것으로 1인칭 관점 AR 게임의 특성을 설명하려 한다. 〈포켓몬 고〉의 성공 요인에 IP는 빠질 수 없다. 그러나 IP가 전부라고 생각해서는 안 된다. IP의 영향력만 따진다면 〈포켓몬〉을 넘어선다고 할 수 있는 〈슈퍼 마리오〉의 모바일 버전인 〈슈퍼 마리오 런〉은 기대에 미치지 못했다. IP를 내세운 다른 AR 게임들의 성공 사례가 없다는 점만 봐도 AR 게임의 성공 공식에 IP가 필수는 아니라는 점을 알 수 있다.

그림 7-5 IP를 내세운 〈슈퍼 마리오 런〉과 〈포켓몬 고〉

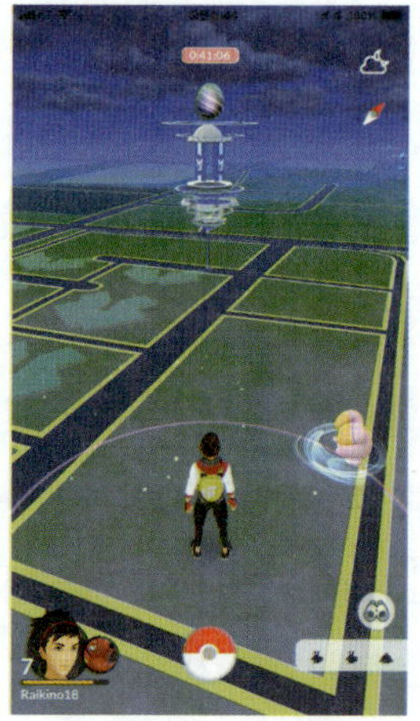

적어도 이 책을 읽는 독자라면 'AR 게임=IP'라는 생각에서 벗어나야 한다. 〈포켓몬 고〉의 성공은 순전히 스토리텔링의 힘이다. 〈포켓몬 고〉는 플레이어가 포켓몬 트레이너가 될 수 있는 가상의 역할 놀이를 실제로 구현했다. 수많은 사람이 이 게임에 열광한 것은 포켓몬이 출몰하는 장소에 실제로 가서 포켓몬을 포획해야만 했기 때문이다. 플레이어가 포켓몬 트레이너가 되는 것은 〈포켓몬 고〉만이 제공할 수 있는 아주 특별한 경험이었고, 사람들은 여기에 반응했다. 물론 IP가 아주 강력한 동기를 부여하는 것은 사실이다. 하지만 실제로 〈포켓몬〉을 잘 모를 수 있는 연령층의 비율도 꽤 높다는 점에서 〈포켓몬 고〉의 성공 요인을 강력한 IP만으로 설명하기는 어렵다.

다음 [표 7-1]은 애니메이션 〈포켓몬〉과 게임 〈포켓몬 고〉를 비교한 예다. 표에서 알 수 있듯이 애니메이션의 세계를 현실에서 재현했다. 〈포켓몬〉의 서사를 〈포켓몬 고〉를 통해 직접 경험할 수 있게 된 것이다. 이처럼 **현실 공간이 게임 공간으로 확장되는 것이 1인칭 관점 AR 게임의 특성**이다. 〈포켓몬 고〉에서 스토리는 〈포켓몬〉의 등장 캐릭터인 지우가 포켓몬 마스터가 되는 과정이 아닌 플레이어의 경험 그 자체다. 다른 1인칭 관점 게임도 마찬가지다. 플레이어에게 어떤 경험을 하도록 해줄 것이냐가 스토리텔링의 핵심이다. 〈포켓몬 고〉의 경우 포켓몬 트레이너로 코스프레하고 게임을 즐기는 게이머가 있다는 점만 봐도 포켓몬 트레이너라는 가상의 역할 놀이가 성공적이었다는 점을 알 수 있다.

표 7-1 애니메이션 〈포켓몬〉과 모바일 게임 〈포켓몬 고〉

항목	〈포켓몬〉	〈포켓몬 고〉
모험 공간	• 애니메이션 세계관 속의 세계	• 포켓몬이 존재한다고 설정된 현실 (실제로 이동이 이루어질 수 있음)
포켓몬 포획	• 포켓볼을 던져서 포획	• AR 모드에서 포켓볼을 던져서 포획
포켓몬 정보 획득	• 포켓컴	• 게임이 구동되는 스마트폰
목적	• 사천왕과 챔피언을 쓰러트리는 것 • 포켓몬 도감 완성	• 체육관 점령 • 포켓몬 도감 완성

〈포켓몬 고〉를 '위치 기반 AR 게임'으로 정의할 수 있는데, 플레이에서도 '위치 기반'과 'AR'이 핵심이다. 플레이어의 궁극적인 목적은 체육관을 점령하는 것이다. 강력한 포켓몬이 필요하며 그러기 위해선 포켓몬을 포획해서 성장시켜야 한다. 포켓몬은 포켓 스톱 근처에서 출몰하는데 포켓 스톱은 현실에 물리적으로 존재하는 실제 장소다. 뿐만 아니라 몬스터볼이나 아이템도 획득할 수 있다. 포켓 스톱은 사실상 〈포켓몬 고〉의 플레이 메커니즘을 작동하게 하는 핵심이다. 포켓 스톱의 위치 정보는 그 자체로 콘텐츠가 되었다.

그림 7-6 〈포켓몬 고〉의 플레이 메커니즘

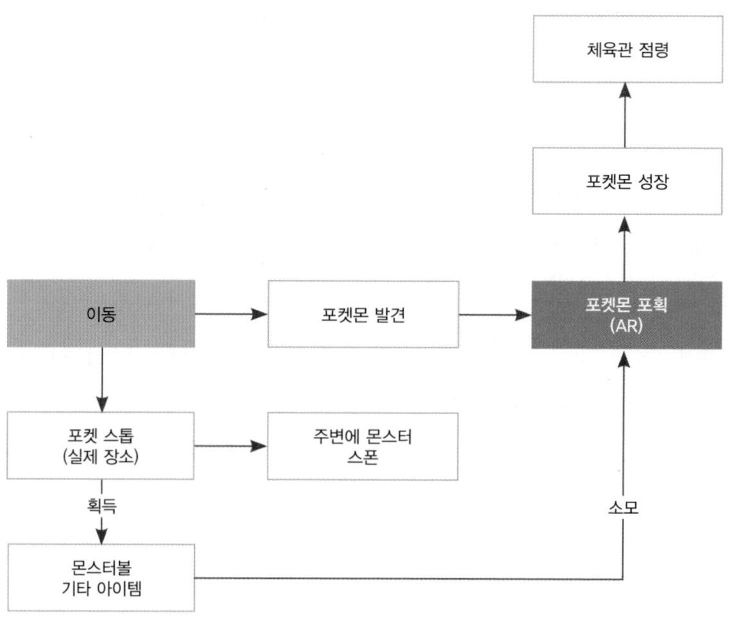

포켓 스톱은 〈인그레스〉에서 포탈로 사용되는 위치 정보를 그대로 활용했다. 포탈의 위치는 요원이라 불리는 플레이어들이 직접 신청한 것이기 때문에 전 세계 곳곳에 엄청난 수의 포탈이 존재한다. 게임을 만든 나이언틱에서 포탈을 직접 생성했다면 〈인그레스〉의 서비스 지역은 특정 몇몇 국가로 한정되었을 가능성이 높다. 필자가 생각하는 〈포켓몬 고〉의 핵심은 포켓몬이 아닌 포켓 스톱에서 사용되는 양질의 위치 정보다. 이런 위치 정보가 없는 상태에서 〈포켓몬 고〉와 같은 플레이 메커니즘으로 작동하는 게임을 만드는 것 자체가 말이 안 된다. 〈인그레스〉를 통해 전 세계 포탈의 위치 정보를 가진 나이언틱이 아니라면 사실상 〈포켓몬 고〉와 같은 게임을 만들 수 없다고 봐야 한다. 〈인그레스〉는 우리가 AR이라고 하는 이미지 겹침의 기술은 사용되지 않는다. 그러나 위치 정보를 활용해서 현실 공간을 특별한 공간으로 만든다는 점에서 〈인그레스〉와 같은 위치 기반 게임도 AR 게임으로 분류할 수 있다.

그림 7-7 〈인그레스〉와 〈포켓몬 고〉에 동일하게 사용된 위치 정보

결국 〈포켓몬 고〉 이후 쏟아진 아류작들이 성공할 수 없었던 가장 큰 이유는 플레이 메커니즘을 완성하는 위치 정보가 없기 때문이다. 사실상 엔진 없는 자동차를 만든 것으로 애초에 만들어져서는 안 되는 게임들이었다. 또 다른 문제는 〈포켓몬〉이라는 IP가 있어서 가능했던 포켓몬 트레이너와 같은 역할이 마땅히 없었다는 점이다. 체육관 점령, 전설의 포켓몬 획득, 포켓 도감 완성 등의 목적성을 부여할 만한 '거리'가 없었기 때문에 굳이 현실 공간을 돌아다녀야 할 이유를 제시하지 못했다. 결정적인 실수는 〈포켓몬 고〉가 지적받았던 RPG 요소의 콘텐츠를 보강했다는 점이다. 역설적으로 위치 기반 AR 게임이라는 정체성이

사라지면서 흔하디 흔한 모바일 RPG가 되어버린 셈이다. 이렇게 만들어진 게임의 경쟁 상대는 이미 시장을 장악하고 있는 수집형 RPG가 된다. 만약 〈포켓몬 고〉와 같은 플레이 메커니즘을 가진 게임을 만들고 싶다면, 위치 정보를 대체할 수 있는 다른 해결책을 반드시 찾아야 한다.

7.2.2 AR 게임의 스토리텔링

1) AR 게임의 키워드

AR 게임을 만들면서 적용해야 할 키워드는 다음과 같다.

'게임의 캐릭터＝플레이어'의 역할 놀이

기본적으로 역할 놀이가 가능하도록 설정해야 한다. 〈포켓몬 고〉의 시작점이었다고 할 수 있는 〈인그레스〉에서 플레이어의 역할은 요원이다. 저항군과 계몽군 두 세력 중 한곳에 소속된 요원으로 설정되어 있다. 이 역할이 가공된 현실 세계와 이어져야 한다. 어차피 1인칭 관점 게임에서 주인공은 '나'다. 즉, 내가 경험할 수 있는 스토리여야 한다. 〈포켓몬 고〉도 포켓몬 트레이너라는 역할 놀이를 하는 게임이다. 1인칭 관점 게임에서 가장 중요하게 생각해야 하는 것이 플레이어의 역할이다.

게임은 아니지만 같은 맥락에서 생각할 수 있는 것이 방탈출 카페다. 방탈출 카페와 1인칭 관점 게임이 추구하는 방향성은 '가상의 역할 놀이'라는 측면에서 같다. 방탈출 카페는 참가자에게 추리 문제를 풀어서 방을 탈출하라는 미션을 준다. 설정에 따라 차이가 있을 수 있지만 사실상 탐정의 역할이다. 역할은 그 자체로 스토리텔링을 결정하는 아주 중요한 요소다.

현실의 행동

1인칭 관점 게임에서 플레이어는 게임 캐릭터이기 때문에 현실의 행동이 게임에 반영된다. 〈포켓몬 고〉에서는 포켓몬을 포획하려면 포켓몬이 스폰되는 장소를 찾아 이동해야 한다. 포켓몬 포획도 AR 모드에서 이루어지기 때문에 현실에서의 행동이라고 봐도 무방하다. 캐릭터의 역할이 현실에서 플레이어가 해야 할 행동과 잘 맞아떨어질수록 게임의 몰입도가 높아진다. 현실 공간의 경험이 무엇보다 중요하다.

적은 성장 요소

1인칭 관점 게임은 플레이어의 행동으로 진행되기 때문에 심리적인 허들이 분명 존재한다. 즉, 기본적인 접근성 자체가 일반적인 모바일 게임에 비해 좋은 편이 아니다. 성장 요소는 그 자체로 콘텐츠가 될 수 있지만 반복 플레이는 1인칭 관점 게임이 추구하는 방향성과는 맞지 않는다. 단순하게 플레이 타임을 늘리기 위한 반복 플레이라면 지양하는 것이 좋다.

그림 7-8 〈포켓몬 고〉의 포켓몬 포획, 〈인그레스〉의 해킹

기술을 활용한 스토리텔링

AR 기술은 계속해서 발전하고 있다. 초기의 단순한 이미지 겹침 방식에서 벗어나 이제는 공간 인식과 사물 인식의 정확도도 높아지고 있다. 이런 AR 게임의 기술은 그 자체로 시스템일 뿐만 아니라 스토리텔링의 가장 중요한 도구가 될 수 있다. 기술 자체가 스토리와 스토리텔링을 결정한다고 봐도 좋다. 따라서 기술에서 가능한 것과 불가능한 것을 정확하게 파악하고 그 기술을 제대로 활용할 방법을 고민해야 한다. 시간이 지날수록 AR 기술의 완성도가 높아지면서 플레이 경험과 몰입도 역시 좋아질 것은 분명하다. 〈포켓몬 고〉의 경우, 지면 인식을 활용하는 AR+ 모드가 추가되면서 초기 AR 모드의 어색함은 많이 줄어든 상태다. 기술의 발달이 몰입도의 증가로 연결된 것이다. 새로운 기술로 인해 그 전까지 불가능했던 스토리텔링이 가능해질 수도 있다. AR 게임을 만든다면 관련 기술에 관해 항상 관심을 가져야 하는 것은 당연하다.

AR 기술을 활용하는 목적은 게임의 몰입도를 높이기 위한 것이지 기술 자체가 목적은 아니다. 〈포켓몬 고〉는 AR 게임이다. 그러나 AR의 이미지 겹침 기술 때문에 AR 게임을 하는 사람은 없다는 점을 생각한다면 애초에 AR 게임 시장은 존재하지 않았다고 볼 수 있다. 그래서 〈포켓몬 고〉의 성공을 AR 게임의 성공으로 연결하는 것은 무리가 있다. '포켓몬 트레이너 되기'라는 가상의 역할 놀이를 하기 위해 선택한 방법이 위치 기반 기술과 AR이었다고 보는 편이 적절하다. AR을 선택한다면 그래야만 하는 이유가 명확해야 한다. 기술은 맥락이 없다면 무의미하다. 기술의 유효 기간은 짧을 뿐만 아니라 기술이 게임의 재미를 보장하지도 않는다.

2) 키워드를 바탕으로 만들 수 있는 AR 게임

지금부터는 앞에서 설명한 네 가지 키워드를 바탕으로 만들 수 있는 AR 게임에 관해 설명하겠다. AR 게임의 스토리텔링은 기술적인 부분을 어떻게 시스템화해서 활용할 것인가에 대한 고민이 무엇보다 중요하다. 다른 게임에 비해 기술에 대한 이해를 많이 필요로 한다. 앞서 잠깐 설명한 것처럼 위치 정보를 기반으로 하는 게임 역시 AR 게임에 속한다는 점을 헷갈리지 말자.

스포츠 혹은 놀이 형태의 게임

예능인 〈런닝맨〉의 '이름표 떼기'나 〈무한도전〉의 '돈가방을 갖고 튀어라', '술래잡기', '꼬리잡기' 등의 게임을 직접 해보고 싶다고 생각한 적이 있을 것이다. 사실상 스포츠나 놀이에 가까운데, 이동이 필수다. 그 특성을 살려서 플레이어의 위치 정보를 활용하는 AR 게임으로 구체화할 수 있다. 가장 쉬운 형태가 '추격전'이다. 도망자와 추격자의 구도만으로 목적성을 부여할 수 있기 때문에 강력한 스토리텔링이 가능하다. 게임 시스템을 활용한다면 아주 다양한 형태로 만들 수 있다.

이런 플레이 유형을 가진 게임에 대한 니즈가 있다는 것은 〈배틀그라운드〉를 보면 알 수 있다. 짧은 시간에 승부가 결정되는 대전 게임이라는 점에서 순간 몰입도가 높다. 게임 중에만 성장할 수 있으며 그 성장마저 게임이 끝나면 초기화된다. RPG와 같은 성장의 연속성이 없다는 점에서 사실상 스포츠의 성격이 강하다. 이런 성격이 반영된 AR 게임은 충분히 만들어질 수 있다.

현실 기반 상황극

현실 공간을 게임의 배경으로 직접 활용하는 게임 유형이다. 가장 쉬운 형태가 현실 버전의 방탈출 게임을 만드는 것이다. 탐정이 되어 실제 장소를 돌아다니면서 사건을 해결하는 형태의 게임으로, 추리와 이동이 중요하다. 추리 관련 콘텐츠의 장점은 성장 요소가 적고 순간적인 몰입도가 높다는 점이다. 상대적으로 구현 비용도 낮아서 기획이 뒷받침된다면 1인칭 관점 게임에 적합한 플레이 타입이다. 무엇보다 AR 기술을 활용할 여지가 많다는 점이 가장 큰 장점이다. 특정 사물을 인식하거나 AR로 가상의 오브젝트를 보여주는 등의 기술을 적용할 수 있다. 이미지 겹침의 AR 기술은 그 자체로 의미를 가지기 어렵지만, 추리와 결합하면 플레이로 연결할 수 있다.

탐정에서 벗어나 더 극적인 상황을 만들어줄 수도 있다. 영화 〈메멘토〉의 주인공은 자신의 이름과 아내가 살해당했다는 것만 기억하는 단기 기억상실증 환자다. 그래서 메모를 하고 자신의 몸에 문신을 남기며 범인을 추적해간다. 만약 〈메멘토〉를 게임화한다면 기억상실증에 걸린 플레이어가 자신이 누구인지 추적하는 스토리의 AR 게임을 만들 수 있을 것이다. 기본적으로 추리 게임이지만 문제 해결을 위해선 실제 장소를 돌아다녀야 한다는 점에서 기존 게임과는 차이가 있다. 현실 공간을 게임 공간으로 확장하는 형태의 게임인 셈이다. 이런 경험을 줄 수 있는 게임은 1인칭 관점 AR 게임뿐이다. 현실까지 고려해야 한다는 점에서 작업의 난도가 상당히 높을 수 있다.

기존 보드게임의 변환

플레이어가 보드게임의 말이 되는 형태의 AR 게임을 만들 수 있다. 보드게임의 말도 하나의 캐릭터이므로 그 역할이 되어보는 것도 가능하다. 실제로 보드게임의 말에 설정뿐만 아니라 이름까지 있는 경우도 있다. 게임 말은 주사위를 굴려서 나온 숫자만큼 이동하거나 장기나 체스처럼 플레이어가 직접 이동시킨다. 이런 이동이 게임에서는 플레이어의 실제 행동으로 대체되는 식이다.

보드게임인 〈클루〉를 AR 게임으로 만든다고 가정해보자. 〈클루〉의 핵심 메커니즘은 플레이어들이 가진 카드를 확인해서 숨겨진 카드를 찾는 것이다. 숨겨진 카드 3장을 제외한 나머지 카드는 참가 플레이어 모두가 나눠 가지기 때문에 다른 플레이어들의 카드를 안다면 숨겨진 카드를 알 수 있다. 다른 플레이어의 카드를 파악하고자 카드에 관한 질문을 할 수 있는데 게임에서는 '추리'라 한다. 추리를 하려면 플레이어의 말이 보드게임 판의 장소로 이동해야 한다. 만약 AR 게임으로 구현한다면 게임판의 장소는 현실에서 설정된 장소가 될 것이며 플레이어는 게임의 말이 된다. 추리를 하기 위해선 주사위가 아닌 현실의 장소로 이동해야 한다. 물론 주사위를 사용한다면 운이 많이 작용하지만 현실에서는 신체적 능력이 뛰어날수록 유리할 것이다. 그러나 게임의 밸런스를 생각한다면 신체적 능력이 뛰어나다고 해서 무조건 유리해서는 안 된다. 이 부분은 실제 게임으로 만들 때 보완해야 한다.

보드게임은 게임화에 적합한 메커니즘을 가지는 경우가 많다. 실제로 앞서 예를 든 〈클루〉는 〈스타크래프트〉의 유즈맵으로 만들어지기도 했다. 보드게임을 변환하는 기본 원리는 주사위로 게임 말을 이동시키거나 턴마다 해야 할 행동을 플레이어가 직접 하는 것이다. 변환 과정에서 원래의 보드게임을 그대로 재현할 필요까지는 없다. 보드게임의 핵심 메커니즘을 활용한 AR 게임을 만드는 것으로 이해하면 된다.

7.3 VR 게임

7.3.1 VR 게임의 특성

VR 게임이 추구하는 방향성은 **현실보다 더 극적인 가상 세계를 플레이어가 경험하도록 하는 것**이다. 그래서 VR에서만 경험할 수 있는 세계를 만들어주어야 한다. 가상 세계에 완전히 몰입하기 위해서는 플레이어가 **게임을 하고 있다는 생각 자체가 들지 않아야 한다.** 따라서 VR 게임만큼 그래픽이 중요한 게임도 없다. 그래픽의 완성도는 게임의 몰입도에 직접적인 영향을 미친다. 그렇지만 제작하는 입장에서는 VR 게임 시장이 완전히 열리지 않은 상태라 섣불리 투자하기도 어렵다. 실제 중소 규모의 게임 회사들이 VR 게임을 많이 만들지만 비용과 기술적인 어려움을 생각한다면 큰 규모의 회사에서 제작하는 것이 맞을 수 있다.

게임에 몰입하도록 하려면 기술적인 이슈도 해결해야 한다. 멀미, VR 기기의 무게, 이동의 어려움 등은 그 자체로 몰입을 방해한다. 길어야 30분이며 한 번에 15~20분 정도 플레이하는 것으로 생각하는 것이 좋다. 게임의 플레이 단위 자체를 그 안에서 마무리 지어야 한다. 아마 기기의 성능이 좋아지고 게이머들이 VR 게임에 익숙해진다면 한 번에 플레이 가능한 시간도 점점 늘어날 것이다.

VR이 소재인 영화 〈레디 플레이어 원〉에서는 완벽한 VR 환경이 갖춰져 있다. 슈트와 장갑으로 촉각을 느낄 수 있고 트레드밀과 같은 장치가 있어서 한정된 공간에서도 이동이 자유롭다. 이런 장치들은 일부 회사에서 상용화에 들어갔을 정도로 먼 미래의 일이 아니다. 기기의 비용 문제를 제외한다면 조간만 영화와 같은 환경에서 게임을 즐길 수 있게 될 것은 분명하다.

그림 7-9 VR이 소재인 영화 〈레디 플레이어 원〉

1) VR의 특성과 FPS

VR 게임 중에 〈포켓몬 고〉와 같은 파급력을 가진 게임이 있다면 그 게임을 설명하면 좋겠지만 아직 VR을 대표할 만한 게임은 없다. 즉, 많은 사람이 말하는 '킬러 콘텐츠'가 존재하지 않는 상황이다. 그래서 VR 게임 중에서 가장 많이 만들어진 장르인 FPS를 통해 VR 게임의 특성을 파악하려고 한다. 'VR 게임 =FPS'라는 공식이 성립될 만큼 시장에는 많은 FPS 게임이 존재한다. 필자도 FPS는 VR과 잘 맞는 게임이라 생각한다. 1인칭이라는 시점, 슈팅이어서 직접적으로 접촉하는 형태가 아니라는 점, 모션 컨트롤러를 활용하면 총을 쏘는 것 같은 경험을 줄 수 있다는 점 등 여러 장점이 있다. 그러나 '지금의 VR 기술에 FPS란 장르가 적절한가'라는 점은 완전히 다른 문제다.

FPS 장르의 특성을 생각한다면 지금처럼 많은 FPS 게임이 만들어져서는 안 된다. FPS라는 장르명에서 알 수 있듯이 가장 기본은 '슈팅'이다. 그러나 슈팅만큼 중요한 요소가 바로 '이동'과 '대전'이다. 실제로 좋은 위치를 선점하고 상대의 뒤를 잡는 등 FPS 게임의 기본적인 플레이를 만들어내는 것은 이동이다. 이런 이동으로 인해 다양한 양상이 나타나기 때문에 대전이 가능할 뿐만 아니라 재미도 있다. 그러나 VR의 이동은 아직 부자연스럽다. 텔레포트는 지금의 환경에서는 최선의 선택이지만, 다른 방법으로 이동의 문제가 해결된다면 사라질 과도기적인 시스템이다. 불완전한 이동 때문에 대전의 재미 역시 떨어진다. VR FPS 게임은 사실상 반쪽짜리 게임에 불과하다.

모바일 FPS도 같은 상황이다. 모바일 FPS 게임은 크게 이동이 없는 게임과 이동이 있는 게임으로 나뉜다. 이동이 없는 게임의 경우 성장에 초점이 맞춰지면서 RPG에 가까운 게임이 되었다. 이동이 있는 게임은 모바일 UI의 한계로 인해 아직 게이머들이 원하는 수준의 조작감을 제공하지 못한다. 두 가지 방식 모두 완전하지 않다. 모바일이라는 거대한 시장에서 FPS 게임이 기대만큼의 인기를 끌지 못하는 이유가 여기에 있다. VR FPS와 마찬가지로 장르의 특성을 제대로 살리지 못했기 때문이다. VR FPS 게임을 만드는 회사가 이미 많으니 특별한 요소가 없다면 만들지 않는 편이 좋다. 그래도 만들어야 한다면 최소한 〈로보 리콜〉은 뛰어넘는 수준이 되어야 한다. 〈로보 리콜〉은 게임의 완성도가 높을 뿐만 아니라 기기를 구매하면 무료로 즐길 수 있는 게임이어서 경쟁이 쉽지는 않을 것이다.

그림 7-10 완성도 높은 VR FPS인 〈로보 리콜〉

• 에픽게임즈

2) VR의 특성과 방탈출 게임

VR 방탈출 게임도 FPS 게임과 마찬가지로 방탈출 게임의 특성을 제대로 파악하지 못해서 만들어지고 있는 게임이라고 봐야 한다. 얼핏 생각하면 VR과 방탈출 게임과의 결합은 성공적인 것처럼 보일 수 있다. 그러나 실제 방탈출 게임에서 어떤 물건을 만지고 조작해보는 것은 아주 중요한 행동이지만, VR 방탈출 게임에서는 불가능하다. '촉각'이라는 방탈출 게임의 가장 중요한 경험을 제공하지 못하는 것이다. 역시나 반쪽짜리 게임이다. 그렇다 보니 오프라인 방탈출 카페보다 나은 경험을 주지 못한다. VR로 제공해야 하는 세계는 현실보다 더 극적이어야 한다. 아니면 현실에서 쉽게 경험하기 어려워야 한다. 현실을 그대로 재현하는 것 자체도 문제인데, 원래의 장점마저 살리지 못하는 VR 방탈출 게임은 이도 저도 아닌 게임이다.

3) VR과 3D TV의 비교

일부에선 VR이 3D TV처럼 사라지리라 예측하기도 하나, 3D TV는 애초에 잘못 기획된 제품이었다. 비교 대상 자체가 아니다. 3D TV를 보려면 특수 안경을 써야 한다. 뿐만 아니라 3D 영상을 보는 것 자체에도 피로도가 존재한다. 결국 모든 영상을 3D로 보는 것은 사실상 불가능하기 때문에 영화와 같은 특별한 콘텐츠만 3D로 보게 된다. 이런 상황에서 3D TV의 경쟁 상대는 기존의 TV가 아닌 극장의 3D 영화로 바뀐다. 하지만 화면 크기, 몰입도, 사운드, 입체감 모든 면에서 경쟁이 될 수 없다. 같은 영화라도 3D를 제대로 경험하기 위해서는 극장을 선택하는 것이 낫기 때문이다. 3D TV의 실패 원인이 콘텐츠 부족이라는 의견도 많지만 그것보다는 실질적 경쟁 대상인 극장보다 나은 경험을 주지 못했기 때문이라고 봐야 한다. 지금의 VR의 경쟁 상대는 VR뿐이어서 3D TV와는 상황이 다르다고 볼 수 있다.

7.3.2 VR 게임의 스토리텔링

1) VR 게임의 키워드

VR 게임을 만들면서 적용해야 할 키워드는 다음과 같다. 같은 1인칭 관점이다 보니 AR 게임과 다소 겹치는 부분이 있다.

'게임의 캐릭터=플레이어'의 역할 놀이

VR 게임의 역할 놀이는 가상 세계에 기반을 두므로 AR 게임보다는 수월한 편이다. AR 게임의 기반이 되는 현실 공간은 완전히 제어할 수 없는 세계지만,

VR의 가상 세계는 완전히 제어할 수 있다. 그래픽 리소스의 부담이 있지만 완전한 세계를 만들어갈 수 있다는 점에서 제약은 적은 편이다. 이 점을 활용해서 어떤 공간을 만들고 어떤 역할을 부여할 것인지가 스토리텔링의 핵심이다.

가상 세계에 몰입할 수 있는 환경

가상 세계에 몰입할 수 있는 환경을 구축하려면 1인칭 시점(FPV)으로 만들고, 모션 컨트롤러를 사용하고, 그래픽 완성도를 높여야 한다. 이 책에서 말하는 VR 게임은 모두 1인칭 시점(FPV)이다. 1인칭 시점(FPV)은 캐릭터라는 매개체가 없으며 플레이어는 가상 세계의 일부분이다. 멀미 등의 이유로 3인칭 시점(TPV)의 VR 게임을 만들 경우 VR 게임으로서의 몰입감은 사라진다. 장단점이 있는 선택의 문제가 아니라 VR 게임이라면 1인칭 시점(FPV)으로 만들어야만 VR의 특성을 살릴 수 있다.

게임 조작 역시 반드시 모션 컨트롤러를 사용하는 것이 좋다. 1인칭 시점(FPV)과 마찬가지로 현실의 행동이 게임에 그대로 반영되어야 몰입도가 높아지기 때문이다. 우리는 대부분의 행동을 할 때 의식하지 않는다. 그런데 게임 패드를 사용하면 한 단계를 거치게 되므로 현재 자신이 게임을 하고 있다는 생각을 하게 된다. VR 게임은 보다 직관적으로 조작할 수 있어야 한다. 같은 맥락에서 룸스케일^{Room Scale}도 하나의 선택지가 될 수 있다. 룸스케일은 센서가 적용된 크기의 현실 공간을 가상에 할당하는 기술이다. 현실에서의 움직임이 가상의 게임 공간에 그대로 적용된다. 다만 플레이어에게 이동의 자유를 보장하기에는 한계가 있다. 만약 현실 공간이 1평에 해당하는 3.3제곱미터라면 실제 게임 공간에서 자유롭게 이동 가능한 공간도 3.3제곱미터로 일대일 매칭이 되기 때문에 생각보다 많은 공간이 필요하다.

그래픽의 완성도가 높을수록 게임의 몰입도가 높아진다는 점 역시 당연하다. '내가 게임을 하고 있구나'라는 생각을 잊게 만들어야 한다.

적은 성장 요소

VR 게임은 기본적으로 기기 착용에 따른 피로감이 존재한다. 모션 컨트롤러의 특성상 일정 수준 이상의 움직임을 필요로 한다. 따라서 VR 게임을 플레이한다는 것은 일종의 노동이다. 가정용 VR 기기가 있어서 언제든 플레이할 수 있더라도 게임을 하려면 심리적인 허들이 존재한다. 그래서 AR 게임과 마찬가지로 반복 플레이를 필요로 하는 성장 요소는 적은 편이 좋다. 플레이 순간의 몰입도가 높은 게임이 되어야 한다.

현실보다 더 극적인 가상 세계 경험

단순한 현실의 재현은 의미가 없다. VR로 현실에서 경험하지 못한 가상 세계를 경험하도록 해주어야 한다. VR 게임을 한다는 것 자체가 기기를 써야 한다는 불편함을 감수하는 일이다. 비용 역시 만만치 않아서 다소 저렴한 플레이스테이션 본체와 VR 기기에 적어도 100만 원은 든다. 공간도 확보해야 하기 때문에 VR 게임이 가능한 환경을 갖추는 것 자체가 쉬운 일이 아니다. 기대치가 높은 것은 당연하다. 그 기대치를 만족시킬 수 있는 특별함이 있어야 한다.

시선 선택의 중요성

1인칭 시점(FPV)은 제한적인 시점이어서 게임으로 구현된 세계의 일부분밖에 보지 못한다. 그렇기에 뭘 보는지에 대한 선택 자체가 게임에 큰 영향을 미치기 때문에 1인칭 시점이 가진 특성이 게임에 반영되어야 한다. 보는 것 자체에 특별한 의미가 있다면 VR 만의 스토리텔링이 가능하다.

이동의 어려움 대응

VR 게임을 만들 때의 가장 큰 어려움은 이동에 대응하는 것이다. 사실상 완벽하게 해결할 수는 없기 때문에 잘 대응해야 한다. 물론 앞서 설명한 룸스케일이 어느 정도의 대안이 될 수는 있지만 완전한 해결책이 되지는 못한다. 현실 공간의 크기가 작다면 가상 공간에서 활동 가능한 영역 역시 줄어들기 때문이다. 스토리텔링의 맥락에서 '이동'이 다소 불편하더라도 설정적으로 허용되는 게임이어야 한다. 아니면 불편한 이동 때문에 오히려 게임성이 극대화될 수 있는 설정이어야 한다.

30분 단위의 완결된 서사 구조

VR 게임의 실질적인 플레이 타임은 길지 않기 때문에 짧은 시간 내에 완결된 구조의 서사를 가지는 것이 좋다. 게임 전체의 플레이 타임이 길다고 하더라도 한 번에 30분 내외 정도 플레이되는 것이 적당하다. 이 시간은 기술의 발전과 함께 점점 늘어날 것이다.

지속성

상당수 VR 게임이 현실에서 경험하기 힘든 상황을 재현하는 수준에 그친다. 특히 업소형 VR 게임 중에는 단순 체감형 게임이 많다. 사실상 게임이라고 하기도 어려운, 단순히 보는 것이 전부인 체감형 콘텐츠라고 봐야 한다. 문제는 반복해서 플레이되지 않는다는 점이다. VR 게임 시장을 키워줄 수 있는 게임은 반복 플레이가 가능해야만 한다. 1회성으로 그치면 안 된다는 의미다. 특히 지금 VR 게임이 소비되는 시장이라 할 수 있는 VR 체험장의 경우 지속적으로 찾아가서 플레이할 만한 게임의 수가 적다. 재방문 비율이 높지 않은 것은 당연하다. VR 체험장은 게임 센터와 같다고 볼 수 있다. 단순 체험 수준에서 벗어날 필요가 있다.

이처럼 VR의 경우 키워드가 여덟 가지나 된다. 그렇다고 키워드를 모두 만족하는 게임을 만들어야 하는 것은 아니다. 게임 자체의 방향성에 따라서 키워드의 내용을 무시하는 것이 맞을 수도 있다. VR은 가상 세계를 기반으로 하기 때문에 만들 수 있는 게임의 폭이 AR 게임에 비해 훨씬 넓다.

2) 키워드를 바탕으로 만들 수 있는 VR 게임

AR 게임과 마찬가지로, 이런 키워드를 바탕으로 했을 때 만들 수 있는 VR 게임에 관해 설명하겠다.

기기 조작(파일럿)

이동 제약이 있는 VR의 특성상 기본적인 설정 자체가 이동이 불가능한 형태라면 게임 세계에 몰입하기가 오히려 쉽다. 그중 특정 개체를 조작하는 파일럿이 된다는 설정이 가장 대표적이다. 레이싱도 있지만, VR 레이싱 게임이 기존의 레이싱 게임에 비해 아주 특별한 경험을 주는 것은 아니다. VR에서는 기존 게임의 연장선에 있는 것이 아닌, 완전히 새로운 형태의 게임을 만드는 것이 낫다. 예를 들어 〈슈퍼로봇〉의 파일럿을 생각해보자. 영화 〈퍼시픽 림〉에서 주인공은 거대 로봇의 파일럿이다. 영화 〈아바타〉에 등장하는 AMP 슈트와 같은 로봇의 형태여도 상관없다. 이들 영화에 등장하는 로봇의 조작 방식은 모션 컨트롤러를 사용하는 VR의 조작 방식과 거의 같다. 플레이어의 상체 움직임 그대로 로봇이 작동하는 형태다. AMP 슈트와 유사한 형태로 국내에서 개발 중인 METHOD-2 로봇[1] 역시 이런 조작 방식으로 움직인다. 영화 〈엔더스 게임〉에서 주인공이 함대를 지휘하는 방식은 보기에 따라 오케스트라를 지휘하는 듯한 느낌을 준다. 모션 컨트롤러를 활용한다면 충분히 게임화할 수 있다.

---

1 ㈜한국미래기술이 개발 중인 이족 보행 로봇이다.

그림 7-11 〈아바타〉의 AMP 슈트와 METHOD-02

• 스틸컷(아바타), 한국미래기술(기사 인용)

공포 게임

VR의 1인칭 시점(FPV)의 시야는 좁은 편이다. 플레이어가 인지하는 영역도 시야각을 넘지 못한다. 시야각에서 벗어난 곳은 사각지대가 된다. 이처럼 시야에 제약이 생기므로 오히려 사운드 효과를 극대화할 수 있다. 뿐만 아니라 갑자기 뭔가 튀어나오는 상황을 만들어 플레이어를 놀라게 할 수도 있다. 이런 이유로 1인칭 시점(FPV)으로 촬영된 영화들은 거의 공포 영화다. 대표적인 예가 〈블레어 위치〉나 〈REC〉다. VR 게임으로 만든다면 기존의 다른 플랫폼의 공포 게임과는 차원이 다른 몰입도를 줄 수 있다. 1인칭 시점(FPV) 자체를 가장 잘 활용할 수 있는 게임이 공포 게임이다.

그림 7-12 1인칭 시점으로 촬영된 영화 〈블레어 위치〉와 〈REC〉

• 블레어 위치 감독: 에두아르도 산체스, REC 제작사: Filmax International, Castelao Productions

갓 게임류

개미의 입장에서 본다면 인간은 신의 위치에 있다. 개미를 괴롭힐 수도 있고 도움을 줄 수도 있다. 이처럼 갓 게임이란 '신이 되는 경험'을 할 수 있는 게임을 말한다. 가장 대표적인 게임이 〈블랙 앤 화이트〉일 것이다. 게임의 특성을 생각한다면 원작인 PC 버전보다 VR 버전으로 만드는 것이 게임이 추구하는 원래 방향성에 더 맞을 수 있다. 위에서 내려다보는 시점 자체가 게임의 성격과 잘 어울린다. 완전히 같은 스펙이라도 VR 버전이 훨씬 나은 플레이 경험을 제공할 것은 분명하다.

테이블 게임

테이블과 같은 제한된 공간에서 플레이되는 게임을 테이블 게임이라고 보면
된다. 갓 게임과 비슷한 맥락에서 테이블 게임 역시 VR과 잘 맞을 수 있다. 〈스
타워즈〉에 등장하는 홀로그램 체스라고 생각하면 이해가 빠를 것이다. 〈매직:
더 개더링〉이나 〈하스스톤〉과 같은 유명 IP로 VR 게임을 만들면 시너지 효과
를 기대할 수 있다. 카드의 캐릭터가 게임 말이 되어서 다양한 연출 효과를 보여
줄 수 있기 때문에 VR 버전의 몰입도가 원작의 카드 형태보다 더 좋을 수 있다.

그림 7-14 테이블 게임의 하나인 〈스타워즈〉의 홀로그램 체스

추리 게임(어드벤처 게임)

추리 게임이라고 하지만 사실상 어드벤처 게임이다. 문제를 풀어가는 방식이 추리라고 생각하면 된다. 방탈출 게임과 비슷하다고 생각할 수 있지만, 그 이상의 특별함이 필요하다. 방탈출 게임의 문제점 중 하나는 문제를 풀 때의 몰입도는 높지만 문제의 연결이 미션 형태라서 상황의 몰입도가 낮다는 것이다. 방탈출과 문제 풀기에 집중하기 때문에 설령 스토리가 있더라도 제대로 작동하지 않는다. 하지만 VR 게임이라면 스토리라는 강력한 도구를 활용해 그 세계에 몰입하게 만들 수 있다. 추리물의 영원한 클리셰 중 하나가 눈 덮인 산장의 살인 사건이다. 플레이어가 살인자와 같은 공간에 있기 때문에, 언제 죽을지 모른다는 긴장감과 제한된 공간이 몰입감을 더욱 높여준다. 공간을 제약할 때의 또 다른 장점은 그래픽 리소스도 적게 든다는 점이다.

영화, 애니메이션, 역사적 상황 경험

영화나 애니메이션, 역사적 상황을 직접 경험할 수 있는 게임이다. 〈카이지 VR ~절망의 철골 건너기~〉는 만화 원작의 VR 게임이다. 특정 에피소드의 극적인 상황을 게임으로 옮겼다. 한 번쯤 경험해보고 싶었던 세계를 게임으로 옮기는 것이다. 〈드래곤볼〉이나 〈스타워즈〉와 같은 유명 IP를 활용한 VR 게임도 계속 만들어지고 있다. 역사적 상황을 활용한 VR 게임도 같은 이유로 만들어질 수 있다. 링컨이나 케네디 암살 같은 역사적 사건을 게임으로 재현한다면 그 자체로 상황에 대한 몰입도가 생긴다.

• 솔리드 스피어(기사 인용)

맵 투어

말 그대로 우리에게 익숙한 게임 맵을 여행하는 것으로 일종의 관광 체험이다. 게임은 아니지만 의외의 재미를 줄 수 있다. 관광하기 좋은 맵의 예가 〈리그 오브 레전드〉의 '소환사의 협곡'이다. 게이머들은 이 맵을 실제 관광하는 것처럼 돌아다니면서 관찰할 수 있다. 즉, 유즈맵을 실제 경험하는 콘텐츠다. 확장한다면 실제 프로 게이머들의 경기 리플레이를 맵상에서 보면서 상황을 바로 옆에서 혹은 위에서 지켜볼 수 있다. 뿐만 아니라 게임 캐릭터를 실제 크기로 보는 것도 가능하다. 〈리그 오브 레전드〉에서 가장 큰 캐릭터인 초가스의 설정상의 크기는 16.76미터이며, 가장 작은 캐릭터인 코그모는 76센티미터이다. 물론 실제 게임에서 이만큼 차이가 나지는 않는다. 게임 캐릭터를 VR로 보는 것은 색다른 경험이 될 것이다.

7.3.3 VR 게임의 킬러 콘텐츠

이 장을 마치며 VR 시장의 최대 화두 중 하나인 킬러 콘텐츠가 어떤 게임일지에 대한 필자의 생각을 전하고자 한다.

VR 게임의 킬러 콘텐츠가 되기 위해선 두 가지 조건이 필요하다. 첫 번째 조건은 온라인 게임이어야 한다는 점이다. 싱글 형태의 VR 게임은 한계가 있다. 반복적으로 즐길 수 있으려면 다른 플레이어와의 상호작용이 필수다. MMORPG에서 채팅만 하는 플레이어가 있을 정도로 상호작용은 게임의 몰입도를 높인다. 아무것도 아닌 게임도 대전이 되는 순간 완전히 다른 경험을 제공한다.

두 번째 조건은 이동의 어려움이 해결되어야 한다는 점이다. 현재의 VR 게임은 이동에 제약이 있어 가상 공간이 축소되며 완전한 가상 세계를 구현하지 못한다. 이동을 신경 쓰지 않고 자유롭게 움직일 수 있어야 가상 세계에 완벽하게 몰입할 수 있다.

이 두 가지 조건을 만족하는 게임으로 필자는 FPS 게임을 꼽겠다. 앞서 FPS를 부정적으로 서술했지만, 기술적으로 이동의 어려움만 해결된다면 FPS 게임은 VR 공간에서 엄청난 위력을 발휘할 수 있다. 반복 플레이가 가능하고 콘텐츠 업데이트 부담이 적어 개발 측면에서도 유리하다. 실제 서바이벌 게임을 하는 경험을 VR에서 완전히 느낄 수 있는 FPS 게임이 등장한다면 그 게임은 당연히 킬러 콘텐츠가 될 것이다. 만약 〈배틀그라운드〉가 VR로 출시된다면 VR 시장이 엄청나게 커질 수 있다고 본다. 물론 지금과 같은 이동이 불완전한 FPS를 말하는 것은 아니다. 기본적으로 이동의 문제는 완벽하게 해결되어야 한다. VR 이동 장치에 대한 기술 개발은 현재 진행형이다. 개인적으로 가능성이 높다고 생각하는 건 디즈니에서 개발한 홀로타일 플로어^{Holotile Floor}다. 대중성만 확보된다면 VR 시장의 게임 체인저가 될 수 있다고 본다.

게임에서 플레이 경험을 극대화할 수 있는 치트키가 두 가지 있는데, 첫 번째는 '다른 플레이어와의 상호작용'이다. 뻔한 게임이라도 협력이나 대전이 된다면 그 자체로 게임성이 극대화된다. 온라인은 그것을 가능하게 한다. 두 번째는 '입력장치(컨트롤러)'다. 닌텐도의 3DS와 위^{Wii}의 신화는 다른 게임기와는 차별화된 컨트롤러에서 만들어졌다.

초기의 VR의 모션 콘트롤러는 손목의 움직임만을 인식했지만, 지금은 손가락의 움직임까지 인식한다. 사실상 최종 단계라고 할 수 있다. 그렇기 때문에 현 상황에서 VR 게임을 만든다면 온라인에 집중할 필요가 있다. 가상 세계에서 직접 경험에 가까운 형태로 다른 플레이어와 상호작용을 할 수 있다면 별다른 플레이가 없더라도 그 자체로 몰입도를 만들어낼 수 있다.

• 제작사: 디즈니

아마도 '이동의 어려움이 없는 FPS'를 거쳐 영화 〈레디 플레이어 원〉의 게임 세계인 '오아시스'와 같은 커뮤니티가 있는 게임이 궁극적인 VR 게임의 미래가 될 것이다. 그 시기가 언제일지는 모르지만 영화에서 봐왔던 장면이 어느 순간 게임이 될 것은 분명하다. 사실상 〈세컨드 라이프〉의 VR 버전이라 할 수 있다. 물론 이 단계까지 갈 길이 멀다. 〈포켓몬 고〉와 같은 상징성을 가진 VR 게임이 나와야만 다음을 생각할 수 있다. 아직 VR은 문법을 만들어가는 단계에 있다. 어려움도 있지만 그만큼 가능성도 충분하다. VR 게임은 게임 시나리오 작가에게도 기회가 될 수 있다. VR 게임의 특성상 가상 세계라는 공간을 만들어야 하는데, 그 시작점이 되는 건 게임 시나리오다.

캐릭터에 생명을 불어넣는 대사와 보이스

게임 시나리오라고 하면 대사로만 이루어져 있다고 생각하는 이들이 많다. 그래서 게임 시나리오에서 대사의 비중을 중요하게 생각하는 경우가 많지만, 실제로는 적을수록 더 효과적인 것이 게임 시나리오의 대사다. 이 책의 처음부터 대사로 대표되는 텍스트가 게임의 문법이 아님을 밝혀왔다. 영화 시나리오 작법서도 같은 맥락에서 대사가 아닌 행동으로 스토리를 전달해야 한다는 내용을 강조한다. 이때 행동은 곧 사건이며 사건을 통한 스토리 전달이 영화 시나리오 작법의 기본이다.

영화와 게임이 비슷하다고 한 이유도 스토리텔링의 기본적인 방향성이 같기 때문이다. 특히 '대사의 최소화'라는 대사의 사용에 관한 태도가 일치한다. 그래서 영화 시나리오 작법을 이해한다면 게임 시나리오 작업에도 도움이 된다. 매체의 특성에 따라 스토리를 전달하는 방법이 달라진다는 것 외에 차이는 없다. 이 장에서 설명하는 대사를 어떻게 써야 할 것인가에 관한 기본적인 내용은 모두 영화 시나리오 작법을 바탕으로 한 것이다.

보이스는 강력한 스토리텔링의 도구다. 대사가 기본이지만 '어떤 성우가 어떻게 연기하는가'에 따라 최종 결과물이 달라진다. 보이스를 제외한 게임의 모든 리소스는 제작자가 통제할 수 있지만 보이스는 사실상 불가능하다. 일반적으로 성우의 몸값이 비쌀수록 결과물의 완성도가 높은 것만 봐도 그렇다. 성우도 중요하지만 어떻게 연기하는지도 중요하기 때문에 보이스 디렉팅에 관해 생각해야 한다. 이때 보이스 디렉팅은 사실상 연기 연출에 가까워서 게임 시나리오 작법과는 완전히 다른 역량을 필요로 한다.

8.1 대사

8.1.1 대사의 기능

대사의 가장 중요한 기능은 스토리를 전개하는 것이다. 그와 동시에 캐릭터의 성격을 드러내고, 게이머가 알아야 할 정보가 있다면 전달해야 한다. 쉽게 **스토리 전개, 캐릭터 성격 묘사, 정보 전달**이라고 보면 된다. 대사의 세 가지 기능에 관해 약간의 설명을 덧붙이면 다음과 같다.

1) 스토리 전개

대사는 스토리를 전개할 수 있어야 한다. 스토리가 전개된다는 의미는 갈등이 해결된다는 뜻이다. 이때 대사로 갈등의 심각성을 부각하고, 갈등과 관련된 정보나 갈등을 해결하기 위한 방법을 알려주어야 한다. 갈등은 실제 게임 내에서 플레이로 해결 가능한 사건이면 좋다. 가장 일반적인 플레이 형태는 전투다. 갈등의 주체인 적대자를 제거함으로써 사건이 해결되는 식이다. 대사로 플레이 전후의 맥락을 만들어준다고 이해하면 된다.

2) 캐릭터 성격 묘사

캐릭터가 어떤 성격을 가졌는지 대사를 통해 드러낼 수 있다. 캐릭터 성격 묘사라고 한다면 말투를 먼저 떠올릴 수 있다. 말투도 캐릭터의 성격을 드러낼 수 있는 방법이지만, 그보다는 캐릭터의 생각이 중요하다. 캐릭터의 대사를 통해 스토리의 갈등을 어떤 관점으로 바라보는지를 알려주는 것만으로도 캐릭터의 성격을 부각할 수 있다. 어떤 상황에서 취하는 태도로 캐릭터를 드러낼 수 있어야 한다. 이때 캐릭터의 태도는 일관성이 있어야 한다. 만약 태도가 변한다면 어떤 계기가 필요하다. 대사의 말투와 성격은 대체로 일치하는 편이지만 모든 경우에 해당하는 것은 아니다. 이기적인 성격을 가진 캐릭터라면 말투가 차가울 확률이 높지만, 어디까지나 확률이다.

말투에 관한 설명을 덧붙이자면 캐릭터 말투의 개성도 중요하지만 그에 못지 않게 말투의 일관성도 중요하다. 어떤 캐릭터에 몰입된 상태에서 말투가 달라진다면 그전까지의 몰입이 흐트러지기 마련이다. 특이한 말투를 사용하는 캐릭터로 설정했다면 말투의 일관성을 유지하는 데 더욱 신경 쓸 필요가 있다.

3) 정보 전달

대사는 스토리 전개와 관련된 정보를 전달한다. 정보 전달은 재미있는 내용이 아닐 확률이 높아서 정보를 효과적으로 전달하는 방법을 고민해야 한다. 정보를 직접적으로 드러내기보다는 대화 중에 알려주는 것이 좋다. 정보라는 티를 내지 않고 알려주는 것이 작가의 역량이자 기술이다.

대사로 테마를 부각시킬 수도 있다. 테마를 정보로 분류하기에 힘든 측면은 있지만 게이머에게 전달해야 할 내용이라는 측면에서 같은 맥락으로 이해해도 될 것 같다. 테마는 직접적으로 전달하기보다는 자연스럽게 드러날 수 있도록 해야 한다. 문학적 가치가 낮은 글은 대부분 직접적으로 자기가 하고 싶은 말을 하는 편이다. 쉽게 말해 가르치려고 해서는 안 된다는 말이다. 대사는 은유적일 필요가 있다.

게이머는 한 번에 너무 많은 정보를 받아들이기 어렵기 때문에 동시에 많은 것을 알려주는 것도 피한다.

8.1.2 대사 작업

스토리 작업이 끝난 상태에서 정리한 스토리 키워드를 대화 형식으로 풀어낸 것이 대사다. 대사 쓰는 것을 어렵게 생각하는 이들이 많은데 대사만큼 쉬운 작업이 없다. 캐릭터 설정과 어떤 이유에서 필요한 대사인지가 명확하게 정리되어 있다면 그 상황에서 캐릭터가 어떤 말을 할지 머릿속에 자연스럽게 떠오를 것이다. 굳이 의식하지 않아도 대사가 저절로 써진다. 작가들이 '캐릭터가 자기 멋대로 살아 움직인다'거나 '캐릭터 내면의 소리를 들었다'는 식의 다소 추상적인 표현을 하는 데는 이유가 있다. 특히 캐릭터와 상황의 설정이 구체적일수록 캐릭터의 행동과 대사는 저절로 만들어진다. 아마 대사를 쓰고 있다는 생각조차 들지 않을 것이다. 그때 캐릭터가 하는 말을 옮기는 것이 바로 대사 작업이다. 캐릭터에 몰입해서 약간의 상상력만 발휘하면 된다.

대사 작업에 어려움이 있다면 스토리 구조에 문제가 있거나 캐릭터 설정이 잘못되었다고 봐야 한다. 그렇기에 대사 작업의 진도가 나가지 않거나 완성도가 떨어진다고 생각된다면 스토리 구조와 캐릭터부터 다시 점검하는 것이 좋다. 스토리 구조와 캐릭터가 완전하지 않은 상태에서는 제대로 된 대사가 나오기 어렵다. 혹시 있을 스토리 변경으로 인한 대사의 수정 가능성까지 생각한다면 대사는 가능한 늦게 쓰는 것이 좋다.

대사는 기본적인 기능에 충실하면서도 함축적이어야 한다. 캐릭터의 성격을 드러내기 위해 대사의 양을 늘리기보다는, 사건을 전개하거나 정보를 전달할 때 캐릭터의 성격 묘사까지 같이 하는 것이 좋다. 가능하다면 하나의 대사로 여러 기능을 수행하도록 한다. 초보자가 대사 작업을 하면서 흔히 하는 실수는 필요 이상의 대사를 쓰는 것이다. 대사의 양이 많아지면 원래 전달하려고 한 내용이 제대로 전달되지 않을 가능성이 커진다. 앞서 설명한 세 가지 기능에서 벗어난 단순 흥미 위주의 대사는 불필요하다. 만약 그래도 대사의 양이 많다면 스토리 키워드를 조절한다. 잘 쓰인 대사의 특징은 짧고 세련되었다(short & sweet)는 점이다. 우리가 알고 있는 명대사는 대부분 짧다.

1) 대사 작업 예시

[표 8-1]은 필자가 작업했던 퀘스트 중 하나다. 이 퀘스트의 스토리 키워드는 '캐릭터 소개, 메인 스토리 관련 내용 전달, 처치할 몬스터 알림' 등의 세 가지였다. 이처럼 스토리 키워드가 대사에 포함된다면 대사의 기본적인 목적은 달성한 셈이다. 그러면서도 대사에 집중할 수 있는 장치가 필요하다. 이를테면 매력적인 캐릭터, 개그적 요소, 대사로 전개되는 스토리의 재미, 대사 자체의 흡입력 등이다. 필자가 이 퀘스트를 만들면서 중요하게 생각했던 부분은 캐릭터 설정이었다. 〈블레이드 앤 소울〉에서 모든 플레이어는 역왕 홍석근의 마지막 제자이기 때문에 게임에는 무수히 많은 막내가 존재한다. 퀘스트의 주인공인 '나대'는 그 사실을 은유적으로 보여주는 캐릭터로 설정했다. 대사 중에 등장하는 '역광'은 플레이어의 사부인 역왕 홍석근의 호를 활용한 개그라고 보면 된다.

표 8-1 〈블레이드 앤 소울〉의 '내 이름은 나대' 시작 퀘스트 대사

스토리 키워드	대사
나대 캐릭터 소개 • 홍석근의 마지막 제자를 사칭하는 어린 사기꾼 • 사실상 플레이어의 은유적 캐릭터 **비무연이 열리고 있음** • 메인 스토리 관련 내용 **플레이어를 속여 하오방 소매치기 삼형제의 봇짐을 훔치려 함** • 플레이 타입은 전투(아이템 드랍) • 스토리로 목적성 부여	**NPC: 나대** • 보아 하니 비무연 때문에 시골서 온 무인이로군. 그렇다면 내가 누군지 알면 까~암짝 놀라 자빠질 걸? • 나로 말할 것 같으면 그 유명한 역, 역광 홍석근 님의 마지막 제자다! • 하하하! 그렇지. 그럴 줄 알았어. 너도 우리 사부님의 명성을 들은 모양인데… 어때? 내가 한 수 가르쳐줄 수도 있는데. • 괜찮아, 괜찮아. 수업료를 걱정하는 모양인데, 그냥 내 부탁 하나만 들어주면 돼. 아주 쉬운 일이야. • 글쎄 내가 역광의 제자인 줄도 모르고 하오방 패거리가 내 봇짐을 훔쳐 갔어. 그런 조무래기를 상대했다가 사부님 명성에 누를 끼칠 까봐 어찌하지도 못하겠더라구. • 네가 내 봇짐을 찾아준다면 사부님께서 전수해주신 비급의 한 자락을 보여주도록 하지. 하오방 소매치기 삼형제 중의 하나가 훔쳐 갔으니 잘 찾아봐.

대사에 관한 설명은 모두 끝났다. 『시나리오 작법』(집문당, 1984)에서는 대사
의 기능을 다음과 같이 설명하고 있다.

- 시간, 장소, 과거의 사건에 대한 필요한 정보를 준다.
- 등장인물들을 확인하고 뚜렷하게 한다.
- 관객에게 공감과 감정의 반응을 일으킨다.
- 사건을 수반한다.
- 극적인 흥미를 조성하면서 이야기를 진전시킨다.
- 즐겁게 한다.

앞에서 설명한 '스토리 전개, 캐릭터 성격 묘사, 정보 전달'이라는 대사의 기능
에서 크게 벗어나지 않는다는 것을 알 수 있다. 이 중 마지막 '즐겁게 한다'는 대
사가 재미있어야 한다는 의미다. 이때 말하는 재미는 '몰입'의 개념으로 생각하
는 것이 좋다. 잘 쓰인 대사는 몰입도가 높은 대사다. 어떤 작업자가 대사를 잘
쓴다는 평가를 받는다면 그 사람이 작업한 대사의 몰입도가 높다는 뜻이다.

2) 대사의 가독성

대사는 텍스트로 출력되기 때문에 가독성이 중요하다. 문제없어 보이는 대사
도 소리 내어 읽을 때는 어색할 수 있다. 그렇기 때문에 **대사는 문어체가 아닌
구어체**로 써야 한다. 상황에 따라 문어체가 필요할 수는 있지만, 구어체의 가
독성이 좋은 것은 당연하다. 녹음하는 과정에서 발음이 어렵거나 호흡이 긴 대
사가 있다면 녹음 중에 성우가 발음하기 좋게 수정하는 것이 일반적이다. 대사
를 쓴 의도와 차이가 있을 수는 있지만 발음하기 좋게 수정된 대사가 듣기에도
보기에도 자연스럽다. 그래서 대사 작업을 할 때는 다소 민망하더라도 대사를
직접 연기하면서 수정하는 것이 좋다. 가독성을 생각해서 긴 대사도 피한다.

대사의 가독성을 높이기 위한 또 다른 방법은 대사가 게임에서 어떻게 출력되
는지를 확인하고 문장을 수정하는 것이다. 기본적으로 대사가 두 줄을 넘어가

면 가독성이 떨어지며 세 줄이 되면 한눈에 파악하기 어렵다. 〈블레이드 앤 소울〉은 한 번에 출력되는 대사가 두 줄을 넘지 않는다는 원칙이 있다. 대사의 양이 많아도 그 원칙은 지켜지기 때문에 가독성 자체는 확실히 높다. 〈월드 오브 워크래프트〉처럼 많은 양의 대사가 출력되더라도 흐름에 따라 문장을 끊어준다면 가독성이 좋아진다. 대사 작업은 실제 게임에서 출력되는 대사를 확인해야 끝이 난다. 이 작업은 다소 귀찮을 수 있지만 적은 노력으로도 가독성에 큰 차이를 만들 수 있다. 텍스트가 실제로 어떻게 출력되는지를 확인하지 않는 경우가 많은데, 특히 문장이 마침표로 시작하면 매우 어색하다. 사소한 듯 보이지만 텍스트의 가독성은 게임의 몰입도에도 영향을 미친다는 점을 명심하자.

그림 8-1 〈월드 오브 워크래프트〉와 〈블레이드 앤 소울〉의 대사 출력 예시

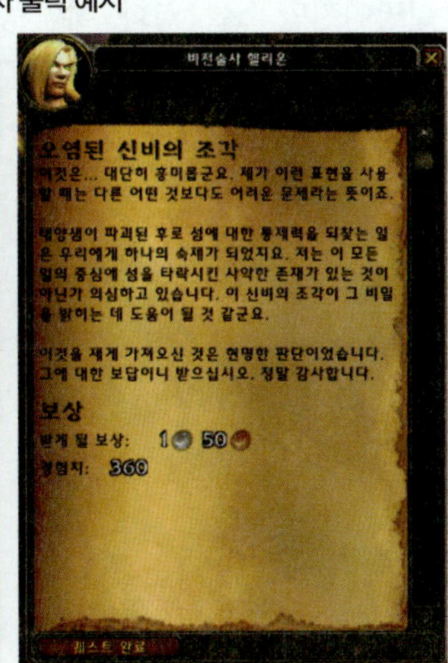

3) 대사의 완성도를 높이는 방법

대사 작업에서 절대 변하지 않는 진리 중 하나는 대사의 완성도는 수정 횟수에 비례한다는 점이다. 이는 대사뿐만 아니라 스토리에도 해당하는 말이다. 필자는 대사 작업을 할 때 가능하면 초고를 빨리 쓰려고 한다. 초고를 쓴 다음 다른 작업을 하다가 대사를 수정하고, 다시 다른 작업을 하면서 대사를 수정한다.

이런 과정이 몇 번 반복되면 초고와는 비교할 수 없을 정도의 완성도를 가진 대사가 된다. 한 번에 완벽한 대사를 쓰려는 생각은 버리는 것이 좋다.

작업할 때의 대사와 실제 게임에서 출력될 때의 대사는 온전히 같지 않다. 데이터나 텍스트로 존재하는 대사와 게임의 맥락에서 존재하는 대사에는 미묘한 차이가 있다. 그렇기 때문에 실제로 게임에서 어떻게 출력되는지를 계속 확인하면서 수정하는 것이 좋다. 대사는 시간을 투자할수록 좋아지므로 대사 작업에 대한 부담을 가질 필요는 없다.

마지막으로 미국의 극작가인 아우구스투스 토머스가 무대 위의 대사에 관해 말한 내용을 인용하며 대사에 관한 설명을 마치려고 한다. 연극의 대사에 관한 설명이지만 소설, 영화, 게임 등에 모두 적용하고 있는 개념이기도 하다.

> "한 줄의 대사로 스토리를 진전시키고 등장인물을 부각시키고
> 웃음을 자아내야 한다.
> 이 중 어느 한 가지를 달성하면 좋은 대사가 될 것이고,
> 이 중 두 가지를 달성하면 훌륭한 대사가 될 것이고,
> 세 가지 전부를 달성한다면 위대한 대사가 될 것이다."
>
>   – 아우구스투스 토머스 Augustus Thomas

8.2 보이스

8.2.1 보이스 작업

대사를 녹음하면 보이스가 된다. 그러나 텍스트가 아닌 음성의 형태라는 점에서 플레이어가 체감하는 경험의 차이는 크다. 게임 사운드가 게임의 몰입도를

향상시킨다는 것은 누구나 아는 사실이다. 그중에서도 보이스의 효과는 탁월하다. 비용이라는 현실적인 문제를 외면하기는 어렵겠지만 게임에 보이스가 있다면 무조건 좋다.

〈블레이드 앤 소울〉은 풀보이스를 지향한 게임으로, 텍스트로 출력되는 모든 대사를 녹음했다. 텍스트를 추가하면 그만큼 녹음하는 대사의 양도 늘어나는 구조였다. MMORPG는 엄청난 양의 텍스트가 존재하는 게임인 만큼 풀보이스는 엄청난 작업이었다. 국내에서 활동하는 유명 성우의 상당수가 참여했는데 전체 성우의 수만 100명이 넘었다. 성우를 섭외해서 녹음한다는 것은 그만큼의 시간과 노력이 따른다. 큰 회사라면 내부에 사운드 팀이 따로 존재할 뿐만 아니라 녹음실까지 구비해두기도 한다. 반면 규모가 작은 회사라면 어쩔 수 없이 외부에서 해결해야 한다.

보이스의 완성도는 대사 작업이 끝난 이후 성우 캐스팅에서 거의 결정된다고 봐야 한다. 녹음 중에 연기 지도가 필요하지만 상당 부분 성우의 역량에 의존하는 것이 현실이다. 관련 경험이 있고 녹음하는 양이 많지 않다면 직접 진행할 수도 있지만 작업의 효율성을 생각한다면 사운드 회사를 통하는 것이 좋다. 보이스 디렉터는 게임과 대사를 바탕으로 성우를 캐스팅하고 연기를 연출한다. 회사에 따라 보이스 디렉터의 역량에 차이가 있으므로 회사 선정이 무엇보다 중요하다. 같은 대사라도 사람마다 해석이 다를 수 있기 때문에 보이스 디렉터가 누구인지에 따라 캐스팅이 달라진다. 외부 회사와 작업한다면 보이스 디렉터와 협업하게 되는데, 이때 업무에 관한 기본적인 지식은 알고 있어야 한다. 대사가 보이스 녹음으로 이어지긴 하지만 업무의 성격 자체는 연기 연출에 더 가깝다. 성우들도 '연기한다'는 표현을 사용한다.

1) 보이스 녹음 과정

보이스 녹음 과정을 크게 프리 프로덕션, 프로덕션, 포스트 프로덕션의 세 단계로 구분할 수 있다. 원래 이 용어는 영화 제작 과정의 단계를 구분하기 위한 것으로, 그 기준점이 되는 것은 촬영이다. 촬영은 실질적인 영화 제작 단계인 프로덕션의 과정에 속하며, 촬영을 준비하는 과정을 프리 프로덕션, 촬영 이후의 작업을 포스트 프로덕션이라 한다. 보이스 녹음 과정 역시 프로덕션에 해당하는 녹음을 기준으로 단계를 구분하면 진행 과정을 이해하기 쉬울 것이다.

표 8-2 보이스 녹음 과정

단계	구분	작업 내용
1	프리 프로덕션	대본(지문), 캐스팅
2	프로덕션	보이스 녹음
3	포스트 프로덕션	사운드 편집, 결과물 확인 후 재녹음

프리 프로덕션

보이스를 녹음할 때 가장 먼저 할 일은 기본이 되는 문서인 대본을 작성하는 것이다. 대본에는 어떤 캐릭터가 어떤 대사를 어떤 상황에서 출력할지 등의 내용이 담긴다. 당연한 말이지만 이 문서에 오류가 있어서는 안 된다. 오류가 생기는 순간 작업 시간이 늘어나는 것은 물론이며 재녹음을 해야 하는 상황이 발생할 수 있다. 성우의 캐스팅도 대본을 바탕으로 진행되기 때문에 불필요한 대사가 있어서도 안 된다. 한 명의 성우가 담당할 수 있는 대사의 양은 한계가 있어서 그 한계를 넘어선다면 성우를 추가로 캐스팅해야 한다. 비용이 증가한다는 뜻이다.

따라서 대본 작업은 완벽해야 하므로 계속해서 점검해야 한다. 다소 과하다 싶을 만큼 확인하자. 한 사람이 여러 번 확인하는 것보다 다른 사람이 한 번씩 번갈아 확인하는 것이 혹시 모를 오류를 발견할 확률이 높다. 녹음을 하고 문제가 있다면 추가 녹음을 할 수는 있겠지만 일단 추가 녹음은 없다고 생각하면서 대본을 준비하자.

대본에서 가장 중요한 것은 당연히 대사다. 대사의 완성도가 보이스의 완성도에 직접적인 영향을 미친다. 녹음을 위한 대사라고 해서 특별하게 작업해야 하는 것은 아니다. 기본에 충실하되 대사를 연기하는 성우의 입장을 고려하면 된다. 성우가 연기할 때 대사 못지않게 중요한 것이 '상황'에 대한 것이다. 어느 캐릭터가 어떤 시점에서 어떤 의도로 대사를 하는지에 따라서 연기가 크게 달라진다. 영화 시나리오나 연극 대본처럼 지문을 추가해서 아주 구체적으로 설명한다. 영화 시나리오 작법에서 대사를 쓸 때 피해야 하는 첫 번째 요소가 문어체 문장이다. 보이스 녹음에 사용될 대사 역시 마찬가지다. 배우가 연기하기 어려운 대사가 있다면 녹음 중에라도 수정하는 것이 좋다. 배우가 어색하다고 느낀다면 실제로 녹음된 결과물의 완성도도 떨어질 확률이 높다.

대본에 대사 외에 포함되어야 할 내용이 있다면 캐릭터에 관한 구체적인 설명이다. 캐릭터 이미지를 반드시 첨부하고, 어떤 성격을 가진 캐릭터인지를 키워드로 정리해서 파악하기 쉽게 한다. 기존의 유사한 캐릭터나 음성이 있다면 설명에 추가하는 것이 좋다. 문서만으로도 어떤 캐릭터인지 파악할 수 있어야 캐스팅이 원활하게 진행된다. 기본적인 대사, 대사가 출력되는 시점에 관한 구체적인 상황 설명, 캐릭터에 관한 설명이 있어야 원활한 캐스팅 진행이 가능하다. 원칙적으로는 대사 작업이 완전히 끝난 후에 대본을 보이스 디렉터에게 넘기는 것이 맞다. 그러나 캐릭터의 일부 대사를 작업하고 해당 캐릭터의 대사량을 파악할 수 있다면 그 시점에서도 캐스팅은 시작할 수 있다. 보이스 디렉터가 캐릭터의 성격을 파악하는 데 필요한 대사는 일부여도 크게 문제없기 때문이다. 작업상의 융통성을 발휘하는 것인데, 녹음을 급하게 진행해야 한다면 이러한 과정을 통해 일정을 어느 정도 벌 수 있다.

녹음을 위한 대본이 완성되었다면 보이스 디렉터가 캐스팅을 진행해서 캐릭터와 어울린다고 생각한 성우가 누구인지 알려줄 것이다. 샘플 보이스를 참조해서 캐릭터와 잘 어울리는지를 확인하고 결정하면 된다. 게임 보이스는 어느 정도 정형화된 측면이 있어서 회사만 잘 선정했다면 대체로 만족스러운 캐스팅일 것이다. 그러나 캐스팅은 순전히 비용을 지불하는 쪽에서 선택해야 할 문제다. 이때의 선택은 개인의 취향에 따라 좌우될 수도 있겠지만 일반적인 감성을 고려해야 한다. 캐릭터의 외형에 따라 어떤 보이스가 어울릴지는 충분히 예상 가능하다. 그 선택이 아주 객관적이지는 않지만 일반적인 선에서 결정하면 크게 문제가 되는 일은 없다. 평소에 성우가 연기하는 게임이나 애니메이션을 많이 접하면서 일반적인 감성에 익숙해질 필요가 있다.

문제는 책정된 비용이 낮거나 다른 이유로 원하는 성우를 캐스팅하기 어려워지는 경우다. 성우는 전문직인 만큼 성우의 몸값과 결과물의 질은 비례하는 편이다. 적은 비용으로 높은 수준의 결과물을 기대하는 것은 무리일 수 있다. 보이스 녹음 예산이 적을수록 만족스러운 캐스팅이 이루어질 가능성은 낮다. 이때는 어쩔 수 없이 덜 알려졌거나 경력이 낮은 신인급 성우를 캐스팅해야 하므로 보이스 디렉팅이 중요해진다.

성우와의 계약은 일반적으로 시간 단위로 맺기 때문에 맡은 역할이 많다고 해서 비용이 늘어나지 않는다. 역할의 수와 상관없이 비용은 같기 때문에 가능한 적은 수의 성우로 녹음하는 방법을 찾을 필요가 있다. 캐릭터의 나이대만 겹치지 않는다면 성우 한 명이 연기할 수 있는 스펙트럼은 생각보다 넓다. 같은 성우가 여러 캐릭터를 연기하더라도 알아채는 게이머는 거의 없을 것이다. 만약 개발 중인 다른 게임이 있다면 동시에 녹음을 진행하는 것도 고려해볼 만하다. 우선순위가 다소 낮은 여분의 대사를 준비해서 녹음 중에 여유 시간이 있다면 녹음할 수도 있다. 녹음 시간을 최대한 활용할 수 있도록 준비하는 것이 좋다.

프로덕션

국내에는 연기력이 뛰어난 성우들이 많으므로 녹음에서 작업자의 생각보다 훨씬 나은 결과물을 얻을 확률이 높다. 녹음이 매끄럽게 진행된다면 녹음실에서 성우의 연기에 감탄하는 사이에 녹음이 끝날 수도 있다. 그러나 경력이 적은 성우라면 게임 보이스에 대한 이해도가 낮고 연기력이 부족할 가능성이 존재한다. 보이스 디렉터가 이를 감안하고 성우를 캐스팅하기 때문에 결과물이 아주 형편없지는 않겠지만, 보이스 디렉터에게 전적으로 의지해서는 안 된다. 보이스 디렉터나 성우가 캐릭터나 대사를 잘못 해석하는 일이 발생하지 않으리란 법은 없다. 캐릭터와 대사에 관해 가장 잘 알고 있는 게임 시나리오 작가가 의도한 대로 성우가 연기하는지를 녹음 중에 확인해야 한다. 대사를 직접 썼다면 성우 연기에서 잘못된 부분을 직감적으로 알 수 있다. 그 생각을 성우에게 전달하면 보이스 디렉팅이 된다. 어렵게 생각할 필요는 없다.

그림 8-2 보이스 작업을 하는 녹음실 전경

• 무사이 스튜디오

하지만 녹음된 대사가 게임에서 어떤 느낌으로 들릴지에 대한 기준은 필요하다. 보이스 디렉터는 이런 감각이 뛰어난 사람이며, 영화 감독에게 요구되는 역량과 크게 다르지 않다.

이런 역량을 키우려면 평소에 보이스가 출력되는 게임을 많이 해보면 좋다. 가장 좋은 방법은 직접 시나리오를 쓰고 영화를 찍는 것이다. 필자는 대학교 때 단편 영화 시나리오를 쓰고 직접 연출한 경험이 있어서 어려운 작업은 아니었다. 그러나 현실적으로 영화를 만드는 과정을 경험하기란 어렵다. 대사와 그 대사의 영상을 비교해서 확인하는 것도 도움이 된다. 내가 쓴 대사가 녹음이 되면 어떤 느낌인지 아는 감각을 기르는 연습이다.

포스트 프로덕션

녹음이 끝나면 사운드 회사에서 녹음한 결과물을 파일 단위로 정리해서 전달해줄 것이다. 처음 생각한 것과 다르거나 누락된 대사가 있다면 어쩔 수 없이 재녹음을 해야 한다. 성우들은 대체로 여러 녹음실에서 작업하므로 적은 양의 대사는 성우가 다른 녹음을 진행하는 녹음실에 부탁해서 재녹음할 수 있지만, 직접적인 디렉션이 없는 상태의 녹음이라는 점에서 완벽한 결과물이 아닐 수 있다. 일정 역시 늘어난다. 만약 재녹음이 필요한 대사의 양이 많다면 추가 비용이 발생할 수도 있다. 포스트 프로덕션은 잘못을 수습하는 것이어서 가능하면 이 단계를 거치지 않고 작업을 마무리할 수 있도록 한다.

완성도와 디테일을 높이는 작업의 기술

9장에서는 시나리오 작업에 도움이 되는 개념과 더불어, 앞서 흐름상 설명하기 어려웠던 다양한 기법, 기술, 장치 등을 설명한다. 8장까지의 내용을 충분히 이해했다면 시너지 효과를 기대할 수 있다. 상황에 맞게 잘 활용하여 작업물의 완성도를 높이길 바란다.

반전(反轉)은 최근 영화에서도 많이 자주 사용되며 매우 효과적인 기법이다. 그런데 반전에만 신경을 쓴 나머지 전체적인 완성도가 오히려 떨어지는 스토리를 쉽게 찾아볼 수 있다. 문제는 스토리상 필요해서 반전을 활용한 것이 아니라, 반전을 위한 스토리를 만드는 것에 있다. 반전은 효과적인 스토리텔링을 위한 도구로서 활용해야 하는 것이지 그 자체가 목적이 되어서는 안 된다.

네이밍은 게임 시나리오 작업 시 의외로 많이 하게 되는 작업이다. 좋은 이름을 정하는 기준을 세우는 건 쉽지 않다. 장미가 장미로 불리는 이유를 찾을 순 있겠지만, 사실 장미가 아니어도 문제가 되지는 않는다. 하지만 이름을 붙이는 기준은 필요하다.

생성형 AI는 최근 게임 개발 환경 변화에서 단연 주목해야 할 요소다. 이를 잘 활용하면 게임 시나리오 작업 효율을 크게 높일 수 있다. 생성형 AI는 계속 발전해나갈 것이므로 지속적인 관심을 가지고 꾸준히 적용해보는 것이 중요하다.

이 책에서는 계속 비판적이었지만, 게임 스토리텔링에서 **영상**이 치지하는 비중을 무시하긴 어렵다. 국내에서도 콘솔 게임이 많이 만들어지고 있기 때문에 영상에 대해서도 다루면 좋겠다고 생각했다.

더불어 **게임 시나리오 작법에 도움이 되는 훈련법**도 간단하게 설명하겠다. 순수문학이 아닌 상업적인 스토리를 재능만으로 만들어내기란 쉽지 않다. 특히 게임 시나리오는 완전히 다른 영역이어서 게임의 문법을 이해하기까지 많은 시간과 노력이 필요하다. 영화나 드라마를 보면서 구성점 1에 해당하는 사건을 찾아보는 것도 하나의 훈련이다. 누구나 쉽게 할 수 있다는 점에서 특별해 보이지 않을 수도 있다. 그러나 습관이 되면 어느 순간 스토리 구조를 이해할 수 있으니, 평소에 이런 훈련을 할 필요가 있다.

지금부터 시나리오 기법, 네이밍, 생성형 AI, 영상 연출, 역량 향상을 위한 습관을 차례대로 살펴보자.

9.1 시나리오 기법

9.1.1 완성도를 높이는 작법의 핵심 기법

시나리오 기법은 스토리텔링에 유용한 도구인데, 가장 대표적인 예가 반전이다. 하지만 재미있는 스토리, 흥행이 되는 스토리라면 당연히 반전이 있어야 한다는 맹목적인 믿음을 가진 이들이 많다. 물론 반전이 아주 강력한 도구라는 사실은 분명하다. 그러나 기법이 스토리에 맞게 적절하게 활용되었을 때나 그 효과가 있는 것이지, 단순히 스토리에 반전이 있는 것 자체는 아무런 의미가 없다. 모든 스토리는 기본 구조만 갖춰도 충분히 재미있을 수 있다. 기법은 그다음에 생각해야 할 문제다. 지금부터 설명할 기법들을 잘 활용한다면 시나리오의 완성도를 높이는 데 많은 도움이 될 것이다. 정확하게 알아야 제대로 활용할 수 있다.

단, 대부분 영화 시나리오 작법의 기법이다 보니 게이머 대신 '관객'으로 표기하려 한다. 게임에 한정된 내용이라면 '게이머'라고 지칭하겠다.

1) 씨 뿌리기와 거둬들이기

씨 뿌리기와 거둬들이기는 상대적으로 별 의미가 없는 것처럼 보이는 어떤 정보를 제공(씨 뿌리기)한 다음, 한참 뒤에 그것이 대단히 중요한 의미가 있었다는 사실을 드러내는 것(거둬들이기)이다. 예전에 뿌려두었던 무언가는 거둬들일 때 새로운 의미를 가지게 된다. 이 기법의 힘은 관객이 스토리에 적극적으로 개입하고 있다는 느낌을 갖게 한다는 점에 있다. 관객은 어떤 특별한 정보를 알고 있다고 생각하기 때문에 스토리에 숨겨진 의미를 찾으려 하므로 그 자체로 몰입도를 높일 수 있다. 씨 뿌리기와 거둬들이기를 하는 사이에는 어느 정도의 시간이 있어야 효과를 극대화할 수 있다. 주의할 점은 씨앗을 거둬들이는 결과가 너무 쉽게 예상되어서도 안 된다는 점이다. 너무 뻔하다면 그만큼 재미가 반감되기 마련이다. 예상되더라도 확실하지는 않아야 한다.

2) 미리 알려주기와 예상하게 만들기

미리 알려주기와 예상하게 만들기는 앞으로 일어날 사건을 미리 짐작하게 하는 것이다. 이 기법을 잘 활용하면 관객은 실제로 어떤 일이 일어날지는 모르지만, 어떤 일이 일어날 수 있다는 사실 자체는 계속 떠올리게 된다. 미리 알려주기는 캐릭터의 의도를 드러냄으로써 관객으로 하여금 앞으로 벌어질 일을 내다보게 만든다. 그리고 그것이 실제로 현실화될 것인지 그렇지 않은지를 짐작하게 한다. 예를 들어 점쟁이가 한 말이 있다면 그와 관련한 어떤 사건이 일어날 거라고 생각하게 되는 것은 당연하다. 미리 알려줘서 예상하게 만드는 것은 관객을 스토리에 몰입하도록 하는 아주 유용한 도구다. 앞서 설명한 씨 뿌리기와 거둬들이기도 이 영역에 속한다고 볼 수 있는데, 미리 알려주기와 예상하게 만들기가 개념적으로는 더 큰 편이다. 쉽게 말해 관객을 궁금하게 만드는 것이다.

3) 아이러니

아이러니는 상반되는 요소들을 연결하여 극적인 효과를 만들어내는 것이다. 다만 그 구분 기준이 사람마다 달라서 혼동이 있을 수 있다. 실수를 저지른 누군가에게 빈정거림의 의미로 '자알~ 한다!'라고 한다면 이 역시 아이러니에 해당한다. 언어적 아이러니나 대사의 아이러니 정도로 구분하지만 중요한 개념은 아니다. 대사 작업을 하는 과정에서 의식하지 않아도 자연스럽게 사용할 수 있다는 점에서 굳이 알 필요는 없다. 아이러니 역시 플롯과 마찬가지로 분석적인 관점에서 의미가 있는 개념이라 이 책에서 세세한 분류까지는 하지 않고, 기법으로 활용 가능한 한 가지만 설명하겠다.

관객은 알지만 스토리상 캐릭터는 모르는 상황에서 만들어지는 극적인 효과도 아이러니라 할 수 있는데, 이런 구조를 만들어내는 것을 일종의 기법이라 할 수 있다. 가장 대표적인 예가 '로미오와 줄리엣'이다. 마지막 장면에서 줄리엣이 가짜로 죽어 있다는 사실은 관객은 알지만 극중 캐릭터인 로미오는 모른다. 그렇기 때문에 로미오가 독약을 마시려고 할 때 긴장감이 조성된다. 줄리엣의 가짜 죽음을 관객이 모른다면 극적인 재미는 떨어질 수밖에 없다. 아이러니를 가장 잘 보여주는 예는 영화 〈모던 타임스〉에서 찰리 채플린이 낭떠러지 옆에서 롤러스케이트를 타는 장면이다. 심지어 눈까지 가리고 있기 때문에 긴장감을 유발할 수밖에 없다. 이처럼 관객에게는 의도적으로 정보를 계속 제공하면서, 스토리 내의 캐릭터는 그 사실을 모르게 한다면 그 자체로 극적인 효과를 만들어낼 수 있다. 아이러니는 관객에게 우월한 지위를 부여하여 스토리에 참여하는 느낌을 준다. 스토리의 몰입도 역시 높아진다.

그림 9-1 아이러니를 가장 잘 보여주는 영화 〈모던 타임스〉의 한 장면

이는 누설revelation과 인식recognition의 개념으로 이해할 수 있다. 누설은 스토리의 캐릭터가 모르는 사실을 관객이 알게 되는 것이다. 인식은 관객만 알고 있던 사실을 스토리의 캐릭터가 알게 되는 순간을 뜻한다. 중요한 것은 **누설이 있었다면 반드시 인식이 있어야 한다**는 것이다. 예를 들 수 있는 것이 그리스 신화에 등장하는 오이디푸스다. 만약 오이디푸스가 자신이 아버지를 죽이고 어머니와 결혼했다는 사실을 죽을 때까지 몰랐다면 평범한 스토리에 머물렀을 것이다. 그러나 오이디푸스가 자신에게 얽힌 비밀을 알게 되면서 비극의 대표적인 작품으로 탄생할 수 있었다.

앞에서 설명한 아이러니의 개념은 알프레드 히치콕Alfred Hitchcock이 말한 서스펜스의 개념과 크게 다르지 않다. 히치콕은 서스펜스와 서프라이즈를 설명하기 위해 15분 뒤에 폭발하는 테이블 밑의 폭탄을 예로 들었다. 이 폭탄의 존재를 관객이 모르는 상태에서 터진다면 서프라이즈가 된다. 그러나 관객이 이 사실을 알고 있다면 15분 동안 긴장하게 되는데 이 상태가 서스펜스다. 서스펜스를 위한 장치로 아이러니가 활용된 것이라고 이해하면 된다.

4) 반전

반전은 처음의 전제가 갑자기 달라지는 것을 말한다. 반전의 키워드는 '의외성'과 '치밀함'이다. 의외성은 말 그대로 예상을 벗어나야 한다는 의미다. 충분히 예상된다면 반전의 가치가 떨어지기 때문이다. 그렇다 보니 예상치 못한 반전에만 집중하면서 반전이 가능한 이유를 설명하는 내용을 지나치게 숨기기도 한다. 결국 반전이 등장했을 때는 단순히 놀라는 것 이상의 효과를 주지 못한다. 단지 놀라는 것으로 그치면 다행이지만 때로는 지금까지 스토리에서 만들어온 세계 자체를 부정하기도 한다. 대표적인 예가 존재감이 없던 캐릭터가 마지막에 갑자기 모든 사건의 배후에 있었던 것처럼 등장하는 것이다. 이는 작가가 그전까지 구축해왔던 세계를 작가 스스로 붕괴시키는 상황을 만드는 것이다. 맥락 없이 등장하는 반전은 오히려 짜증만 유발할 뿐이다.

간혹 영화 포스터나 소설의 표지를 통해 스토리에 반전이 있다는 사실을 알리면서 광고를 하기도 한다. 사실 반전이 있다는 사실을 아는 순간 어쩔 수 없이 반전을 의식할 수밖에 없다. 멍청해 보일 수 있는 광고다. 그러나 반전의 효과를 반감시키면서까지 반전이 있음을 강조하는 이유는 그만큼 반전에 반응하는 사람이 많기 때문이다. '반전 영화'는 반전이 있다는 사실만으로 하나의 장르가 되었다. 작가 입장에서는 반전에 집착할 수밖에 없는 이유이기도 하다. 그 때문인지 반전이 없어도 될 것 같은 스토리에 반전을 추가하면서 오히려 완성도를 떨어뜨리는 경우도 종종 볼 수 있다. 반전은 작가와 관객이 벌이는 지능 싸움이다. 작가는 항상 관객보다 우위에 있어야 한다. 반전의 비중이 높은 시나리오에서 초반부터 반전이 예상되면 그 스토리는 완전히 힘을 잃어버린다.

반전이 있는 스토리를 만드는 방법 자체는 간단하다. 기본적인 스토리를 완성한 후 반전을 설명하는 장치들을 하나씩 숨겨두면 된다. 어떤 장치를 얼마나 숨겨놓는지가 반전 기법의 핵심이다. 장치가 너무 많다면 반전을 쉽게 알아챌 수 있다. 반대로 너무 적다면 반전이 아닌 사기가 되어버린다. 반전의 상황에서 관객이 납득할 수 있어야 한다. 일종의 설득이다. 그러기 위해선 반전이 우연이 아니라는 사실을 뒷받침할 수 있는 근거를 제시해야 한다. 아무것도 아닌 듯 보였던 행동, 대사, 물건 등이 사실은 나름의 의미가 있었다는 점이 이해되어야 한다. 반전을 위한 장치들이 치밀하게 설계되어야 하는 것이다. 그래서 반전이 등장했을 때 의외성이 주는 재미와 함께 '아, 그래서 그런 거였군!' 혹은 '어쩐지 그럴 것 같더라!'와 같은 반응이 나올 수 있어야 한다.

반전이 있는 스토리 작업의 난도는 생각 이상으로 높다. 반전이 있는 어설픈 스토리보다 반전이 없어도 완성도가 있는 스토리가 낫다. 반전이 주는 극적 효과에 취하기보다는 스토리 자체에 집중해야 한다. 반전은 스토리텔링을 위한 도구 중 하나다. 주객이 전도되어서는 안 된다. 반전을 하나의 기법으로 분류하기는 했지만, 앞에서 설명한 '씨 뿌리기와 거둬들이기'나 '미리 알려주기와 예상하게 만들기'와 같은 기법을 활용했어야 비로소 반전이라는 궁극적인 결과를 만들어낼 수 있다. 과정이 있어야 결과도 있다.

5) 떡밥과 회수, 맥거핀

'떡밥'은 낚시 용어에서 비롯된 신조어로 관심을 끌 수 있는 요소를 뜻한다. 콘텐츠에서도 많이 사용되는 편인데 보통은 '떡밥과 회수'가 한 묶음으로 사용된다. 기본적으로는 앞서 설명한 '씨 뿌리기와 거둬들이기'와 '미리 알려주기와 예상하게 만들기' 모두를 포함하는 개념이다. 어떤 사실을 알려줘서 궁금하게 한 다음 시간이 지난 후에 그 사실에 어떤 의미가 있었는지를 알려주는 것이다. 전문적인 용어는 아니지만, 콘텐츠에 관해 이야기할 때 빈번하게 사용되는 편이라 알아두는 편이 좋다.

영화 시나리오 기법인 '맥거핀Macguffin'을 쉽게 설명하자면 회수되지 않은 떡밥을 말한다. 중요한 사실이 있는 것처럼 소개하지만 사실은 아무런 의미가 없는 일종의 트릭으로 관객의 관심을 유발할 수 있다. 떡밥을 회수하지 않으면 맥거핀이 된다. 실제로 상당수의 게임이 회수하지 못한 떡밥으로 비난을 받고 있다. 이런 게임들을 살펴보면 맥거핀 기법이 활용되었다기보다는 그저 작업자의 역량이 부족해서 회수하지 못할 떡밥을 남발했거나 작업자가 바뀌면서 관련 설정을 살리지 못한 경우가 대부분이다. 게임 시나리오 자체의 완결성을 생각한다면 떡밥은 무조건 회수하는 편이 낫다. 대부분의 게이머는 떡밥이 회수되기를 원한다. 회수하지 못한 떡밥이 많은 게임의 시나리오는 좋은 평가를 받기 어렵다. 맥거핀 기법은 떡밥을 남겨두는 편이 극적 효과가 있을 경우에 한해 사용하자.

6) 불확실성의 파워

관객이 스토리에 몰입하도록 하는 것을 다른 말로 표현하면 '참여'시킨다고 할 수 있다. 관객의 참여를 끌어내지 못하면 관객은 스토리에 흥미를 느끼기 어렵다. 관객을 스토리에 참여시키는 데 필요한 것이 불확실성uncertainty이다. 전개될 사건에 대한 불확실성과 결말에 대한 불확실성이 있어야 한다. 불확실성이 가지는 힘을 '불확실성의 파워'라고 한다. 개념에 가깝지만 기법처럼 알고 있으면 좋다.

스토리가 어떻게 전개될지 전혀 예상되지 않는 상태로 만들어야 관객이 몰입할 수 있다. 불확실성 자체가 효과적인 도구가 되는 것이다. 이때 주의할 점이 있다면 결말을 전혀 예상하기 어려울 만큼 지나치게 숨기는 것이다. 초보자들이 흔히 하는 실수가 바로 이것이다. 관객을 참여하게 하려면 앞으로 전개될 스토리를 최소한 '예상anticipation'은 할 수 있어야 한다. 상황에 대한 기본적인 정보는 항상 주어져야 한다. 쉽게 생각한다면 다음 내용이 궁금한 스토리를 만들어야 한다는 뜻이기도 하다. 스토리가 기본적으로 갖추어야 할 원리라고 볼 수도 있다. 궁금하지도 않은 스토리를 끝까지 보는 관객은 없다.

7) 내면의 외면화

내면의 외면화란 내면의 상태가 외면으로 드러나는 것이다. 보이지 않는 것(내면)을 보여주는 것(외면)이라고 생각하면 된다. 시각적으로 보여줘야 하는 매체인 영화의 시나리오 작법에서 특히나 중요하게 여기는 부분이다.

영화 〈1987〉의 연희는 세상일에 관심이 없다. 삼촌이 하는 민주화 운동에 대해서 다소 부정적인 입장이다. 영화는 시대의 소리에 귀를 닫고 있던 연희의 심리 상태를 헤드셋으로 보여준다. 즉, 헤드셋을 통해 내면의 외면화가 이루어진 것이다. 〈쇼생크 탈출〉에서 앤디는 아내를 살해한 누명을 쓰고 감옥에 갇힌다. 이때 망치와 포스터는 탈출과 자유에 대한 의지를 보여주는 물건이다. 물건을 주 예로 들었지만, 행동이나 사건을 통해 내면을 드러내기도 한다. 내면의 외면화는 서브 텍스트[subtext]로 불리는 개념과 크게 다르지 않다. 핵심은 직접 드러내지 않는 은유적 표현이라는 것에 있다. 한 단계 높은 스토리를 만들고 싶다면 이를 적극 활용할 필요가 있다.

그림 9-2 〈1987〉 중 내면의 외면화가 잘 표현된 한 장면

9.1.2 피해야 할 기법

1) 데우스 엑스 마키나

데우스 엑스 마키나^{Deus Ex Machina}는 스토리 작법을 공부했다면 한 번쯤은 들어봤을 용어다. 기법이라면 기법이지만 사용하지 않는 것이 좋다. 원래의 뜻은 '기계장치의 신', '기계에 의한 신'이라는 의미다. 기계장치에 의해 등장한 신이 스토리상의 모든 갈등을 해결하는 것을 말한다. 아리스토텔레스도『시학』에서 직접적으로 '데우스 엑스 마키나'를 비판한다. 2천 년이 훨씬 넘도록 비판받아온 스토리 작법의 기법이다. 문제는 여전히 이 기법이 사용되고 있다는 점이다. 작가 입장에서 본다면 일종의 치트키와 같다. 스토리상의 갈등을 쉽게 해결할 수 있다는 점에서 아주 편리한 기법이다. 그러나 개연성을 떨어뜨린다는 점에서 당연히 피해야 한다. 작가의 역량이 부족할수록 데우스 엑스 마키나가 자주 등장한다.

이때 정확하게 이해해야 할 부분은 신의 존재 자체가 문제가 되지는 않는다는 점이다. 신이 스토리의 처음부터 등장해 내용의 흐름에 계속 영향을 미쳤다면, 말미에 신이 등장하더라도 최소한의 개연성이 있다고 봐야 한다. 문제가 되는 것은 갑자기 등장한 신이나 절대적인 힘에 의해 모든 갈등이 해결되면서 그동안 쌓아왔던 스토리 구조를 파괴한다는 데 있다. 어차피 신에 의해 문제가 해결될 것이기 때문에, 주인공이 갈등을 해결하려고 했던 모든 노력이 결국 의미를 잃게 된다. 적에게 치명적인 피해를 줄 수 있는 뭔가가 있다면 그 내용은 적을 상대하기 전부터 등장해야 한다. 모든 스토리의 갈등은 스토리 안에서 해결되어야 한다.

9.2 네이밍 작업

9.2.1 네이밍 규칙

네이밍은 생각만큼 쉬운 작업이 아니다. 게임에서는 이름을 필요로 하는 것들이 무척 많다. 캐릭터, 몬스터, 아이템, 지역, 콘텐츠 등 게임에 등장하지 않더라도 제작하는 과정에선 이름이 필요하다. 〈블레이드 앤 소울〉에서 플레이어가 들고 이동하거나 사용할 수 있는 오브젝트를 '가젯Gadget'이라고 불렀는데, 이 이름은 게임상에는 등장하지 않는다. 가젯의 외형이 망치라면 그냥 망치라고 불렀다. 하지만 데이터상에서 망치의 속성을 구분해야 했기에 이름이 필요했다. 이렇듯 생각보다 이름이 필요한 경우가 많다.

네이밍 작업이 어려운 이유는 평가 기준이 명확하지 않기 때문이다. 좋은 이름과 나쁜 이름을 어떻게 평가할 것인가? 일하면서 난감한 상황 중 하나는 네이밍에 대한 피드백을 받았을 때다. 장미가 장미가 되어야 하는 이유는 없다. 해결책은 작업자 스스로 각자의 기준을 마련하는 것이다.

> 1) 기억하기 쉬워야 한다.
> 2) 헷갈리지 않아야 한다.
> 3) 특성을 반영하도록 한다.
> 4) 입에 달라붙어야 한다.

이 내용은 필자가 이름을 짓는 데 활용하는 원칙이다. 가장 중요한 건 첫 번째와 두 번째다. 이름이 필요한 이유는 다르게 인식하기 위해서다. 특별한 의도가 있는 것이 아니라면 같은 지역에 이름이 비슷한 캐릭터가 등장해선 안 된다. 이름뿐만 아니라 외형이 비슷한 캐릭터도 가능하면 등장하지 않는 것이 좋다. 헷갈리는 요소가 등장하는 순간 몰입이 깨진다. 에밀리, 소피아, 리암, 노아, 에반과 같은 이름은 많은 게임에 사용되지만, 쉽게 기억된다는 장점이 있다.

초보자들이 자주 하는 실수 중 하나가 쓸데없이 길거나 복잡한 이름을 사용한다는 점이다. 헷갈림을 조장할 필요가 없다.

작업의 순서를 따지자면 세 번째 원칙이 우선이다. 이름 붙일 대상의 특성을 정리한 다음, 여러 언어에서 그 특성에 관한 단어를 찾아 직접 발음하며 변형하는 식이다. 〈나니아 연대기〉에 등장하는 수호자의 이름은 '아슬란Aslan'으로 사자의 형상을 하고 있다. 아슬란은 터키어로 사자를 지칭하기에 생각보다 쉽게 지은 이름이라는 걸 알 수 있다. 우리가 잘 아는 신데렐라의 이름에는 '재투성이' 혹은 '재'의 의미가 담겨있다. 허드렛일을 하는 신데렐라의 신분을 이름으로 보여준다. 필자는 라틴어와 그리스어를 많이 가져오는 편이다. 별은 영어로 star이지만, 라틴어로는 stella다. stella는 게임 제목으로도 자주 사용된다. 시중에 '네이밍 사전'으로 검색해서 나오는 책들을 살펴보면 특정 단어의 뜻을 다양한 언어로 알려주는 형태로 구성되어 있다. 게임 업계가 아니어도 많이 활용되는 네이밍 방법론이니 적절하게 활용하자.

이 원칙대로 이름을 짓는다면 큰 문제는 없을 것이다. 하지만 게임이다 보니 같은 외형에 색만 다른 아이템, 몬스터가 등장하는 일이 빈번하다. 게이머들은 싫어하겠지만 제작하는 입장에서 리소스의 재활용은 어쩔 수 없는 선택이다. 색이라도 다르면 다행이지만 색마저 같은 상황이라면 난감하다. 이럴 때는 보통 추가 수식어로 구분하는데, 몬스터라면 '광폭한' 또는 '흉측한'과 같은 수식어를 붙이는 식이다. 이때에도 어떤 몬스터에게 그 수식어를 붙일지에 대한 기준을 세워야 한다. 〈리니지M〉에는 '최소 물리 공격력이 강화된 열정적인 천재의 후프 목걸이'가 존재한다. 나름의 원칙으로 붙여졌겠지만 지나치게 기능적이어서 좋은 이름은 아니다.

9.3 생성형 AI 활용

9.3.1 게임 개발의 미래

2018년에 출시된 〈디트로이트: 비컴 휴먼〉에서는 AI에 의해 일자리를 잃은 인간들의 모습을 그려낸다. 게임의 배경은 2038년이지만, 현재의 게임 업계와 유사한 상황이 벌어지고 있다. 어쩌면 이미 그 시대로 향하는 길 어딘가에 있는지도 모른다.

생성형 AI는 기존의 패턴을 학습하여 새로운 콘텐츠를 생성하는 기술을 의미한다. 게임 일러스트는 이러한 AI 기술에 특히 적합하다. 지금까지 인간이 만들어낸 방대한 양의 데이터가 존재하는데, 여기에 AI가 생성한 이미지까지 더해지면서 발전 속도가 더욱 가속화되고 있다. 이미지에 그치지 않고 3D 모델링, 애니메이션에 이르기까지 아트 전반에 AI의 활용이 확대되고 있다. 게임 제작비 중 아트가 차지하는 비중은 꽤나 높은데, 흔히 말하는 트리플A 게임이라면 제작비의 50%를 투자할 정도다. 일자리 감소라는 윤리적인 문제에 부딪히겠지만 게임 회사 입장에선 비용이 적은 AI를 선택할 것이 분명하다. 일례로 영국에선 마부의 실직을 이유로 자동차의 속도를 제한하는 법까지 만들며 강하게 저항했지만, 자동차라는 시대의 흐름을 거스르진 못했다. 특히 아트 리소스 제작이 어려움을 겪기 쉬운 인디 게임 회사들이 가장 큰 수혜자가 될 것으로 보인다.

AI가 만들어낸 아트 리소스는 완벽하진 않아도 인간의 작업물을 직접적으로 대체할 수 있다. 패턴화가 더 쉬운 사운드는 사실상 완벽하게 대체 가능하다고 봐도 무방하다. 반면 기획의 영역은 아직 AI가 생성한 아트 리소스를 '활용'하는 입장이다. 하지만 오늘날 AI의 발전 속도를 본다면 안심할 입장은 아니다. 과거엔 RPG에서 사용되는 전투나 성장 공식이 공개되는 일이 드물었지만, 지금은 AI에 질문만 하면 바로 알 수 있다. 물론 이런 공식을 어떻게 활용할지는 또 다른 문제다. 분명한 사실은 과거의 전문 지식이 정보가 되는 시대가 되었다는 점이다.

9.3.2 생성형 AI 활용법

생성형 AI에서 중요한 개념은 프롬프트인데, 원하는 결과를 얻기 위해 생성형 AI에 입력하는 질문이나 지시문을 말한다. 인간의 질문에 AI가 답을 찾아주는 식이다. 이런 메커니즘은 앞서 설명한 게임 기획의 개념과 크게 다르지 않다. 문제 정의는 곧 질문이며, 그 질문이 구체적일수록 원하는 답에 가까워진다. 생성형 AI라는 도구는 새롭지만 이를 활용하는 방법은 전혀 새롭지 않다. 결국 필요한 건 **본질을 파악할 수 있는 통찰력**이다. 재미있는 사실은 AI에 '인류에게 가장 중요한 능력이 무엇일까?'라는 질문을 했을 때 가장 먼저 통찰력을 꼽았다는 점이다. 어떤 AI인지에 따라 답의 순서는 달라질 수 있지만 이 답을 빠뜨리진 않는다. 결국 **기획적 사고를 할 수 있어야 생성형 AI를 잘 활용할 수 있다**는 결론에 이른다.

필자가 활용하는 툴은 구글의 제미나이[1]와 챗GPT[2]다. 이미지 생성에는 챗GPT와 미드저니[3]를 사용한다. 두 가지 툴을 사용하는 이유는 같은 기능이라도 AI 툴에 따라 찾아내는 답이 다르기 때문이다. 또한 여러 툴을 사용하면 더욱 정교하고 빠르게 원하는 콘텐츠를 만들 수 있다. 더 나은 답을 얻기 위해 여러 툴을 접해보면서 자신에게 맞는 툴을 찾길 바란다.

---

1 https://gemini.google.com

2 https://chatgpt.com

3 https://www.midjourney.com

1) 브레인스토밍 & 자료 조사

사람마다 사고의 폭에 한계가 있어서 만들어낼 수 있는 스토리가 제한적이다. 모든 장르에 능한 작가는 드물다. 그래서 협업이 잘 이루어진다는 전제라면 한 사람보다는 다수가 만든 작업물의 완성도가 높을 수밖에 없지만, 게임 시나리오 작업은 높은 확률로 혼자하게 된다. 하지만 생성형 AI는 동료에 가까운 역할을 할 수 있기에 대화를 나누다 보면 영감을 얻을 수 있다. 형식은 대화지만 사실은 AI를 활용한 자료 조사에 가깝다. 콘텐츠 창작의 시작점은 기존 콘텐츠의 분석이기 때문에 이것만으로도 큰 도움이 된다. 자료를 찾는 대표적인 방식은 검색 엔진인데, 정확한 단어나 키워드를 입력해야만 원하는 자료를 찾을 수 있다. 반면 생성형 AI는 두루뭉술한 표현을 쓰더라도 잘 찾아내는 편이다. 과거보다 자료 조사에 드는 시간을 현저히 줄여준다. 주의할 점이 있다면 결과물을 100% 신뢰할 수는 없다는 점이다. 잘못된 내용도 적지 않아서 AI가 알려준 내용에 대한 교차 검증은 필수다.

2) 스토리 초안 작성 & 스토리 요약

AI로 만든 소설이 공모전에서 수상하는 상황까지 이르렀다. 하지만 아직 인간을 대체할 정도의 역량을 갖추고 있다고 보기는 어렵다. 그럴듯해 보여도 기존 데이터를 조합해 나열하는 수준이다. 인간처럼 스토리의 맥락을 판단해서 창작하는 형태는 아니어서 스토리가 길어질수록 일관성이 떨어진다. 결국 인간이 관여해야만 이런 단점을 보완할 수 있다.

스토리의 핵심 키워드를 포함시켜 생성형 AI에 스토리 초안을 요청해보자. 나름 괜찮아 보이는 스토리가 금방 만들어질 것이다. 하지만 헤밍웨이가 말한 '모든 초고는 쓰레기다'라는 말이 어울리는 클리셰 중의 클리셰일 것이 뻔하다. 고민 없이 만든 일차원적인 스토리에 가깝다. 이 책에서 강조한 것 중 하나가 스토리 구조다. 상업적인 스토리는 플롯이 존재하며, 플롯은 스토리 구조 자체다. 스토리 구조는 AI가 스토리를 만들 때도 활용된다. 그러기에 생성형 AI가 만든 스토리는 뻔할 수 있지만, 스토리의 구조는 검증되었다고 봐야 한다. 끊임없이 반복되어온 스토리 패턴이기에 참고한다면 스토리의 아웃라인을 만드는 데 도움이 된다. 영웅의 여정 12단계가 3막 구조처럼 구체적인 방향성을 제시할수록 스토리의 완성도가 올라간다.

생성형 AI의 성능이 뛰어난 분야 중 하나가 스토리 요약이다. 스토리를 입력하면 등장인물, 핵심 갈등, 향후 스토리 전개 방향 등을 정리해준다. 아무리 긴 스토리도 결국엔 한 줄의 로그라인에서 출발한다. 특히 MMORPG처럼 다수의 스토리가 존재하는 작업에서 로그라인은 유용한 도구가 된다. 로그라인도 플롯과 마찬가지로 개념이 확실히 정리되어 있고, 관련 데이터가 많기에 좋은 결과를 내는 것으로 보인다. 로그라인 정리를 통해 내가 만든 스토리에 대한 외부의 시각을 검증할 수 있다.

생성형 AI 작업 예시

실제로 어떤 식으로 작업하고 어떤 결과물이 나오는지 구체적인 예시를 들어보겠다. 다음은 필자가 구상 중인 조선시대 배경의 스토리 로그라인이다.

> 임진왜란 이후 조선은 지방에 대한 영향력을 상실하는데, 특히 함경도는 완전히 방치되고 만다. 당시 폐쇄되어 있던 단천은광의 관리가 소홀해지면서 이를 노린 여러 세력이 몰려들어 일대는 극심한 혼란에 빠진다.

'이 로그라인을 바탕으로 3막 구조가 적용된 게임 스토리를 만들어줘'라는 프롬프트를 입력하고 다음과 같은 결과물을 얻었다.

 다음 로그라인을 바탕으로 3막 구조가 적용된 게임 스토리를 만들어줘.

임진왜란 이후 조선은 지방에 대한 영향력을 상실하는데, 특히 함경도는 완전히 방치되고 만다. 당시 폐쇄되어 있던 단천은광의 관리가 소홀해지면서 이를 노린 여러 세력이 몰려들어 일대는 극심한 혼란에 빠진다.

AI

[게임 제목] 단천의 그림자

[로그라인] 임진왜란 이후 혼란에 빠진 함경도 단천을 배경으로, 은광을 둘러싼 세력 다툼 속에서 자신의 운명을 개척하는 주인공의 이야기

1막: 혼돈의 단천

- **주인공**: 전쟁고아 출신으로 단천 은광촌에서 잡일을 하며 살아가는 청년 '진'. 뛰어난 무술 실력과 영민함을 지녔지만, 혼란스러운 세상 속에서 자신의 존재 의미를 찾지 못하고 방황한다.
- **세계관**: 임진왜란의 상흔이 남아있는 함경도 단천. 명나라 세력, 여진족, 조선 유민, 도적 떼, 지방 토호 등 다양한 세력들이 은광을 차지하기 위해 암투를 벌이는 무법 지대. 폐허가 된 마을, 탐욕으로 가득 찬 사람들, 끊이지 않는 약탈과 폭력 속에서 희망은 사라진 지 오래다.
- **갈등 발생**: 진은 우연히 명나라 세력의 음모를 알게 되고, 이를 막으려다 누명을 쓰고 쫓기는 신세가 된다.

2막: 운명의 선택

- **시련**: 진은 도망자 신세가 되어 험난한 여정을 시작한다. 여진족의 추격, 도적 떼의 습격, 배신과 음모 등 수많은 위기를 겪으며 살아남기 위해 고군분투한다.
- **성장**: 진은 여정 속에서 다양한 사람들을 만나고 그들의 이야기를 들으며 세상을 보는 눈을 넓혀간다. 또한 숨겨져 있던 자신의 잠재력을 발견하고 무술 실력과 지략을 갈고닦는다.
- **동료**: 진은 자신과 비슷한 처지의 사람들을 만나 동료로 맞이한다. 각자 다른 능력과 사연을 가진 동료들과 함께 힘을 합쳐 역경을 헤쳐나간다.

3막: 단천의 미래를 위한 결전

- **진실**: 진은 명나라 세력의 음모와 단천 은광에 얽힌 비밀을 파헤친다. 은광은 단순한 자원이 아니라, 함경도 전체의 운명을 좌우할 열쇠임을 알게 된다.

- **최종 결전**: 진과 동료들은 명나라 세력과 최후의 결전을 벌인다. 압도적인 힘의 차이에도 불구하고, 진은 지략과 용기를 발휘하여 적을 물리치고 은광을 지켜낸다.
- **새로운 시작**: 진은 단천 은광을 조선 조정에 바치고 함경도의 안정과 번영을 위해 노력한다. 폐허가 된 마을은 다시 활기를 되찾고 사람들은 희망을 품고 새로운 삶을 시작한다.

게임 특징
- **오픈월드 RPG**: 혼란스러운 함경도 단천을 자유롭게 탐험하며 다양한 퀘스트와 이벤트를 경험한다.
- **다양한 세력과의 상호작용**: 명나라 세력, 여진족, 조선 유민 등 다양한 세력과 관계를 맺고, 선택에 따라 스토리와 결말이 달라진다.
- **액션 중심 전투**: 뛰어난 무술 실력을 가진 주인공을 조작하여 호쾌한 액션 전투를 즐긴다.
- **동료 시스템**: 다양한 능력과 개성을 가진 동료를 모으고 성장시켜 함께 전투를 벌인다.
- **역사적 사실 기반 스토리**: 임진왜란 이후 함경도의 혼란상을 사실적으로 묘사하고, 역사적 인물과 사건을 재해석하여 흥미진진한 이야기를 펼쳐낸다.

이 게임은 임진왜란 이후 혼란스러운 시대를 배경으로, 주인공이 역경을 극복하고 성장하며 자신의 운명을 개척하는 과정을 그린 감동적인 이야기가 될 것입니다.

같은 질문을 하더라도 매번 다른 답을 만들어내는 것이 생성형 AI의 특징이다. 그래서 필자와 똑같은 질문을 하더라도 다른 답을 얻을 것이다. 단점 같지만 창작하는 입장에선 장점이다. 다양한 시도를 하는 과정에서 정답에 가까운 결과를 얻을 수 있기 때문이다.

흥미로운 사실은 필자가 생각했던 게임의 키워드가 다수 등장했다는 점이다. 이 상태에서 '다음 내용을 참고해서 보강해줘'라는 지시를 내렸다. 추가로 제시한 내용은 다음과 같다.

- 다양한 세력이 단천은광을 노리는 상황
- 오픈월드 RPG, 화포 중심의 무기를 사용
- 임진왜란 당시 명과 함께 온 다양한 용병
- 당시엔 획기적이었던 연은분리법, 여기에서 더 발전된 궁극의 비법이 존재
- 당시 실존 인물의 활용

 다음 내용을 참고해서 보강해줘.

- 다양한 세력이 단천은광을 노리는 상황
- 오픈월드 RPG, 화포 중심의 무기를 사용
- 임진왜란 당시 명과 함께 온 다양한 용병
- 당시엔 획기적이었던 연은분리법, 여기에서 더 발전된 궁극의 비법이 존재
- 당시 실존 인물의 활용

 **[게임 제목]** 단천의 그림자

[로그라인] 임진왜란 이후 혼란에 빠진 함경도 단천을 배경으로, 은광을 둘러싼 세력 다툼 속에서 자신의 운명을 개척하는 주인공의 이야기

1막: 혼돈의 단천

- **주인공**: 전쟁고아 출신으로 단천 은광촌에서 잡일을 하며 살아가는 청년 '진'. 뛰어난 무술 실력과 영민함을 지녔지만, 혼란스러운 세상 속에서 자신의 존재 의미를 찾지 못하고 방황한다. 그는 우연히 얻게 된 '궁극의 연은분리법'에 대한 단서를 통해 자신의 출생에 대한 비밀과 은광에 얽힌 진실에 다가가게 된다.

- **세계관**: 임진왜란의 상흔이 남아있는 함경도 단천. 명나라 세력, 여진족, 조선 유민, 도적 떼, 지방 토호 등 다양한 세력들이 은광을 차지하기 위해 암투를 벌이는 무법 지대. 폐허가 된 마을, 탐욕으로 가득 찬 사람들, 끊이지 않는 약탈과 폭력 속에서 희망은 사라진 지 오래다. 특히, 명나라 장군 '리'는 뛰어난 화포 기술과 용병술로 단천을 장악하려는 야심을 불태우고 있다.

- **갈등 발생**: 진은 우연히 명나라 세력의 음모를 알게 되고, 이를 막으려다 누명을 쓰고 쫓기는 신세가 된다. 단천 은광의 채굴권을 독점하려는 리의 계략에 휘말린 것이다.

2막: 운명의 선택

- **시련**: 진은 도망자 신세가 되어 험난한 여정을 시작한다. 여진족의 추격, 도적 떼의 습격, 배신과 음모 등 수많은 위기를 겪으며 살아남기 위해 고군분투한다. 명나라의 압제에 신음하는 백성들을 보며 진은 단순히 살아남는 것을 넘어, 단천의 운명을 바꾸겠다는 결심을 굳힌다.
- **성장**: 진은 여정 속에서 다양한 사람들을 만나고, 그들의 이야기를 들으며 세상을 보는 눈을 넓혀간다. 또한, 숨겨져 있던 자신의 잠재력을 발견하고 무술 실력과 지략을 갈고닦는다. 특히 뜻밖의 조력자 '김 노인'을 만나 '궁극의 연은분리법'의 진정한 의미와 활용법을 배우게 된다.
- **동료**: 진은 자신과 비슷한 처지의 사람들을 만나 동료로 맞이한다. 조선의 몰락한 양반 출신 '윤서', 뛰어난 의술을 지닌 '설아', 그리고 옛 친구이자 명궁인 '도철' 등 각자 다른 능력과 사연을 가진 동료들과 함께 힘을 합쳐 역경을 헤쳐나간다.

3막: 단천의 미래를 위한 결전

- **진실**: 진은 명나라 세력의 음모와 단천 은광에 얽힌 비밀을 파헤친다. 은광은 단순한 자원이 아니라, '궁극의 연은분리법'을 뛰어넘는 새로운 제련 기술의 핵심 재료가 잠들어 있는 곳임을 알게 된다. 이 기술은 막대한 부를 가져다줄 뿐만 아니라, 힘의 균형을 뒤엎을 힘을 지니고 있다.
- **최종 결전**: 진과 동료들은 명나라 세력과 최후의 결전을 벌인다. 리 장군의 화포 부대와 용병들이 총공세를 펼치는 가운데, 진은 지략과 용기를 발휘하여 적을 물리치고 은광을 지켜낸다. '궁극의 연은분리법'을 완성하여 얻은 새로운 무기와 동료들의 헌신적인 도움이 승리의 열쇠가 된다.
- **새로운 시작**: 진은 단천 은광을 조선 조정에 바치고, 함경도의 안정과 번영을 위해 노력한다. 폐허가 된 마을은 다시 활기를 되찾고, 사람들은 희망을 품고 새로운 삶을 시작한다. 진은 자신의 출생의 비밀을 풀고, 혼란의 시대 속에서 진정한 영웅으로 거듭난다.

게임 특징

- **오픈월드 RPG**: 혼란스러운 함경도 단천을 자유롭게 탐험하며 다양한 퀘스트와 이벤트를 경험한다.
- **다양한 세력과의 상호작용**: 명나라 세력, 여진족, 조선 유민 등 다양한 세력과 관계를 맺고, 선택에 따라 스토리와 결말이 달라진다.

- **액션 중심 전투**: 뛰어난 무술 실력을 가진 주인공을 조작하여 호쾌한 액션 전투를 즐긴다. 화포, 활, 검 등 다양한 무기를 활용하고, '궁극의 연은분리법'을 통해 얻은 특수 능력을 사용하여 전략적인 전투를 펼친다.
- **동료 시스템**: 다양한 능력과 개성을 가진 동료를 모으고 성장시켜 함께 전투를 벌인다.
- **역사적 사실 기반 스토리**: 임진왜란 이후 함경도의 혼란상을 사실적으로 묘사하고, 역사적 인물과 사건을 재해석하여 흥미진진한 이야기를 펼쳐낸다. '궁극의 연은분리법'과 같은 실제 기술을 게임 요소로 활용하여 역사적 사실에 대한 흥미를 높인다.

이 게임은 임진왜란 이후 혼란스러운 시대를 배경으로, 주인공이 역경을 극복하고 성장하며 자신의 운명을 개척하는 과정을 그린 감동적인 이야기가 될 것입니다. 또한 역사적 사실과 게임적 상상력을 결합하여 플레이어에게 몰입감 넘치는 경험을 선사할 것입니다.

이와 같은 결과가 나온 이유는 처음 로그라인을 바탕으로 만들어진 스토리를 참고했기 때문이다. 그래서 로그라인과 키워드를 한 번에 추가하여 질문했고 다음과 같은 답을 얻었다. 세 번째 질문에 중요한 내용이 포함되어 있어서 그런지 두 번째 결과물과 완성도의 차이가 크지는 않다.

다음 로그라인과 키워드를 바탕으로 3막 구조가 적용된 게임 스토리를 만들어줘.

임진왜란 이후 조선은 지방에 대한 영향력을 상실하는데, 특히 함경도는 완전히 방치되고 만다. 당시 폐쇄되어 있던 단천은광의 관리가 소홀해지면서 이를 노린 여러 세력이 몰려들어 일대는 극심한 혼란에 빠진다.
- 다양한 세력이 단천은광을 노리는 상황
- 오픈월드 RPG, 화포 중심의 무기를 사용
- 임진왜란 당시 명과 함께 온 다양한 용병
- 당시엔 획기적이었던 연은분리법, 여기에서 더 발전된 궁극의 비법이 존재
- 당시 실존 인물의 활용

 **3막 구조 스토리: 혼돈의 단천, 은빛 탄환의 전설**

1막: 폐쇄된 광산, 깨어나는 탐욕

- **주인공**: 함경도의 한 작은 마을에서 평범하게 살아가던 김선호. 그는 김감불과 김검동의 후손으로, 전설적인 '궁극의 은 제련법'에 대한 비밀을 알고 있다.
- **사건**: 임진왜란 이후, 함경도는 조선 중앙 정부의 통제에서 벗어나 무법천지가 된다. 버려진 단천 은광에는 막대한 은을 차지하려는 다양한 세력들이 몰려든다.

2막: 은빛 탄환, 깨달음의 여정

- **동료**: 김응서는 각지에서 온 다양한 용병들을 만나 동료로 맞이한다. 명나라의 화포 전문가, 왜구 출신의 뛰어난 검객, 조선의 첩보에 능한 밀사, 그리고 서양의 신비로운 연금술사.
- **모험**: 김응서와 동료들은 단천은광을 둘러싼 세력들과 맞서 싸우며, 광산 깊숙이 숨겨진 비밀을 파헤친다. 그 과정에서 그들은 획기적인 연은분리법을 넘어선 궁극의 비법이 존재한다는 사실을 알게 된다.
- **성장**: 김응서는 동료들과 함께 싸우고 모험하며 진정한 리더로 성장한다. 그는 화포 기술을 더욱 연마하고, 다양한 무기와 전술을 활용하여 적들을 물리친다.

3막: 혼돈의 종결, 새로운 희망

- **절정**: 김응서와 동료들은 궁극의 비법을 노리는 모든 세력과 최후의 결전을 벌인다. 압도적인 화력과 전략으로 적들을 격파하고, 단천은광을 지켜낸다.
- **반전**: 궁극의 비법은 단순히 은을 얻는 기술이 아니었다. 그것은 사람의 마음을 움직이는 힘, 즉 진정한 리더십의 비밀이었다. 김응서는 이를 깨닫고, 단천은광을 백성들을 위한 새로운 희망의 상징으로 만든다.
- **결말**: 김응서는 혼돈에 빠진 단천에 평화를 가져오고, 백성들의 존경을 받는 진정한 영웅으로 거듭난다. 그는 더 이상 버려진 땅의 좌천된 무관이 아닌, 새로운 시대를 이끌어갈 리더가 된다.

오픈월드 RPG, 화포 중심의 무기 사용:

- 플레이어는 김응서가 되어 광활한 단천 지역을 탐험하고, 다양한 퀘스트를 수행하며 스토리를 진행한다.
- 화포는 주요 무기이며, 다양한 종류의 화포를 수집하고 업그레이드하여 전투에 활용한다.
- 다른 무기와 전술도 중요하며, 상황에 맞게 다양한 전략을 구사해야 한다.

임진왜란 당시 명과 함께 온 다양한 용병:

- 명나라 용병, 왜구 출신 검객, 조선 밀사, 서양 연금술사 등 다양한 배경의 동료들을 만나 파티를 구성한다.
- 각 동료는 고유한 스킬과 능력을 지니고 있으며, 이를 활용하여 전투와 탐험을 진행한다.
- 동료들과의 관계를 발전시키고 그들의 이야기를 통해 더 깊이 있는 스토리를 경험한다.

당시엔 획기적이었던 연은분리법, 여기에서 더 발전된 궁극의 비법:

- 연은분리법은 게임 내 중요한 아이템 제작 및 업그레이드 시스템과 연결된다.
- 궁극의 비법은 스토리 진행의 핵심 동기이며, 이를 찾는 과정에서 다양한 퍼즐과 챌린지를 해결해야 한다.
- 궁극의 비법은 단순한 기술 이상의 의미를 지니며, 플레이어에게 깊은 감동과 깨달음을 선사한다.

당시 실존 인물의 활용:

- 김응서 외에도 이순신, 곽재우 등 임진왜란 당시 활약했던 실존 인물들이 등장하여 스토리에 깊이를 더한다.
- 실존 인물들의 이야기와 업적을 통해 역사적 사실을 배우고, 게임의 몰입도를 높인다.

이 스토리는 혼돈과 탐욕으로 가득 찬 세상에서 진정한 리더십과 희망을 찾아가는 김응서의 여정을 그린다. 플레이어는 김응서가 되어 격동의 시대를 헤쳐나가고, 잊혀진 땅 단천에 새로운 희망을 가져다줄 것이다.

이처럼 생성형 AI에 중요 키워드를 제공하면 어느 정도의 맥락을 가진 결과물을 만들어낼 수 있다. 하지만 이렇게 만들어진 스토리는 뻔하고 재미없다. 중요 키워드가 포함되어 있긴 하지만 나열한 수준에 불과하다. 체스가 바둑보다 먼저 AI에 정복된 이유는 체스의 경우의 수가 바둑보다 적었기 때문이다. 스토리 창작도 마찬가지다. 스토리에 작법이 존재하지만, 스토리 전개를 위한 경우의 수는 너무나 많다. 물론 시간이 지나면 바둑의 경우처럼 AI가 인간을 넘어설 수도 있지만, 아직은 아니다. 그러니 AI에 지나치게 의존하지는 말자.

3) 스토리 전개

용자가 마왕을 물리치는 수많은 방법 중에서 내가 생각해낸 것이 마음에 들지 않을 수 있다. 이때 생성형 AI를 활용하면 스토리 전달을 위한 방법(일종의 도구)의 수를 늘릴 수 있다. 이런 선택지는 많으면 많을수록 좋다. 필자가 '주인공이 강력한 적대자를 상대하는 방법'에 대해 생성형 AI에 질문했을 때 다음과 같은 답을 얻었다.

- 주인공의 성장
  - 훈련과 노력
  - 새로운 능력 깨달음
- 내면의 힘 발견
  - 협력과 연합
  - 동료들과의 협력
  - 뜻을 함께하는 사람들과의 연합
  - 적대자의 부하들과의 협력
- 전략과 계획
  - 적대자의 약점 파악
  - 적절한 시점에 공격
  - 환경을 이용한 공격
- 운과 우연
  - 뜻밖의 사건
  - 적대자의 실수

〈인크레더블〉에서 적대자인 신드롬의 부하였던 헬렌은 자신을 소중하게 생각하지 않는 신드롬을 배신하고 주인공인 인크레더블을 돕는다. '적대자의 부하들과의 협력'과 정확히 일치한다. 이처럼 생성형 AI는 수많은 스토리에서 반복되어온 패턴을 잘 찾아낸다. 이를 참고해서 스토리에 적합한 형태로 재창조하면 된다. 적대자의 성격을 오만하게 설정하면 주인공의 존재를 얕잡아보고 방심하는 식의 스토리 전개가 가능한데, 이는 '적대자의 실수'의 활용이다. 스토리 전개가 막히는 상황에서 생성형 AI를 잘 활용하면 실마리가 되는 아이디어를 얻을 수 있다.

4) 네이밍

외국인 동료에게 한국에서 만든 게임에 어색한 이름이 많이 등장한다는 이야기를 들은 적이 있다. 그는 이름별로 어울리는 이미지나 외모가 존재하고 인종에 따라 선호하는 이름도 다르다고 말했다. 이름에 유행도 있어서 국내에서 익숙하게 사용되는 외국 이름은 실제 해외에선 이미 나이 든 세대의 이름이라고 했다. 어느 정도는 예상했지만 생각보다 괴리가 컸다. 필자 같은 국내파에게 외국 이름을 짓는 건 분명 어려운 문제였다. 하지만 생성형 AI를 활용한다면 이런 어려움을 상당 부분 해결할 수 있다. 강력한 자료 조사 기능을 활용해 다른 게임의 사례나 국적과 연령대에 맞는 이름을 찾는 것만으로도 도움이 된다. 더 나아가 네이밍을 직접 요청해도 괜찮은 이름을 만들어준다. 생각보다 많은 시간을 소모하는 것이 네이밍 작업인데, 생성형 AI는 그 시간을 많이 벌어준다는 점에서 활용 가치가 충분하다.

5) 맞춤법 검사 · 문장 정리 · 번역

문서 작업의 끝은 맞춤법 검사다. 오탈자 여부를 확인해야 최종적으로 끝났다고 할 수 있다. 사실 맞춤법 검사를 위한 툴은 많다. 하지만 의도에 따라 어휘나 표현을 개선하거나 문맥에 따라 더 자연스러운 형태로 수정할 수 있다는 점에서 생성형 AI의 활용도가 더 높다고 할 수 있다. 이 역시 생성형 AI가 잘하는 분야다. 다른 번역기를 사용할 수도 있지만, 하나의 툴에서 여러 기능을 수행할 수 있다는 점이 큰 장점으로 작용한다.

6) 참고 이미지 생성

캐릭터나 배경 설정에 참고 이미지는 필수로 첨부해야 한다. 하지만 정말 마음에 드는 이미지를 찾아내는 건 쉽지 않다. 시간이 얼마나 걸리느냐는 순전히 운에 달려 있다. 생성형 AI의 이미지 생성 기능은 그 운을 계속 유지해준다. 필요한 이미지를 빠르게 만들어낼 수 있을 뿐만 아니라, 프롬프트를 다르게 입력하면 예상치 못했던 영감을 얻을 수도 있다. 이미지 생성은 우리가 생성형 AI를 떠올릴 때 가장 대표적인 기능이다. 다행히 게임 시나리오를 기획할 때도 활용 가치가 충분하니 적극 활용하자.

지금까지 생성형 AI를 게임 시나리오 작업에 활용할 수 있는 방법에 관해 설명했다. 잘 활용한다면 게임 시나리오 작업에 크게 도움이 되겠지만, 완성도에 직접적인 영향을 끼치거나 작업물을 완전히 대체할 정도는 아니다. 그럼에도 0.5 인분의 역할은 충분히 하는 아주 강력한 도구다. 사용하지 않을 이유가 없다.

9.4 영상 연출

게임 영상은 시네마틱과 컷신으로 나뉜다. 사실 게임을 플레이하는 입장에선 둘을 굳이 구분할 필요가 없다. 하지만 제작자, 즉 게임을 만드는 입장이라면 그 차이를 알 필요가 있다.

컷신	• 게임 엔진을 활용해 실시간으로 생성되는 영상 • 게임의 캐릭터나 배경 등이 그대로 활용됨 • 주로 게임 중간 또는 극적인 장면에 활용됨 • 게임 리소스로 만들어지기에 게임과 영상 간의 이질감이 적음
시네마틱	• 별도의 영상 제작 프로그램으로 제작되는 높은 퀄리티의 영상 • 흔히 말하는 게임 트레일러가 시네마틱에 해당함 • 게임과 무관한 독립된 영상이어서 게임이 만들어지기 전에 제작되기도 함

퀄리티나 활용도에서 약간의 차이가 있지만, 제작 방법 자체는 크게 다르지 않다. 편의를 위해 책에서는 모두 '컷신'으로 통일하여 설명하겠다.

컷신은 게임이 아닌 영화적인 스토리텔링이기 때문에 게임 시나리오 작가에게는 다소 어려울 수 있다. 컷신은 이 책에서 계속 강조한 '게임의 문법'과는 다르다. 하지만 컷신도 결국 '스토리를 어떻게 전달하느냐?'의 문제로, 1장에서 설명한 스토리텔링의 개념을 적용하면 된다. 스토리텔링을 '스토리'와 '텔링'으로 구분한 것처럼 전달할 스토리와 그 스토리를 표현하는 효과적인 방법(컷 구성)을 찾는 것이 중요하다.

예를 들어 〈더 위쳐 3〉의 시네마틱 트레일러인 'A Night to Remember'는 게임의 전투 중 사용하는 아이템, 표식, 모션, 무기 등을 그대로 보여주면서 전투를 벌인다. 스토리 전달보다는 위쳐인 게롤트가 전투를 어떻게 하는지를 보여주는 것이 목적이다. 그 의도에 충실했기에 잘 만들어진 컷신이라 할 수 있다.

9.4.1 컷신 제작 양식

게임 영상도 결국 영화의 문법을 따른다. 따라서 영화 시나리오에서 요구되는 항목과 크게 다르지 않다. 영화 시나리오에 꼭 필요한 요소를 살펴보자.

핵심 키워드	• 신의 의도를 정리
장소	• 신의 공간
시간	• 사건이 진행되는 시간
설명	• 신에서 일어나는 행동이나 사건에 대한 자세한 설명
캐릭터	• 컷신에 등장하는 인물
대사	• 캐릭터가 말하는 내용(필요 시 지문 포함)

영화를 제작할 때는 시나리오를 바탕으로 스토리보드(콘티)를 작성한 다음 이를 토대로 촬영한다. 게임의 컷신 역시 결국 영상이라 비슷하게 진행되는 편이

다. 중요한 건 컷신을 통해 전달하고자 하는 바가 무엇인지를 명확하고 구체적으로 담는 것이다. 〈더 라스트 오브 어스〉의 오프닝 컷신은 부녀지간인 조엘과 사라의 관계를 보여주는 것이 목적이다. 사라가 소파에서 선잠을 자는 이유는 아버지 조엘의 생일 선물을 전하기 위해서이며, 둘 사이의 농담을 통해 친밀도가 상당하다는 것을 드러낸다. 이런 장면이 있었기 때문에 조엘이 딸을 잃었을 때의 상실감이 더욱 극대화된다.

영상 연출에 익숙하지 않으면 컷 구성을 어떻게 해야 할지 막막할 수 있다. 중요한 것은 **해당 컷이 왜 필요한지를 이해**하는 것이다. 컷은 그 의도를 효과적으로 전달하기 위해 사용된다. 정보 전달이 목적이라면 컷이 느리게 전환될 필요가 있으며, 강조하고자 하는 대상을 보여줄 때는 클로즈업을 사용한다. 대표적인 예가 〈살인의 추억〉의 마지막 컷이다. 박두만 형사가 카메라를 빤히 응시하는 장면은 극장에 온 범인과 실패한 형사가 마주하기를 감독이 의도한 것이다. 컷 구성을 전문 영역이라고 생각할 수 있지만, 결국에는 기획 관점에서 충분히 대응할 수 있다. 어떤 상황에서 어떤 컷을 사용할지는 생각보다 상식선에서 결정된다.

게임 시나리오 작가의 요청을 받고 작업하는 김종빈[4] 시네마틱 연출가에게 그의 입장에서 바라는 점이 무엇인지 물어본 적이 있다. 앞서 설명한 내용에만 충실하면 작업에는 큰 문제가 없으나, 다음 두 가지가 충족되면 좋다고 했다.

- **첫째, 불필요하게 복잡한 기획보다는 원하는 바를 정확하게 전달한다.**
- **둘째, 글을 읽고 장면이 이미지로 그려지도록 시각적인 상상력을 유발한다.** 훨씬 높은 완성도의 영상을 만들 수 있다.

---

4 〈블레이드 앤 소울〉, 〈리니지〉 시리즈, 〈히트 2〉의 시네마틱과 컷신 제작자. 그 외 다수 프로젝트에서 게임 영상 아트를 담당했다.

9.5 역량 향상을 위한 습관

9.5.1 게임 분석하기

분석이라 하면 거창해 보이지만 게임이 추구하는 방향성이 무엇인지 정리하는 것이라 생각하면 쉽다. 또는 게이머에게 전달하고자 하는 플레이 경험을 파악하는 것으로 이해할 수도 있다. 평소에 많은 게임을 하는 것도 중요하지만, 플레이에 그치지 않고 간단하게 분석하는 습관을 기르면 좋다. 이런 분석을 통해 게임을 구조적으로 볼 수 있는 능력을 기른다면 의도하지 않아도 게임 시나리오 작업에 반영되기 마련이다. 특히 제작 중인 게임과 유사한 방향성을 가진 게임의 분석은 필수다. 여러 게임을 분석하기보다는 **가장 성공한 게임을 세세하게 분석**하는 편이 낫다. 다음은 분석이 필요한 항목을 정리한 것이다.

1) 장르적 특성과 게임의 특성 분석

우선 장르의 특성을 파악해야 한다. 장르는 그 자체로 게임의 특성이기 때문에 장르만으로도 게임 시나리오 작업의 기본적인 방향성을 설정할 수 있다. 다만 RPG와 같은 아주 포괄적인 형태의 장르 구분은 의미가 없다. 같은 장르라도 플랫폼에 따라 성격이 다르며, 같은 플랫폼 안에서도 많은 차이가 있기 때문이다. 모바일 RPG라고 하면 같은 게임일 것 같지만 싱글 플레이 게임인지 아닌지에 따라 스토리텔링의 방향성은 완전히 달라진다. 더 세분화할 수 없을 때까지 최대한 구분한 다음 특성을 파악해야 한다. 이를테면 '모바일 수집형 RPG'처럼 플랫폼과 게임의 성격까지 알 수 있는 정도에서 분석이 시작되어야 한다. 수집형 RPG는 여러 캐릭터를 수집하고 성장시키는 재미를 추구하는 장르를 말한다. 분석을 어렵게 생각할 수 있는데, 사람들이 해당 게임을 왜 하는지만 정리해도 충분하다.

그다음 할 일은 게임 자체의 특성이 무엇인지 살펴보는 것이다. 같은 장르로 분류되는 게임이라 해도 그 안에서 게임마다 추구하는 방향성은 다르다. 장르가 같은 게임 중에서 그 게임을 해야만 하는 이유를 찾으면 된다. 아트 콘셉트가 될 수도 있고 독특한 게임 시스템일 수도 있다. 그 차이만 제대로 파악해도 충분한 분석이 이루어졌다고 할 수 있다.

2) 플레이 메커니즘 도식화

플레이 메커니즘 도식화는 게임의 진행 흐름을 정리하는 것이다. 수집형 RPG의 플레이 흐름은 거의 공식화되어 있다. 일회성 콘텐츠인 스테이지를 중심으로 기본적인 플레이가 진행되며, 요일 던전과 같은 다양한 반복 콘텐츠를 통해 캐릭터가 성장한다. 성장의 결과가 반영되는 결투장이나 길드전이 수집형 RPG의 메인 콘텐츠가 된다. 이런 일련의 흐름을 간단한 도형과 화살표를 활용해서 그려보자. 이 과정에서 게임을 구성하는 여러 콘텐츠들이 어떤 의도로 기획되었는지를 파악할 수 있다. 콘텐츠의 성격을 알아야 그에 맞는 설정 작업을 할 수 있다.

그림 9-5 수집형 RPG의 플레이 메커니즘

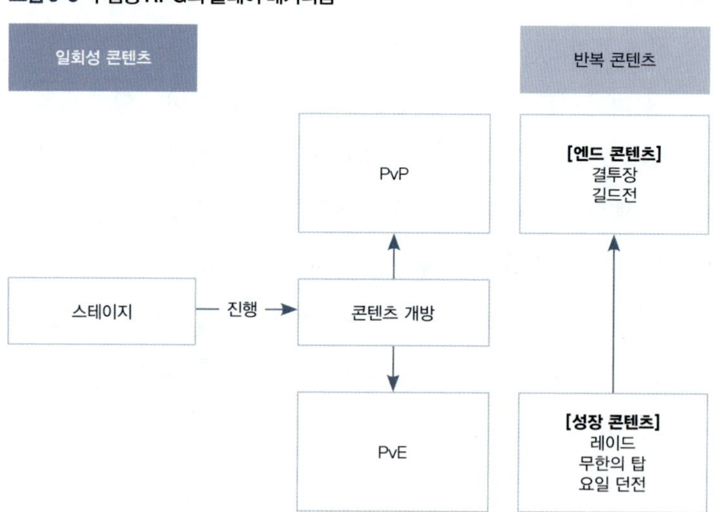

3) 게임 시스템 분석

모든 게임에는 시스템이 존재한다. 게임을 하면서 어떤 시스템을 발견한다면 작동 원리나 시스템의 필요성을 고민해보자. 기획 의도를 파악하는 것이 중요하다. 그리고 실제 그 의도대로 작동하고 있는지를 살펴본다. 시스템도 플레이 메커니즘처럼 도식화해보는 것이 좋지만 '왜'라는 의문을 가지고 더 나은 방법이 없는지도 생각해보자. 게임의 스토리텔링은 결국 게임 시스템을 통해 이루어지기 때문에 주의 깊게 살펴야 한다.

4) 캐릭터 분석

게임 스토리텔링의 성공 여부를 결정하는 기준 중 하나는 캐릭터다. 게임에서 기억되는 캐릭터가 있다면 성공, 그렇지 않다면 실패다. 다른 기준도 있을 수 있지만 캐릭터가 최우선이 되어야 한다는 하는 사실은 변하지 않는다. 이를 설명하기 위해 같은 장르인 두 게임을 살펴보겠다. 수집형 RPG는 〈헬로히어로〉에서 시작되었지만 대표적인 게임은 〈세븐나이츠〉다. '세븐나이츠류' 게임이라는 용어까지 생겨났을 정도로 장르의 표준이 되었다. 출시 시기와 상관없이 두 게임을 스토리텔링 관점에서 간단히 비교했을 때 가장 큰 차이는 캐릭터다. 〈헬로히어로〉에는 기억할 만한 캐릭터가 없지만, 〈세븐나이츠〉에는 게임 제목처럼 일곱 명의 기사라는 확실한 캐릭터가 존재한다. 왜 그것이 가능했는지를 살펴보고 참조하면 도움이 된다. 쉽게 말해 '캐릭터를 게이머에게 기억시키기 위한 방법이 무엇인지를 찾아보는 것'이다.

그림 9-6 기억할 캐릭터가 없는 〈헬로히어로〉와 기억할 캐릭터가 있는 〈세븐나이츠〉

9.5.2 다양한 분야의 콘텐츠 경험하기

스토리 창작에 관해 '스토리는 발로 뛰어 쓴다'라는 말이 있다. 사전 조사나 인터뷰와 같은 자료를 모으는 것이 그만큼 중요하다는 뜻이다. 그 자료를 확인하는 과정에서 자연스럽게 스토리가 만들어진다. 이렇게 만들어진 스토리는 그 자체의 밀도도 높다. 같은 맥락에서 평소에 다양한 콘텐츠를 경험했다면 기존 콘텐츠를 바탕으로 다양하게 응용할 수 있어 유연한 스토리 전개가 가능하다. 스토리를 기반으로 한다면 매체에 상관없이 많이 접하는 것이 좋고, 특히 기존에 없는 세계관을 바탕으로 하는 SF나 판타지 영화가 많은 도움이 된다. 영화는 두 시간이라는 다소 짧은 시간 동안 완결된 스토리를 경험할 수 있다는 장점도 있다. 소설도 스토리를 기반으로 하는 매체지만 영화나 드라마 같은 시각 매체가 게임에 더 가깝다. 영화와 드라마 중에서는 영화가 게임 시나리오에 더 가깝다. 필자가 개인적으로 추천하는 영화는 SF 중에서도 캐릭터가 확실한 히어로물이다.

이런 콘텐츠들을 별도의 문서로 정리해두면 6장에서 설명한 모티프 콘텐츠로 활용할 수 있다. 별다른 양식이 있는 것은 아니다. 필자의 경우 크게 몇 가지 키워드로 정리하는데, 이를테면 **스토리, 설정, 캐릭터, 장치**와 같은 키워드다. 인상적인 스토리, 설정, 캐릭터가 있다면 그 특징을 간단하게 정리한다. 장치는 스토리의 전개를 위한 도구로 활용된 요소를 뜻한다. 영화 〈블라인드〉의 주인공은 시각장애인이라 일반인을 상대하는 데 어려움을 겪지만, 서로를 못 보는 상황이 되면 앞을 보지 못한다는 기존의 단점이 오히려 주인공에게 유리한 점이 된다. 이를 '단점을 장점으로 전환하기' 정도로 정리할 수 있는데, 수많은 스토리에서 활용하는 패턴 중 하나다. 이외에도 스토리만의 특별한 분위기나 구성 등 개인적으로 인상 깊었던 요소가 있다면 따로 정리해두자. 평소에 자신만의 데이터를 쌓아두면 스토리 전개에 어려움이 있을 때 정리된 문서를 보고 영감을 얻을 수 있다.

9.5.3 텍스트 형태의 스토리 시각화하기

시각화는 영화 시나리오 작법에서 가장 중요한 키워드다. 영화 시나리오 작업을 한다면 스토리를 어떻게 보여줄 것인가를 고민해야 한다. 게임 역시 텍스트가 아닌 스토리텔링을 추구해야 한다는 점에서 공통점이 있다. 게임과 가장 닮은 매체가 영화인 것도 기본적으로 추구하는 방향성이 일치하기 때문이다. 게임의 시각화가 영화와 다른 점이 있다면 시스템을 통해 이루어진다는 것이다. 게임 시나리오 작가라면 텍스트 형태의 스토리만 보고도 실제 게임에서 어떻게 구현될지를 알 수 있어야 한다. 스토리 시각화가 가능하면, 머릿속에서 구상한 스토리와 그것이 게임으로 구현된 결과의 간극이 줄어든다. 예상과 다른 상황에서 발생할 수 있는 혼란이 줄어들어 작업 효율이 향상된다.

게임 시나리오 작업이 길어지고 어려워지는 이유 중 하나는 구현 불가능한 스토리를 만들기 때문이다. 게임은 태생적으로 스토리텔링에 최적화된 매체가 아니다. 스토리 전달 수단이 게임 시스템이어야 한다는 점에서 소설이나 영화와 같은 스토리 전개는 어렵다. 이와 같은 제약을 고려하지 않은 채 만들어진 스토리는 해당 게임의 시스템으로 구체화하는 작업이 필요하다. 이때 추가적인 시간과 노력이 들기 때문에 처음부터 **'게임으로 구현 가능한 스토리'**로 만드는 것이 좋다. 다르게 말하면 **'게임이 가진 제약을 고려한 스토리'**이자 **'게임에 맞는 스토리'**를 만들어야 한다는 의미다. 그러기 위해서는 텍스트 형태인 스토리를 시각화해서 이해할 수 있어야 한다.

시각화는 머릿속에서 이루어지는 작업이긴 하지만, 스토리를 구체화한다는 점에서 일종의 텔링이라고 이해해도 좋다. 본인이 작업한 스토리가 게임에서 구현되는 과정이 반복되면 시각화 역량도 자연스럽게 길러진다. 게임을 직접 만들면서 감을 익히는 것이 가장 좋지만, 문서로 작업하는 것만으로도 충분히 도움이 된다. 5.1.3절 내용을 참고해서 기존 스토리를 퀘스트 형태로 만들어 보자.

8장에서 보이스 디렉팅과 대사 작업을 위해 영화 시나리오를 읽고 영화를 확인하는 방법을 설명했다. 이때 배우의 연기나 대사보다는 시나리오를 바탕으로 만들어진 공간과 시나리오에 있는 사건의 전개 방식을 주의 깊게 살펴보자. 필요한 것은 상상력이다. 영화로 확인하기 전에 시나리오만 읽은 상태에서 머릿속으로 어떻게 영상화될지를 먼저 그려보아야 한다. 몇 번 반복하다 보면 스토리가 어떤 식으로 영상화되는지에 대한 감을 익힐 수 있을 것이다. 이때 1막의 중요 기능과 구성점 1에 해당하는 사건이 무엇인지 파악한다. 이 두 가지만 제대로 해도 충분한데, 그 이유는 1막만으로 전체 스토리를 어느 정도 예상할 수 있기 때문이다.

9.5.4 〈이코〉 플레이하기

원래 이번 절의 제목은 '다양한 게임 플레이하기'였다. 그러나 '〈이코〉 플레이하기'로 변경한 이유는 〈이코〉가 이 책에서 설명하는 스토리텔링을 가장 잘 보여주는 게임이기 때문이다. 스토리텔링의 개념이 온전히 이해되지 않더라도 이 게임을 플레이해보면 어떤 맥락인지 알 수 있다. 〈이코〉가 다른 게임과 차별되는 점은 게임 패드의 진동을 스토리텔링의 장치로 활용했다는 것이다.

그림 9-7 게임다운 스토리텔링이 돋보이는 게임 〈이코〉

소년이 소녀에게 느끼는 감정 상태가 게임 패드의 진동으로 표현되어 게이머가 그 감정을 직접 체감한다. 맨 처음 손을 잡았을 때의 패드 진동은 게임의 몰입도를 엄청나게 끌어올린다. 이미 오래된 게임이라 지금 플레이하면 실망할 사람도 있겠지만, 스토리텔링의 맥락에서 살펴본다면 많은 도움이 될 것이다. 〈이코〉처럼 잘 알려진 게임이 아니어도 좋다. 관심이 가는 다양한 게임을 플레이하다 보면 어느 순간 게임의 문법에 익숙해진다. 특히 실무자라면 작업 중인 게임 장르의 대표작을 깊이 있게 플레이해서 스토리텔링을 철저히 파악하고 있어야 한다.

게임을 직접 플레이해보는 것이 중요한 또 다른 이유는 게임을 만드는 과정에서 생길 수 있는 커뮤니케이션 오류를 줄일 수 있기 때문이다. 게임 시나리오 작업은 협업을 필수로 한다는 점을 잊어서는 안 된다. 작업자 간에 공통으로 플레이한 게임이 있다면 생각의 차이를 좁히기 쉽다. 최소한 지금 만들고 있는 게임과 같은 장르의 게임을 많이 플레이해보는 노력은 필수다.

〈이코〉 외에도 〈니어:오토마타〉를 플레이해보는 것을 추천한다. 〈니어:오토마타〉는 출시한 지 상당한 시간이 지났음에도 캐릭터와 테마 모두 여전히 많은 이에게 기억되는 명작이다. 앞서 종족을 설명할 때 외형보다 인간적 사고와 행동이 중요하다고 설명했는데, 이 게임의 테마 역시 '인간성'이며 인간을 인간답게 만드는 것을 주로 다룬다.

최근 제작되는 싱글 플레이 게임의 특징 중 하나는 컷신의 남발이다. 〈니어:오토마타〉도 컷신을 사용하지만, 게임이기에 가능한 특유의 스토리텔링이 존재한다. 플레이어의 선택에 따라 엔딩이 달라질 뿐만 아니라, 여러 회차 플레이를 통해 스토리가 완성된다. 또한 게임 환경 속에 세계관이나 캐릭터에 대한 정보를 숨겨두기도 했고 게임 시스템 자체를 스토리텔링에 활용하는 메타픽션적 요소도 포함하고 있다.

컨설팅 사례로 살펴보는
시나리오 대응 전략

10.1 게임 시나리오 컨설팅

10.1.1 컨설팅의 방향성

앞서 게임 시나리오의 완성도가 떨어지는 이유를 도식으로 설명했다. 이와 같은 문제를 해결하기 위해 필자는 게임 시나리오 컨설팅을 시작했다. 말 그대로 컨설팅이다. 게임 시나리오에서 문제점을 찾아내고 어떻게 개선해야 할지 알려준다. 문제점을 직접 보완하거나 외주 형태로 작업하기도 했다. 게임 시나리오 작업의 어려움 중 하나는 플랫폼과 장르가 같아도 게임에 따라 차이가 있다는 점이다. 뭐가 되었건 다른 지점이 분명히 존재한다. 그럼에도 기본적인 방향성의 차이는 크지 않다. 어떤 게임의 시나리오 작업이든 결국엔 '기획적 사고'에 의지할 수밖에 없다. 개정판에 기획적 사고에 대한 내용을 추가한 이유는 컨설팅을 진행하며 그 중요성을 다시 한번 확인했기 때문이었다.

게임 시나리오 작가로서 첫 단계부터 작업할 땐 2.3.2절과 같이 진행하면 된다. 하지만 컨설팅 시에는 다른 접근이 필요하다. 의뢰를 받으면 가장 먼저 '변하지 않는 것'과 '변해도 되는 것'을 구분한다. 사실 이게 전부다. 이것만 제대로 파악한다면 컨설팅 작업은 일사천리로 진행된다. 변하지 않는 것은 작업의 방향성에 가까운 것들이다. 게임이 추구하는 재미, 콘셉트, 중요 시스템은 거의 바뀌지 않는다. 여기에 맞춰 많은 것들이 제작되어 있을 것이고, 이미 제작된 것들은 특별한 이유가 없다면 시나리오에도 활용해야 한다. 스토리 구조 역시 변하지 않는다. 이때 말하는 스토리 구조는 3막 구조와 '캐릭터-스토리 모델' 처럼 모든 스토리에 적용되어야 하는 것을 말한다. 변하지 않은 것들은 일종의 기준이 되는데, 기준을 제외한 나머지는 변해도 된다.

필자는 컨설팅을 할 때, 계속해서 기준을 정하고 의뢰자에게 확인한다. 만약 그 기준을 바꾸는 것이 더 나은 결과로 이어진다면 그 부분을 논의해서 기준을 확정한다. 기준은 결국에 작업의 방향성으로 연결된다. 이처럼 필자의 컨설팅 방법론엔 기획의 원리가 그대로 적용되어 있다. 앞에서 설명한 기준 정하기는 문제 정의에 해당한다. 이 문제를 어떻게 해결하면 좋을지 개선 방법을 의뢰자 에 가르쳐주는 것으로 컨설팅이 마무리된다.

한편, 필자는 컨설팅을 진행하면서 플로차트^{flowchart} 툴의 활용법을 확립했다. 처음 아이디어를 구상하는 단계에서는 종이와 필기구만 있으면 된다. 떠오르 는 대로 적고 그림을 그리며 자유롭게 생각을 펼친다. 그다음 반드시 플로차트 툴로 옮겨 아이디어를 정리한다. 이 과정을 통해 생각을 정리하고 구체화하며 부족한 부분을 보완하며 완성도 있게 다듬는다. 이렇게 핵심 아이디어를 도식 화하는 것이 필자의 작업 스타일이다. 텍스트로 길게 설명해야 할 내용도 도식 하나로 쉽게 이해할 수 있다. 게임 시나리오뿐만 아니라 모든 문서는 도식을 많 이 사용할수록 가독성이 높아진다. 이 책에서 설명한 '캐릭터-스토리 모델'도 이런 사고에서 비롯된 결과물이며, 이 책의 도식 또한 처음엔 플로차트 툴로 그 려졌다.

플로차트 툴의 장점은 디지털 데이터로 저장할 수 있어 필요할 때 언제든지 찾 아볼 수 있다는 점이다. 필자는 루시드차트^{Lucidchart}라는 툴을 사용하지만, 각자 에게 맞는 도구를 찾으면 된다. 도구 자체보다 중요한 것은 그 도구를 '왜' 사용하는지다.

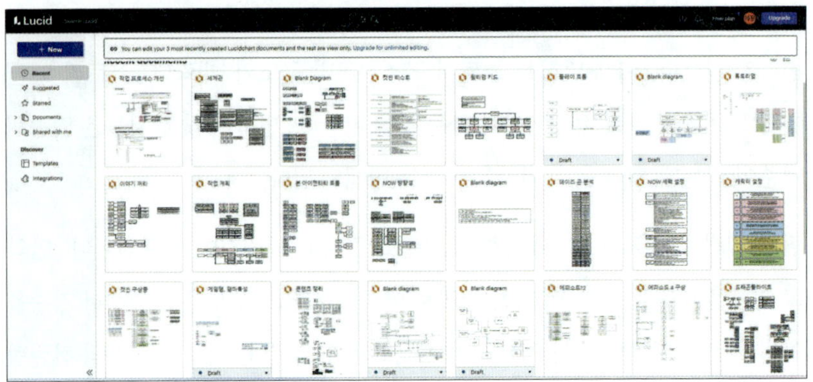

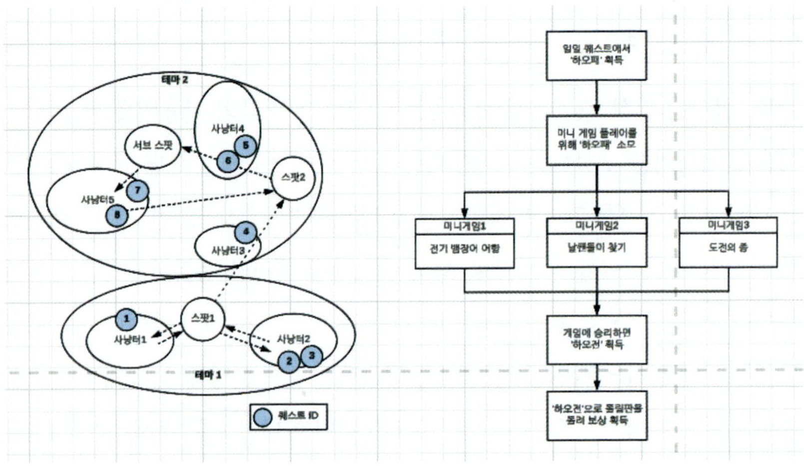

10.1.2 의뢰물의 문제점 유형

컨설팅을 의뢰한다는 건 게임 시나리오 작업 경험이 많지 않다는 의미다. 그 때문인지 의뢰물에서 다음 네 가지의 문제점을 공통적으로 발견할 수 있었다.

1) 로그라인의 부재

게임 시나리오는 공동 창작을 위한 문서다. 재미는 없더라도 최소한 스토리를 파악할 수 있는 로그라인이 있어야 하는데, 어떤 스토리인지 정리조차 안 되어 있는 경우가 많다. 로그라인은 스토리의 나침반과 같다. 아무리 긴 스토리도 시작은 한 문장에서 두세 문장으로 시작한다. 로그라인이 있어야 팀원 모두가 스토리에 대해 공통된 생각을 할 수 있다. 로그라인을 어떻게 정리할지는 사람마다 다르겠지만, 필자는 향후 작업을 위해 3막 구조의 형태로 정리하는 편이다. 첫 번째 문장에선 갈등 제시, 두 번째 문장에선 갈등 해결, 세 번째 문장에선 갈등 해결 이후의 변화에 대한 내용이면 된다. 이렇게 정리하면 활용하기는 좋지만 상대적으로 길어지기 때문에, 갈등 제시와 갈등 해결을 한두 문장으로 정리해도 된다. 어찌 되었든 로그라인은 게임 시나리오 작업의 시작점이기에 꼭 필요한 작업이다.

2) 3막 구조의 미적용

스토리 창작의 기본인 3막 구조가 제대로 적용되어 있지 않은 경우가 많다. 사실상 아마추어라 할 수 있는 인디 게임 회사의 의뢰물이 대체로 그런 편이다. 아무리 긴 스토리라도 시작점은 결국 3막 구조다. 그러나 의뢰물 대부분은 기승전결로 정리된 스토리가 많다. 기승전결의 개념을 알고 적용한 것이 아니라 스토리를 네 단계로 구분하는 수준이다. 기승전결의 기승은 3막 구조의 1막에 해당한다. 하지만 MMORPG의 서브 퀘스트처럼 짧은 스토리에선 기와 승이 합쳐지거나 기가 존재하지 않기도 해서 게임에 적용하기는 애매하다.

기승전결로 구성된 의뢰물에 대해선 게임의 3막 구조가 어떤 개념인지, 3막 구조를 의뢰물에 어떻게 적용하는 것이 좋은지를 설명해주었다. 이 부분에서 긍정적인 피드백을 가장 많이 들었다.

3) 스토리 시각화(구체화)에 대한 감 부족

스토리를 만들 수는 있어도 그 스토리를 게임에서 어떻게 구현하는 것이 좋을지에 대한 감이 대체로 없다. 보통은 줄글 형태의 소설로 쓰인 작업물이 많다. 이 책에서 계속 강조해온 '텔링'의 개념을 제대로 이해하지 못해서 생겨난 문제다. 보통 설정은 많으나 설정을 풀어낼 사건이 턱없이 부족한 경우가 많다. 아니면 컷신을 제작해야 하거나 신규 시스템을 기획해야 하는 스토리로 구성되어 있다. 게임의 스토리를 전달할 수 있는 효율적인 방법을 안다면 제작 기간 단축은 물로 게임의 완성도까지 높일 수 있다.

스토리를 구분하는 기준은 매체마다 다른데, 드라마와 영화는 신[scene]이다. 반면 게임은 플레이어의 행동 단위다. 플레이어가 특정 행동을 하지 않으면 스토리가 전개되지 않는다. MMORPG의 퀘스트는 미션 단위로 구성되어 있다. 해당 미션이 요구하는 행동을 플레이어가 한다면 다음 미션으로 넘어가는 식이다. 그래서 게임의 스토리를 만든다면 이동, 대화, 조작, 전투와 같은 플레이어의 행동까지 생각해야 한다. 이때 사건 중심의 스토리라면 플레이로 만들기 쉬워진다. 소설에 가까운 스토리라면 [그림 5-3]처럼 도식화하는 과정을 반드시 거친다. 소설을 게임 시나리오로 각색하는 작업이라고 봐도 무방하다.

4) 캐릭터 설정의 모호함

동기가 부족한 캐릭터가 많다. 설정은 있지만 캐릭터가 왜 그 행동을 해야 하는지를 제대로 설명하지 못한다. 이때 해결책은 '캐릭터-스토리 모델'을 적용해보는 것이다. 특히 주인공이라면 반드시 필요한 작업이다. 이를 통해 캐릭터가 명확해지고 스토리의 전체적인 흐름이 정리된다. 캐릭터에는 누가 봐도 명확한 콘셉트가 필요하다. 유일한 존재여야 하며 자신만의 색을 가지고 있어야 한다. 의뢰물 중에는 설정이 중복되거나 사소한 역할 때문에 억지로 만들어낸 캐릭터도 많은 편이다. 캐릭터는 가능한 적게 등장하는 것이 좋다. 그럴수록 스토리의 몰입도가 높아질 뿐만 아니라 아트 작업도 줄어든다. 최소한의 캐릭터에 여러 역할을 부여하는 것이 스토리 창작의 정석이다.

10.2 컨설팅 사례

10.2.1 콜라보

온라인 게임은 지속적인 업데이트를 통해 매출을 늘려야 한다. 이를 쉽게 가능하게 해주는 방법 중 하나가 콜라보다. 콜라보를 하는 이유를 그럴듯하게 포장하지만 궁극적인 목적은 결국 수익이다.

콜라보는 원작 요소를 활용해 게임의 콘텐츠로 만든다는 점에서 각색에 가까운데, 각색의 메커니즘 역시 기획의 메커니즘과 크게 다르지 않다. 일단 원작이 사랑받는 이유를 찾아야 한다. 여기서 이유는 앞에서 말한 '변하지 않는 것'에 해당한다. 변하지 않는 요소를 서비스 중인 게임의 콘텐츠로 녹여내는 것이 중요한데, 일반적으로 그 역할을 하는 것은 캐릭터다. 물론 스토리나 설정이 될 수도 있다. 하지만 스토리 기반 콘텐츠에서 끝까지 살아남는 건 캐릭터이기에 콜라보에서도 캐릭터를 활용하는 것이 정석이다. 원작의 스토리가 달라지는 건 괜찮지만, 캐릭터의 성격이나 대사가 원작의 느낌과 달라져선 안 된다. 이는 콜라보를 할 때 가장 신경 써야 하는 부분이다. 원작 캐릭터의 주요 대사를 별도로 정리하고, 원작 대사와 계속 비교해가면서 원작의 느낌을 유지할 수 있도록 하자.

그림 10-3 콜라보 대상과 원작이 잘 맞았던 〈NIKKE〉와 〈체인소 맨〉의 콜라보

10.2.2 오픈월드 게임

〈블레이드 앤 소울〉의 퀘스트를 구상하면서 필드를 돌아다니는 건 아주 중요한 작업이었다. 필드 구성이 잘 되어 있다면 그것만으로도 느껴지는 감성이 있어서 스토리나 스팟 설정이 저절로 떠오르기 때문이었다. 이처럼 공간이 스토리텔링에 미치는 영향은 생각보다 크다. 오픈월드 게임은 MMORPG보다 '모험'이라는 테마를 충실히 실현하기 위한 공간이 중요한 장르다. 하지만 필자가 참여한 오픈월드 게임은 그 점이 부족했다. 맵은 넓었지만 몇몇 건물을 반복 사용하는 구조여서 공간별 플레이 경험의 차이가 크지 않았다. 굳이 맵을 돌아다닐 필요가 없는 셈이었다. 공간의 특별함이 사라진 상태에서 메인 스토리를 만들어야 해서 캐릭터의 관계에 많이 의존해야 했다. 제약이 많을수록 그만큼 작업의 어려움은 커진다. 이런 이유로 필드 역할이 중요한 게임의 시나리오 작업 시에는 지역 설정에 특히 공을 들일 필요가 있다.

필자가 컨설팅을 의뢰받았던 시점에는 이미 필드의 대부분이 이미 제작되어 있어서 관여하기가 어려웠다. 그 프로젝트는 아포칼립스물이었기에 기존 콘텐츠를 분석하고 해당 장르에서 반복되는 키워드를 따로 정리했다. 대표 키워드는 '한정된 자원'이다. 세계관의 특성상 자원은 부족할 수밖에 없고, 이를 차지하기 위한 갈등은 필연적이다. 이 키워드로 만들어낼 수 있는 사건의 수는 사실상 무한대에 가깝다. 이처럼 장르물에는 장르물만의 공식이 존재한다. 누군가는 클리셰라며 비판하겠지만, 반대로 생각하면 그만큼 좋아하는 사람이 많다고 할 수 있다. 스토리에서 반복된다는 건 그만큼 가치가 있다는 의미이므로 잘 활용할 필요가 있다. 시간이 날 때마다 세계관이 같거나 유사한 콘텐츠를 틈틈이 찾아본다면 작업하는 데 많은 도움이 될 것이다.

그림 10-4 특정 장르의 스토리 창작을 위한 DB

no	키워드	설정	참고
1	한정된 자원	생존을 위해 벌이는 전투	가장 기본적인 갈등의 원인
2	유토피아	희망을 찾아나서는 사람들	부자들이 거주하는 벙커를 찾으려는 사람들
3	죄수의 딜레마	어떤 선택을 할 것인가?	서로를 믿으면 모두 살지만, 믿지 못하면 모두 죽을 수도 있다.
4	희망이 없는 세계	희망은 없지만 공평해진 세계	모두가 살기 어려워진 세계
5	재화의 재정립	생존에 관한 새로운 재화	재화에 머물지 않고, 실제로 사용 가능한 것 (탄약 같은)
6	가치관의 재정립	'생존'이 최고의 가치	생존을 최우선 가치가 된다면 폭력(살인)도 허용됨
7	법과 정부가 존재하지 않음	이성을 가진 인간으로 살아갈 것인가?	지금까지 인간을 통제하던 것 중의 하나인 법, 지금은 법이 사라진 공백의 상황
8	소소한 행복	모으기	음반, 만화책, 스포츠 카드 등등
9	못해본 것에 대한 열망	명품 소유	시계, 의상, 자동차 등등
10	절대적 존재에 대한 믿음	신에 대한 믿음	신이 존재하기 때문에 좀비가 나타났다 ≒ 신이 좀비를 만들었다.
11	새로운 삶	과거와 달라진 삶	과거에는 부자였지만, 지금은 거지다, 일장춘몽
12	새로운 인격	과거의 인격과 완전히 다른 인격	과거에 있었던 일에 대해 혼잣말을 함
13	선택의 문제	위험에 빠진 사람 구하기	내가 손해를 보더라도 사람을 구할 것인가? 사람을 구하려면 자원을 쏟아부어야 하는데 구해주지 않으면 죽을수도 있음, 선택 강요
14	악에 의한 질서 유지	절대적 강자가 사라지자, 군웅할거 시대가 열림	절대악에 지배받을 때가 평화롭음, 약간의 세금만 주면 되니깐? 절대악이 사라짐과 동시에 질서가 사라지면서 서로 경쟁하게 되면서 혼탄스러워짐
15	악탈자의 추적 방지	물건 던져서 소리내기	적으로부터 도망갈 때, 사용되는 방법
16	리더의 품격	실력에 따른 리더 교체	리더의 판단 미스로 커뮤니티의 위험 발생 > 리더 교체
17	인간의 존엄성	존경받면 이외 장례식	화형식 혹은 땅에 묻기
18	악당의 인격	안심시킨 다음 죽임	캐릭터의 성격을 드러내는 방식
19	캐릭터와의 관계	적대 관계에서 시작(선 공격)	사건이 시작되는 방식, 캐릭터와의 관계 설정 형태
20	협상	대화 중 선택을 통해 달라지는 결과	별도의 시스템 필요 - 선택에 따른 보상, 선택에 따라 퀘스트 진행이 달라짐
21	금고털기	금고를 여는 방법의 다양화	별도의 시스템 필요 - 일종의 콘텐츠화(열쇠, 비밀번호)
22	좀비 헌팅	치료제를 만들기 위해선 좀비 헌팅 필요	좀비로 부터 헌팅 모으기
23	구조 신호	구조 신호를 받고 도움을 준다	사건이 시작되는 계기
24	대사전달 방식	녹음된 테이프	별도의 시스템 필요 - 장치를 클릭하면 관련 메시지 출력
25	보호	좀비나 인간으로부터 보호	별도의 시스템 필요(기존 시스템을 활용할 수도...)
26	외피	PC의 기본 설정	몬스터에 대한 외피
27	사건	찾는 이가 좀비가 되어 있음	안타까움, 아쉬움
28	보은	좀비가 된 커뮤니티의 리더	그가 좀비로 살아가도록 하기보다는 죽여서 보답하려 한다.?> 주인공이 어떤 선택을 했을 때의 결과로 죽도록 설정
30	선한 동기, 나쁜 결과	아이러니한 상황	선한 의지로 한 일 때문에 사람이 죽어나간다.
31	사건	적의 본거지를 찾는 방식	표를 탈출하게 한 후에 본거지를 알아낸다.
32	협상의 결과	협상이 결렬되면 적대 관계가 됨	별도의 시스템 필요 - 협상의 결과에 따라 NPC에 대한 우호도가 달라짐
33	사건	월드에서의 환경 변화	좀비가 갑자기 나타나는 등의 탄맘 이벤트 - 별도의 시스템이 필요할 수 있음
34	사건	약속 대상을 만나지 못하게 되는 상황	약속 장소에 누군가를 만나러 가지만, 나타나지 않음
35	하지말았어야 할 행동	아이러니한 상황	하지말았어야 할 행동 때문에 내가 아닌 다른 이가 희생당한다.
36	다중 인격	죄책감이 만들어낸 환상	평범한 인간이라면 누구나 죄책감을 가진다.
37	사건	물품을 노리는 상대 커뮤니티의 습격	가장 흔한 갈등 중 하나, 누군가를 다치거나 죽도록 해서 사건을 전개시킨다.

10.2.3 방치형 RPG

게임을 방치해도 재화가 쌓이는 방식은 조작하기 어려운 스마트폰 환경에 잘 맞는 게임 메커니즘이다. 방치형 RPG의 인기가 높아진 건 MMORPG처럼 많은 플레이 타임을 요구하는 게임이 어쩌면 지금 시대와 맞지 않기 때문이다. 수집형 RPG도 성장의 재미를 추구하지만, 방치형 RPG는 그보다 더 성장에 초점이 맞춰진 게임이다. 방치형 RPG가 추구하는 게임의 방향성은 '압축 성장'으로 설명할 수 있다. 그렇다 보니 게임 시나리오가 중요하지 않다고 여겨지는 장르다.

하지만 방치형 RPG에도 게임 시나리오는 중요하다. 분석을 위해 방치형 RPG를 플레이하다 보면 어느 순간 '내가 이걸 왜 하고 있지?'라는 생각을 하는 경우가 많다. 게임을 플레이해야만 하는 이유를 알려주지 못해서 발생하는 결과다. 어차피 게이머들이 스킵하니까 스토리가 필요 없다고 주장하는 이들도 있지만, 스토리라는 강력한 도구를 활용하지 않을 이유가 없다. 초반 스토리를 만들고 스킵 기능만 넣어주면 된다. 최소한 세계관과 주인공이 뭘 해야 하는지 정도는 알려줄 수 있어야 한다.

필자가 작업한 〈테일드 데몬 슬레이어: 라이즈〉는 성장 캐릭터가 1인인 방치형 RPG였기에 영웅의 여정 12단계를 적용해서 스토리를 구성했다. 자체 툴로 애니메이션과 대사 등의 제어가 가능해서 의도를 쉽게 반영할 수 있었다.

그림 10-5 1막 구성에 특히 신경 썼던 방치형 RPG 〈테일드 데몬 슬레이어: 라이즈〉

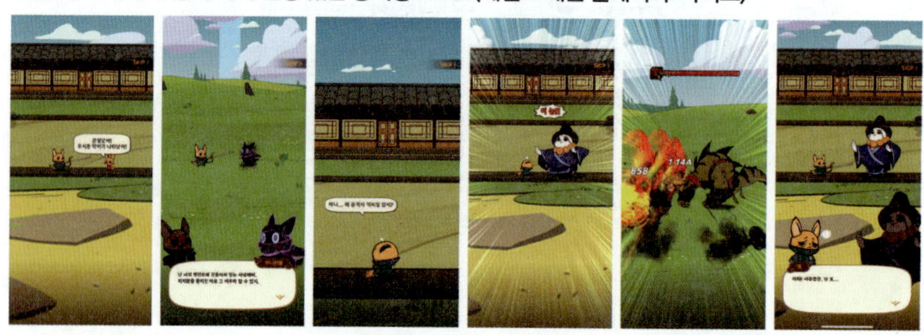

방치형 RPG의 스토리텔링은 수집형 RPG와 크게 다르지 않지만, 이 장르만의 특수성이 존재한다. 게임 중에 스토리텔링을 하기 위해 플레이를 멈추는 경우가 많다. 하지만 방치형 RPG에서는 좋은 선택이 아니다. 그래서 필자가 주로 활용한 건 말풍선이었다. 전투 중에 주인공이 출력하는 말풍선이 있다면 성격을 드러낼 수도 있고 지루함도 줄어든다. 설정상 말을 할 수 있는 보스라면 말풍선을 출력하면 좋다. 필자가 공을 들인 작업 중 하나는 주인공을 따라다니는 캐릭터의 혼잣말이었다. 이 캐릭터는 세계관에 관해 다양한 이야기를 들려주었는데, 의외로 반응이 좋았다. 이렇게 노출된 세계관은 퀴즈 등 다른 콘텐츠로도 활용할 수 있다. 어떤 상황에서 어떤 성격의 말풍선을 출력할지 정하고 말풍선이 반복되어도 어색하지 않도록 구조를 잘 잡아야 한다.

방치형 RPG는 끝이 없는 게임이어서 스토리의 핵심 갈등은 게임이 끝날 때까지 해결되면 안 된다. 물론 전개되는 스토리를 일단락 지어줄 수는 있지만, 게임이 계속될 수밖에 없는 상황이 유지되어야 한다.

10.2.4 메타버스 콘텐츠

필자가 만든 AR 게임은 싱글 게임이라 메타버스는 아니었다. 하지만 이때 메타버스에 관해 공부하며 관련 글을 기고하기도 했다. 덕분에 메타버스와 관련 심사나 프로젝트 컨설팅에 참여할 기회를 얻었다. 안타깝지만 이런 프로젝트의 결과는 대부분 좋지 않았다. 가장 큰 이유는 적절한 메타버스 플랫폼이 존재하지 않기 때문이었다. 주로 제페토를 활용하는 편이지만 여러 면에서 메타버스라고 부르기엔 부족한 수준이다. 로블록스도 하나의 선택지이지만 홍보를 주목적으로 하는 국내 기업이나 관공서가 추구하는 방향성과는 거리가 멀었다.

국내 메타버스 플랫폼이 실패하는 이유는 명확한 철학 없이 공간만 만들기 때문이다. 공간보다 중요한 건 그 공간에 머물러야 하는 이유다. 어떤 형태이든 혼자가 아닌 함께 사용자 간의 관계를 만들 수 있어야 한다. 그 관계가 커져서 커뮤니티로 발전해야 메타버스의 지속성이 생긴다. 게임이 유리한 것은 분명하다. 포트나이트가 게임에서 메타버스로 진화할 수 있었던 것도 그 때문이다.

10.2.5 서브컬처 게임

일전에 서브컬처 게임의 스토리텔링에 관한 강연 요청을 받았다. 필자가 다양한 장르의 게임 시나리오 작업이 가능한 이유는 '기획적 사고'라는 방법론을 공통으로 적용하기 때문이다. 하지만 서브컬처 게임의 스토리텔링을 하려면 이러한 방법론 외에도 특유의 감성이 필요하다. 필자는 그 감성이 충만한 사람은 아니었지만, 강연을 준비하면서 서브컬처 게임 전반의 이해도를 높일 수 있겠다는 생각에 요청을 수락했다. 예상대로 서브컬처 게임을 깊이 탐구할 좋은 기회가 되었다. 자료를 찾으면서 놀라웠던 건 일본인의 마이너한 기질이었다. 일본에선 존재 자체가 신기한, 다양한 책을 출판한다는 걸 알게 되었다. 제2차 세계 대전의 군장에 관심을 가져 관련 책을 출판한 사람이 있다는 사실이 놀라웠다. 만담도 서브컬처 게임에 상당한 영향을 미치는 것으로 보이는데, 일본 게임에는 만담에서 자주 볼 수 있는 말장난이 자주 등장한다. 일본인 특유의 기질과 만담은 일본이 서브컬처의 강국이 될 수밖에 없는 비결이라 생각한다.

서브컬처 게임의 일반적인 공식은 '미소녀+소재'다. 결합하는 소재에 따라 게임성이 결정된다. 〈블루 아카이브〉는 미소녀와 밀리터리가 결합한 게임이다. 〈니케〉는 미소녀와 메카닉의 결합, 〈에버소울〉은 미소녀와 판타지가 결합한 게임이다. 미소녀와 밀리터리, 메카닉, 판타지가 결합한 게임은 더 이상 서브가 아니다. 하지만 국내에서 서브컬처 게임을 만든다고 하면 대부분 이 세 가지 소재에서 벗어나지 않는다. 서브컬처 게임을 만든다면서 메이저 게임을 만들고 있는 셈이다. 애초에 방향성이 잘못되었다. 물론 익숙한 소재를 활용해서 새로운 게임을 만들어낼 수도 있지만, 같거나 비슷한 소재의 다른 게임과 비교될 수밖에 없다. 어차피 서브컬처 게임을 만든다면 새로운 소재를 찾을 필요가 있다. 여기에 잘 맞는 게임은 〈우마무스메 프리티 더비〉다. 원작 애니메이션의 미소녀와 경마의 결합이 신선하고, 그 소재를 차별성 있는 콘텐츠로 녹여냈다. 게임의 메커니즘도 다른 게임과 상당히 달라서 더 특별한, 말 그대로 서브컬처

게임이 되었다. 애니메이션의 위닝 라이브를 게임에서 완벽하게 구현해낸 점
과 혈통이 중요한 경마의 특성을 게임 시스템으로 녹여낸 점이 인상적이었다.

그림 10-6 미소녀와 경마의 결합인 〈우마무스메 프리티 더비〉

서브컬처 게임의 특징 중 하나는 플레이어 혼자 다수의 미소녀를 상대하는 것
이다. 플레이어에게 특별한 역할을 부여해서 몰입도를 높인다. 이런 역할극은
스토리에 더욱 적극적으로 참여하게 하는 강력한 효과를 가져온다. 처음 게임
을 기획할 때부터 플레이어와 미소녀가 어떤 관계인지 콘셉트를 명확히 해야
한다. 서브컬처 게임의 특성상 여기에서 파생되는 것들이 많은데, 운영자가 플
레이어를 부르는 명칭으로도 연결된다. 별것 아닌 것 같지만 생각보다 큰 영향
을 미친다. 이때 주인공은 설정으로만 존재하고 게임에는 등장하지 않아야 플
레이어가 자신과 동일시하여 몰입도가 높아진다.

구분	플레이어의 역할 (게임에서 부르는 명칭)	미소녀 캐릭터의 역할
니케	지휘관	니케
블루 아카이브	선생님	학생
에버 소울	구원자	정령
우마무스메	트레이너	우마무스메
무기미도	(교도소)국장	수감자

서브컬처 게임의 특징은 텍스트 위주의 스토리텔링을 한다는 점이다. 하지만 단순한 대사 출력에 그쳐선 안 되며, 텍스트가 출력되는 순간의 몰입도를 높여야 한다. 캐릭터 표정과 애니메이션, 카메라 흔들림, 이모티콘, 진동, 효과음, 텍스트 연출, 더빙 등의 다양한 방법을 게임에 맞게 잘 활용해야 한다. 다른 게임과 비교하면 대사의 비중이 높고 양도 많으므로 텍스트를 효과적으로 보여주는 방법에 대해 많이 고민할 필요가 있다. 같은 텍스트라도 어떻게 전달하느냐가 무엇보다 중요하다. 예를 들어 텍스트가 출력될 때 해당 캐릭터가 실제로 말하는 것처럼 입 모양이 움직이도록 하면 몰입도를 한층 더 높일 수 있다.